*Die Lügen der Alliierten und
die deutschen Wunderwaffen*

Hinweis: Für dieses Buch wurden zahlreiche Quellen ausgewertet bzw. verwendet, die dem Internet entstammen. Da das *World Wide Web* (WWW) teilweise ein »flüchtiges Medium« ist, kann es vorkommen, dass Internetverweise Änderungen unterliegen oder gar gelöscht werden. Die Autoren bitten daher um Verständnis, wenn sich engagierte Leser, die nach den hier angebenenen Quellen suchen, nicht immer fündig werden sollten. In jedem Falle wurde durch die Autoren eine Sicherungskopie der betreffenden Internetverweise erstellt, sodass diese im Zweifelsfalle nachweisbar sind.

1. Auflage November 2010

Copyright © 2010 bei
Kopp Verlag, Pfeiferstraße 52, D-72108 Rottenburg

Alle Rechte vorbehalten

Lektorat: Dr. Renate Oettinger
Umschlaggestaltung: Sabrina Schwabe, Würzburg
Satz und Layout: Agentur Pegasus, Zella-Mehlis
Druck und Bindung: CPI – Clausen & Bosse, Leck

ISBN 978-3-942016-45-2

Gerne senden wir Ihnen unser Verlagsverzeichnis
Kopp Verlag
Pfeiferstraße 52
D-72108 Rottenburg
E-Mail: info@kopp-verlag.de
Tel.: (0 74 72) 98 06-0
Fax: (0 74 72) 98 06-11

Unser Buchprogramm finden Sie auch im Internet unter:
www.kopp-verlag.de

Edgar Mayer
Thomas Mehner

Die Lügen der Alliierten und die deutschen Wunderwaffen

Das Dritte Reich, die Atombombe und der 6. August 1945

KOPP VERLAG

Inhalt

»Nie haben die Massen nach Wahrheit gedürstet,
von den Tatsachen, die ihnen missfallen, wenden sie
sich ab und ziehen es vor, den Irrtum zu vergöttern.
Der, der sie zu täuschen versteht, wird leicht ihr Herr.
Der, der sie aufzuklären versucht, stets ihr Opfer.«

Gustav Le Bon

Einleitung

Drei Jahre sind vergangen, seitdem wir uns das letzte Mal in einem Buch mit der Problematik der deutschen Atombombe im Speziellen und den von Deutschland im Zweiten Weltkrieg entwickelten Wunderwaffen sowie den Vorgängen um ihre Erbeutung durch die Alliierten im Allgemeinen auseinandergesetzt haben. Dieses Buch, das unter dem Titel *Die Angst der Amerikaner vor der deutschen Atombombe* erschien, schlug – wie wir erfuhren – bei manchen deutschen, aber auch überseeischen Verantwortlichen ein wie eine solche, allerdings ließ man sich nach außen hin nichts anmerken. Schließlich wollte niemand den Status quo gefährden. Seitens der Medien wurde das Buch totgeschwiegen, denn das, was darin stand, war zu eindeutig, um als »unmöglich« abgetan zu werden. Immerhin hatten wir eine Vielzahl amerikanischer Dokumente, die oft jahrzehntelang der Geheimhaltung unterlagen, veröffentlicht, aus denen ganz eindeutig hervorging, dass deutsche Wissenschaftler und Ingenieure weitaus mehr entwickelt hatten als die V-2-Rakete. Ja, genau genommen war es sogar so, dass der Einsatz der neuen deutschen Geheimwaffen der zweiten Generation (Atomwaffe, mehrstufige Raketen V-3 und V-4 mit Radiosteuerung) unmittelbar bevorstand, sodass sich die Amerikaner und ihre engsten Verbündeten, die Briten – die es bis dahin bewusst vermieden hatten, die von den Russen geforderte Zweite Front zu eröffnen –, zur (Normandie-)Invasion gezwungen sahen.

Ganz offensichtlich hatten wir die Siegergeschichtsschreibung und all jene, die davon profitierten (und es bis heute tun), der Lüge überführt. Das Deutsche Reich stand kurz davor, die Initiative wieder auf seine Seite zu bringen, was insbesondere die Westalliierten ahnten, wodurch auch die – in den Augen der etablierten Geschichtsschreibung, die nichts von den deutschen Atomwaffen weiß – bis zum Schluss andauernden, barbarischen anglo-amerikanischen Luftwaffenbombardements deutscher Städte verständlich werden, denen Hunderttausende Menschen zum Opfer fielen. (Ein Kriegsverbrechen, das bis heute verharmlost wird!) In Deutschland musste alles zerstört werden, was von der Infrastruktur her auch nur irgendwo den Einsatz der deutschen Atombomben sicherstellen konnte.

Natürlich konnten diese Tatsachen nach dem Ende des Zweiten Weltkrieges unmöglich publik gemacht werden, denn das hätte den von den Alliierten propagierten Erfolg über die »deutsche, total, total besiegte Nation« ad absurdum geführt und es wohl unmöglich gemacht, Deutschland bis zum heutigen Tag in die Funktion des Zahlmeisters für die Welt zu zwingen, damit es nie wieder in die Lage versetzt wird, eine führende Rolle zu übernehmen.

Indes: Es reicht. Und zwar schon lange. Es mag rechtens gewesen sein, dass die Generation derjenigen, die am Krieg teilnahmen und ihn erlebten, für das damalige Geschehen in Haftung genommen wurde. Es ist allerdings eine absolute Unverschämtheit, wenn man seitens bestimmter Nationen glaubt, dass auch die Nachgeborenen dafür zur Verantwortung gezogen werden können. Erstens widerspricht das allen rechtsstaatlichen Regelungen (es gibt keine Kollektivschuld, sondern lediglich individuelle Schuld), und zweitens wird damit neues Unrecht installiert, das sich irgendwann Bahn brechen wird. Auf die Folgen darf man schon heute gespannt sein.

Im Übrigen muss man einmal an dieser Stelle die Frage aufwerfen, weshalb Deutschland bis heute keinen Friedensvertrag erhalten hat, der schließlich Österreich wie auch

Japan zugestanden wurde. Stattdessen behaupten die Systemvertreter, der sogenannte Zwei-Plus-Vier-Vertrag sei ein solcher. Das ist er aber nicht, nicht einmal dem Namen nach. Das ganze Konstrukt lässt wichtige Punkte völlig außer Acht, auf die wir gleich zu sprechen kommen werden.

Viele Zeitgenossen wundern sich, warum der eigentlich zu erwartende Friedensvertrag im Laufe der vielen Jahre seit dem Kriegsende nicht auf die Tagesordnung kam, aber genau genommen muss man sich deswegen nicht irritiert zeigen: Dass das so ist, hat nämlich (auch) etwas mit dem zu tun, was wir seit Jahren thematisch behandeln. Spürtrupps der Amerikaner und Briten suchen erstens immer noch nach dem, was sie seit dem Kriegsende in Deutschland nicht entdecken konnten, weil es – gut geschützt und gesichert – tief unter der Erde liegt. Sie müssen es um jeden Preis finden, andernfalls könnte im Nachhinein die verlogene Geschichtsschreibung durch bestimmte eindeutige Funde entlarvt werden. Man stelle sich einmal vor, deutsche Technologie-Interessierte oder Schatzsucher würden den bei Claustal-Zellerfeld im Harz vermuteten Prototypen der deutschen Wasserstoffbombe identifizieren und bergen.* Was wäre dann? Zweitens müsste bei Verhandlungen zu einem Friedensvertrag endlich die Frage auf den Tisch, was die Beutekommandos der Sieger nach dem Kriegsende fanden und stahlen – jawohl: es war Diebstahl! – und was das Ganze wert war (wobei Zins- und Zinseszinsforderungen, die dieses chaotisch-kapitalistische System ja zwingend berücksichtigt, nicht vergessen werden dürfen, ebenso wenig wie Lizenzgebühren für die geraubten Patente, deren Zahl sich auf mehrere hunderttausend beläuft). Es existieren Scha-

---

* Mitteilung von Herrn H.-G. G., 2009. Der Informant ließ uns wissen, dass britische Agenten seit 60 Jahren vergeblich versucht haben, an diese Waffe zu gelangen, nach wie vor aber vor Ort sein sollen.

denersatz-Hochrechnungen, die in die Billionen gehen, unseres Erachtens aber immer noch viel zu niedrig gegriffen sind, weil man deutscherseits bis heute nicht weiß, was an Hochtechnologien vollumfänglich wirklich vorhanden war und abtransportiert wurde. Sollte sich zum Beispiel herausstellen, dass der Transistor und andere wichtige Bausteine der Elektronik eine deutsche Erfindung waren (und immer mehr spricht dafür), dann dürften wohl all jene ketzerisch agierenden Diskutanten recht haben, die behaupten, dass eines Tages die deutsche Fahne auf dem – dann nicht mehr US-amerikanischen – Capitol wehen werde, was wir für eine nicht uninteressante Sicht der Dinge halten.

Dieser Sachverhalt betrifft allerdings nicht nur die USA. Auch Russen, Briten und Franzosen nahmen mit, was nicht niet- und nagelfest war. Dieser (Technologie-)Raub war der größte in der Geschichte des gesamten Planeten.

Unabhängig davon sollten aber all diejenigen, die von einem Friedensvertrag reden, wissen, dass dieser nur zwischen dem Deutschen Reich in den Grenzen von 1937 und seinen einstigen Kriegsgegnern zustande kommen kann. Das Bundesverfassungsgericht hat mehrfach festgestellt, dass das Deutsche Reich nicht untergegangen ist, lediglich seine Handlungsfähigkeit ist nicht vorhanden*, da die letzte deut-

---

* Urteil des Bundesverfassungsgerichts vom 31. Juli 1973, Aktenzeichen 2 BvF 1/73. »Das Grundgesetz – nicht nur eine These der Völkerrechtslehre und der Staatsrechtslehre! – geht davon aus, dass das Deutsche Reich den Zusammenbruch im Jahre 1945 überdauert hat und weder mit der Kapitulation« – die im Übrigen nur eine Kapitulation der Streitkräfte war – »noch durch Ausübung fremder Staatsgewalt in Deutschland durch die alliierten Okkupationsmächte noch später untergegangen ist. Das ergibt sich aus der Präambel und aus den Artikeln 16, 23, 116 und 146 GG.

Das Deutsche Reich existiert also fort (BVerfGE 2, 266 [277]; 3, 288 [319 f.]; 5, 85 [126]; 6, 309 [336, 363]), besitzt nach wie vor Rechtsfähigkeit, ist jedoch als Gesamtstaat mangels Organisation, insbesondere

sche Reichsregierung einfach vom Fleck weg verhaftet wurde. Diese Feststellung ist in unseren Augen Explosivstoff in höchster Form, bedeutet sie doch, dass das, was an deutschen »Staaten« folgte, besatzungsrechtliche Konstruktionen gewesen sind, die auf Dauer keinen Bestand haben können – auch wenn die sogenannte »Macht des Faktischen« dem erst einmal entgegenzustehen scheint. Bekanntermaßen kann dort, wo sich ein Körper befindet (auch ein Staatskörper), nicht noch ein zweiter vorhanden sein. Darüber hinaus muss die Frage erlaubt sein, weshalb die BRD keine Verfassung hat. Das Grundgesetz ist eindeutig *keine* Verfassung, *da sich das deutsche Volk eine solche nur in freier Abstimmung selbst geben kann.* Ein Grundgesetz ist stattdessen nach geltendem Völkerrecht (*Haager Landkriegsordnung* von 1907, Art. 43 [RGBl. 1910]) definiert als ein »Provisorium zur Aufrechterhaltung von Ruhe und Ordnung in einem militärisch besetzten Gebiet für eine bestimmte Zeit«, das den Deutschen vorgegeben wurde. Dabei wurden die bis dahin geltenden Gesetze in einem besetzten Gebiet nur insoweit einbezogen, als es den Siegermächten in

---

mangels institutionalisierter Organe selbst nicht handlungsfähig.« Im Grundgesetz ist auch die Auffassung vom gesamtdeutschen Staatsvolk und von der gesamtdeutschen Staatsgewalt verankert (BVerfGE 2, 266 [277]).

Diese Rechtslage gilt bis heute fort, daran ändern auch das Ende der DDR nichts und auch nicht die anschließende Teilwiedervereinigung. Die bisherigen BRD-Regierungen sind sich dieses Zustandes bewusst (gewesen), weshalb von ihnen der sogenannte europäische Vereinigungsprozess vorangetrieben wurde in der Hoffnung, das bestehende Problem nicht lösen zu müssen.

Wir sind uns natürlich darüber im Klaren, dass zu diesem Sachverhalt gegenteilige Auffassungen existieren, die die heutige Bundesrepublik quasi als das neue Deutsche Reich interpretieren möchten. Letztlich stellt sich jedoch die Frage, was US-amerikanische Truppen auf deutschem Territorium zu suchen haben, wenn es sich bei der BRD um eine vollsouveräne Nation handelt.

die eigenen Planungen passte und deren ureigenste Interessen nicht torpedierte.

Es ist höchst bemerkenswert, dass Grundsatzfragen zur Existenz eines Staates in diesem Land keinerlei Rolle zu spielen scheinen und dass deutsche Regierungen bis heute kein Interesse an der Ausarbeitung einer Verfassung hatten, obwohl ihnen das bereits 1948 von den Alliierten nahegelegt wurde. Das ist, als würde man einen zehngeschossigen Bau ohne Fundament auf einem morastigen Gelände errichten. Es ist nur eine Frage der Zeit, wann diese schlampige »Konstruktion« zu versinken beginnt.

Höchst merkwürdig ist auch die Tatsache, dass nach wie vor US-amerikanische Truppen auf deutschem Boden stationiert sind, obwohl Russen, Franzosen und Briten längst abzogen. Handelt es sich um Besatzungstruppen oder hat die Bundesregierung schlicht und einfach »vergessen«, sie zum Verlassen des Landes aufzufordern? Wie passt das Ganze mit der Souveränität der BRD zusammen? Und wie kann es angehen, dass die deutschen Kommunikationsverbindungen – Telefon, Fax, Internet, Funk – vom amerikanischen NSA*-Abhörsystem *Echelon*, das auf deutschem Boden steht, rund um die Uhr belauscht werden? Wann wird dieser Stachel im Fleisch Deutschlands endlich gezogen? Oder gilt die Aussage des US-Präsidentenberaters Zbigniew Brzezinski, die dieser in seinem Buch *Die einzige Weltmacht* traf, derzufolge Deutschland nur ein Vasall der USA sei? Offensichtlich ja, denn sonst wäre man hierzulande längst zur Tat geschritten.

Bezeichnenderweise haben sich auch andere Autoren Gedanken zu diesem Thema gemacht – auch in neuerer Zeit.

---

* *National Security Agency.* Größter und am besten ausgestatteter Nachrichtendienst der USA, der für die weltweite Überwachung der Kommunikationssysteme und die Entschlüsselung von Nachrichten steht.

2010 erschien das Buch *Der Kunstschatz des Führers – Die »Kammler-Akte«*, in dem der Autor Kristian Knaack, der sich viele Jahre mit der Verlagerung von Kunstschätzen bei Kriegsende durch deutsche Sondereinheiten befasste, die Person des SS-Obergruppenführers Dr.-Ing. Hans Kammler in Verbindung mit solchen Aktionen bringt. Zentrale These des Buches: Kammler kümmerte sich als enger Vertrauter Hitlers um die Sicherstellung und Verbringung von wichtigem Kunstgut, das aber später zum Teil Amerikanern und Russen in die Hände fiel, wobei diese nach dem Krieg alles taten, um diesen Diebstahl zu vertuschen. Knaack geht in seinem Buch darüber hinaus auf einige aus Kammlers Besitz stammende Karten aus einem Autoatlas ein, die feine Bleistifteintragungen aufweisen und – so der Autor – genau jene Plätze zeigen, die mit Kunstguteinlagerungen in Verbindung gebracht werden können.

Wir haben, wie sich denken lässt, das Buch aufmerksam studiert und betrachten es als interessante zeitgeschichtliche Abhandlung, auch wenn wir manchen Schlussfolgerungen, die Autor Knaack offeriert, keineswegs zustimmen können. Unseres Erachtens waren die Kammlerschen Kunstschutz-Operationen höchstens von marginaler, also untergeordneter Bedeutung. Kammler war der Mann der deutschen Hochtechnologie, deren Sicherstellung seine vorrangige Aufgabe war. Und: Wir glauben unter keinen Umständen, dass irgendwelche deutschen Kunstobjekte als Unterpfand für Verhandlungen mit den Alliierten, insbesondere den Amerikanern, hätten dienen können (so wie es in dem Buch behauptet wird). Das Einzige, was die Amerikaner und natürlich auch die anderen Alliierten wirklich wollten, war die Inbesitznahme des deutschen wissenschaftlichen und technischen Know-hows (sowie der dazugehörigen Experten), denn dieses war einzig und allein geeignet, jenen Nationen, die es erbeuteten, einen Vorsprung zu verschaffen. Der Diebstahl einer wie auch immer gearteten Kunstsammlung hat noch keinen Staat der Welt in die Lage versetzt, anderen Nationen zu drohen. Erbeutete Atomwaffen- und Raketentechnologie allerdings schon, wie die Geschichte beweist.

Doch zurück zum Ausgangsthema. Auch Autor Knaack wundert sich über den Zwei-Plus-Vier-Vertrag und das, was an ihm an Verhandlungen vorausging. Er schreibt zunächst: »In der Euphorie der deutschen Einheit 1990 ging völlig unter, dass die Bundesregierung in Bonn mit den drei Westmächten eine völkerrechtlich bindende Vereinbarung geschlossen hatte, wonach bestimmte Artikel der Kapitulationsbestimmungen für immer und ewig gültig bleiben. Das nennt man ›versteinertes Völkerrecht‹. Die von Bonn ausgehandelten Bedingungen galten für die DDR gleich mit und traten am 28. September 1990 in Kraft.«* Um dann fortzusetzen: »Der Zwei-Plus-Vier-Vertrag ist kein klassischer Friedensvertrag, in dem festgelegt wurde, was der Verlierer dem Gewinner geben müsse, sondern der Vertrag stellt eine ›europäische Friedensregelung‹ dar, die von der ›Konferenz für Sicherheit und Zusammenarbeit in Europa‹ (KSZE) in Helsinki abgesegnet wurde. Das Thema Reparationen war ein glühendheißes auf der Konferenz. Da aber schließlich alle KSZE-Staaten keine Forderungen an die ›beiden Deutschländer‹ erhoben, wurde der Zweite Weltkrieg in Helsinki nicht abgerechnet und dieses brisanteste aller brisanten Themen *ad acta* gelegt.«**

Kristian Knaack führt weiter aus, dass es sich bei diesem Vertrag um diplomatisches Neuland gehandelt habe. Und:

---

* Kristian Knaack, *Der Kunstschatz des Führers – Die »Kammler-Akte«*, Grabert-Verlag, Tübingen 2010, S. 282 f.
** Ebenda, S. 283.

»Das Kapitulationsrecht des Siegers, das heißt, sich vom kapitulierenden Verlierer entschädigen zu lassen, fand stets mit dem Friedensvertrag sein Ende. Dieses Ende gibt es im Zwei-Plus-Vier-Vertrag nicht, ein Novum im Völkerrecht. Einzelne Artikel der Kapitulationsbedingungen bleiben für immer bestehen, obwohl der Besiegte seine volle Souveränität zurückerlangte.«[*]

Die im letzten Satz dargestelllten Sachverhalte widersprechen einander! Aber das scheint niemanden zu interessieren. Interessant sind auch die im nachfolgend aufgeführten Gesetzestext dargestellten Passagen, insbesondere die des Artikels 3 mit seinen Absätzen 1 und 3.

Vertrag zur Regelung aus Krieg und Besatzung entstandener Fragen (»Überleitungsvertrag«)

(in der gemäß Liste IV zu dem am 23. Oktober 1954 in Paris unterzeichneten Protokoll über die Beendigung des Besatzungsregimes in der Bundesrepublik Deutschland geänderten Fassung)

Amtlicher Text, BGBl. 1955 11 S. 405.

(Die ursprüngliche Fassung des Vertrags zur Regelung aus Krieg und Besatzung entstandener Fragen vom 26.5.1952 [BGBl. 1954 II S. 157] ist nicht in Kraft getreten.)

Die Bundesrepublik Deutschland, die Vereinigten Staaten von Amerika, das Vereinigte Königreich von Großbritannien und Nordirland und die Französische Republik sind wie folgt übereingekommen:

---

[*] Kristian Knaack, *Der Kunstschatz des Führers – Die »Kammler-Akte«*, Grabert-Verlag, Tübingen 2010, S. 283 f.

Sechster Teil
REPARATIONEN

Artikel 1

(1) Die Frage der Reparationen wird durch den Friedensvertrag zwischen Deutschland und seinen ehemaligen Gegnern oder vorher durch diese Frage betreffende Abkommen geregelt werden. Die Drei Mächte verpflichten sich, zu keiner Zeit Forderungen auf Reparationen aus der laufenden Produktion der Bundesrepublik geltend zu machen.

(2) Bis zu der in Absatz (1) dieses Artikels vorgesehenen endgültigen Regelung gelten die folgenden Bestimmungen.

Artikel 2

Das Kontrollratsgesetz Nr. 5 verliert, außer für die in dem Verzeichnis zum Gesetz Nr. 63 der Alliierten Hohen Kommission (abgeändert durch Entscheidung Nr. 24 der Alliierten Hohen Kommission) genannten Länder, im Bundesgebiet seine Wirksamkeit, darf aber ohne Zustimmung der Drei Mächte nicht weiter außer Wirksamkeit gesetzt oder geändert werden. Die Bundesrepublik wird das Gesetz Nr. 63 der Alliierten Hohen Kommission nur mit Zustimmung der Drei Mächte aufheben oder ändern. Jedoch gilt Artikel 6 Absatz 1 des Gesetzes Nr. 63 als aufgehoben und Absatz 2 als dahin geändert, daß die danach der Alliierten Hohen Kommission zustehenden Befugnisse von der Bundesregierung ausgeübt werden. Die Bundesrepublik verpflichtet sich, die dieser Änderung des Artikels 6 des Gesetzes Nr. 63 entsprechenden geeigneten Entscheidungen zur Streichung der im Verzeichnis zum Gesetz Nr. 63 genannten Länder nach Zustimmung der Drei Mächte zu erlassen.

Artikel 3

(1) Die Bundesrepublik wird in Zukunft keine Einwendungen gegen die Maßnahmen erheben, die gegen das deutsche Auslands- oder sonstige Vermögen durchgeführt worden sind oder werden sollen, das beschlagnahmt worden ist für Zwecke der Reparation oder Restitution oder auf Grund des Kriegszustandes oder auf Grund von Abkommen, die die Drei Mächte mit anderen alliierten Staaten, neutralen Staaten oder ehemaligen Bundes- genossen Deutschlands geschlossen haben oder schließen werden. **!**

(2) Die Bundesrepublik wird die Bestimmungen über die Behand- lung des deutschen Auslandsvermögens in Österreich hinnehmen, die in einem Abkommen enthalten sind, bei dem die gegenwärti- gen Besatzungsmächte Österreichs Parteien sind, oder die in dem zukünftigen Staatsvertrag mit Österreich getroffen werden.

(3) Ansprüche und Klagen gegen Personen, die auf Grund der in Absatz (1) und (2) dieses Artikels bezeichneten Maßnahmen Eigentum erworben oder übertragen haben, sowie Ansprüche und Klagen gegen internationale Organisationen, ausländische Regie- rungen oder Personen, die auf Anweisung dieser Organisationen oder Regierungen gehandelt haben, werden nicht zugelassen. **!**

Artikel 4

(1) Soweit deutsche Auslandswerte noch nicht übertragen oder liquidiert worden sind oder über die Liquidationserlöse noch nicht verfügt ist, kann die Bundesrepublik über diese Werte Vereinbarungen mit allen Staaten schließen, mit denen sich Deutschland seit dem 1. September 1939 im Kriegszustand befunden hat, die aber nicht Mitglieder der Interalliierten Reparations-Agentur (IARA) sind.

(2) Die Bundesrepublik kann ferner mit den Mitgliedstaaten
der IARA Vereinbarungen schließen, die sich jedoch
nur beziehen dürfen auf:
(a) Vermögensarten, welche die Mitgliedstaaten der IARA
gemäß Teil III der Verrechnungsregeln der IARA freiwillig
von der Buchung zu ihren Lasten gemäß Teil II dieser
Regeln ausschließen können,
(b) auf Reichsmark lautende, in Deutschland ausgegebene
Wertpapiere,
(c) Ruhegehälter und Renten,
(d) einen Endtermin für die Beschlagnahme deutschen
Eigentums in Ländern, in denen ein solcher noch
nicht festgesetzt ist.

(3) Bezüglich des in Portugal, Spanien, Schweden und der
Schweiz in Anspruch genommenen deutschen Auslandsvermögens, über das von den Drei Mächten geschlossene
Abkommen in Kraft sind oder sein werden, kann die
Bundesrepublik zur Durchführung dieser Abkommen
mit den genannten Staaten Vereinbarungen über Art
und Umfang der Entschädigung schließen, die an die
früheren deutschen Eigentümer der Werte in diesen
Ländern zu zahlen ist. Die Drei Mächte sind berechtigt,
an den Verhandlungen darüber teilzunehmen.

(4) Abgesehen von den in den vorangehenden Absätzen
dieses Artikels genannten Fragen ist die Bundesrepublik
befugt, nach entsprechender Mitteilung an die Drei Mächte
mit jedem Lande auch über andere die deutschen
Auslandswerte betreffende Fragen Vereinbarungen zu
schließen, es sei denn, daß die Drei Mächte dem
ausdrücklich widersprechen.

Artikel 5

Die Bundesrepublik wird Vorsorge treffen, daß die früheren
Eigentümer der Werte, die auf Grund der in Artikel 2 und 3
dieses Teiles bezeichneten Maßnahmen beschlagnahmt
worden sind, entschädigt werden.

Mag der abschließende Artikel 5 den Artikel 3 vielleicht
auch *etwas* entschärfen, so stellt sich trotzdem die Frage, ob
das, was hier formuliert wurde, nicht eindeutig in Gesetzes-
texte gegossenes Unrecht ist.

Ähnlich sieht es wohl auch der Autor Kristian Knaack,
wenn er auf Seite 285 seines Buches angesichts dieser Bestimmungen fragt:

»Was muss sich 1945 vor allem in Mitteldeutschland
abgespielt haben, dass die drei Westmächte noch fast ein
halbes Jahrhundert später ein so ›krummes Ding‹ machten,
von Berufsdiplomaten während der Hochstimmung der
deutschen Vereinigung nahezu unbemerkt unter Dach und
Fach gebracht?«

Wir haben eine Antwort auf diese Frage: Grund für das
Ganze ist das Wissen der Amerikaner, dass im April 1945
durch ihre sowie britische Spezialeinheiten deutsche Atomwaffen geborgen wurden. Dieses Wissen, das sie natürlich
zurückhalten, bestimmt die von ihnen geforderten Maßnahmen. Für uns steht zudem fest: Dieser Vertrag hat den
Zweck, den Diebstahl der Sieger zu zementieren und die von
ihnen begangenen räuberischen Aktionen vor einer straf-
rechtlichen Verfolgung durch deutsche Staatsanwaltschaf-
ten bzw. Gerichte zu schützen. Die Westalliierten brauchen
also nach wie vor nicht zu befürchten, dass irgendein Deutscher in die Lage versetzt wird, dass das, was die Beutekommandos wegschafften, einer juristischen Bewertung un-

terzogen wird. Wenn es denn noch irgendeines Beweises bedurft hätte, was das im Westen unisono zu vernehmende Geschwätz von Rechtsstaatlichkeit wert ist, dann ist er hiermit geliefert worden.* Ein kleines Beispiel zum Thema: Das südthüringische Suhl ist eine alte und bekannte Waffenstadt. Bei Kriegsende erbeuteten amerikanische Einheiten hier zahlreiche Waffenbestände bzw. zwangen die dort tätigen Büchsenmacher zur Herausgabe all dessen, woran sie gerade arbeiten. So wechselte also manches Gewehr seinen Besitzer, ohne dass auch nur ein Pfennig dafür bezahlt wurde.

Mittlerweile sind 65 Jahre vergangen, und – man höre und staune! – einige der Beutestücke werden jetzt (meist gegen Geld) bestimmten Suhler Institutionen angeboten in der Hoffnung, diese würden sie kaufen. Man muss sich das Ganze einmal auf der Zunge zergehen lassen: Aus Deutschland stammendes Diebesgut soll an die Nachkommen der einstigen Besitzer verhökert werden! Diebstahl ist das eine, Hehlerei das andere. Aber geradezu irre wäre die Tatsache, wenn sich die in Suhl Angesprochenen tatsächlich entscheiden sollten, für das Eigentum der Väter oder Großväter auch noch zu bezahlen! Wir würden den Amerikanern ohne Umschweife sagen, was ihr Angebot wert ist.

* Laut der *Haager Landkriegsordnung* von 1907 gilt der Raub von öffentlichem und privatem Eigentum als Kriegsverbrechen. Die BRD-Regierungen haben sich dennoch über dieses international geltende Recht hinweggesetzt bzw. dieses ignoriert und ihrerseits willig all jenen Regelungen zum Beispiel im Überleitungsvertrag zugestimmt, die die Straftaten der Westalliierten eindeutig zu vertuschen suchen. Damit basiert das Verhältnis der Bundesrepublik Deutschland zu den angeblich mit ihr befreundeten Nationen USA, Frankreich und Großbritannien – zumindest teilweise – nicht auf Offenheit und Gleichberechtigung sowie den dazugehörigen international anerkannten Rechtsregeln, sondern auf einem Verhältnis, das man nur noch als Unterwerfung charaktisieren kann.

Aufgrund auch solcher Tatsachen fühlen wir uns geradezu genötigt, weiter Licht in viele Dinge zu bringen, die die
deutsche Bundesregierung aufgrund der Aufrechterhaltung
des alliierten Status quo nicht betrachten will bzw. darf. Hat
sie Angst vor den Amerikanern? Ja!
Nun, noch sind die Amerikaner die sogenannte »Weltmacht Nr. 1«. Aber das imperiale-faschistoide System, das
die einst freieste Republik der Welt schon seit Langem er-
setzt und die US-Bevölkerung geschickt mit einem an Mons-
trösität nicht mehr zu überbietenden Behörden- und
Geheimdienstapparat im Griff hat, neigt sich seinem Ende
zu. Man glaubt dortzulande zwar noch, dass man durch die
Nuklearbewaffnung in der Lage sei, die anderen Nationen
der Erde in Schach zu halten, aber mit dem Glauben ist das
bekanntermaßen so eine Sache. Zudem: Um die Führer-
schaft in der Welt zu erhalten, bedarf es mehr als einer
wertlosen Papierwährung und der Drohung mit Atomwaffen. Die US-Amerikaner sind absolut visionslos – allein das
wird ihren Knock-out herbeiführen, mögen sie noch so viel
drohen und Dollars drucken. Wissenschaft und Technik werden in kaum glaubhafter Dimension für militärische Forschung und Rüstung missbraucht, ansonsten gibt es für das
Volk nur Micky Mouse, Donald Duck, Walt Disney, Kau-
gummis und Pornos. Im Übrigen: Dass die USA militärisch
zur Supermacht aufstiegen, verdankten sie einzig und allein
dem Umstand, dass sie in Deutschland nach dem Krieg
reiche technische und wissenschaftliche Beute machten.
Hätte es diese Beute nicht gegeben, wären die Vereinigten
Staaten irgendwann in der Folge möglicherweise von den
Russen oder Chinesen erobert worden – und spielten heute
keine Rolle mehr, ja, wären vergessen oder höchstens als
Nation, die die indianischen Ureinwohner ausrottete und
Millionen Menschen afrikanischer Herkunft versklavte, in

die Geschichte eingegangen. *(Liebe amerikanische Freunde: Wann fangt ihr eigentlich an, den Indianern Gedenkstätten zu errichten und euch für die Millionen gemeuchelten »Rothäute« öffentlich zu entschuldigen sowie Entschädigungszahlungen für die Hinterbliebenen zu leisten? Und vergesst bitte auch die Farbigen nicht, die ihr bis in die Neuzeit mit euren Gesetzen zu Menschen zweiter Klasse erklärt habt.)*

Die Übernahme des deutschen Beutegutes verschaffte dem US-Establishment einige Jahrzehnte Überlebensfähigkeit und die Ausdehnung seiner Macht auf große Teile des Planeten. Das war es aber auch schon: Schaut man sich einmal die technologischen »Leistungen« der USA an, so erkennt man auch an ihnen den Abstieg dieser sogenannten Weltmacht. Das amerikanische Raketenzeitalter war nur mithilfe deutscher Ingenieure und Wissenschaftler möglich, das *Apollo*-Mondprogramm ging ebenso wie das *Space Shuttle* auf deutsche Planungen zurück. Die aktuellen Raumfahrtunternehmen sind ein Witz angesichts dessen, was einst möglich war. Das *Ares-1*-Programm, das dem in die Jahre gekommen *Shuttle* folgen sollte, wurde gar storniert.* Kein Geld. Und keine Innovation. Die NASA fungiert nur noch als Schatten ihrer selbst, und auch für die weit in der Zukunft liegenden bemannten Mond- und Marsprojekte sieht es äußerst düster aus. Überall nur Flickschusterei, keinerlei Kontinuität in der Umsetzung der Programme zur »Eroberung des Weltalls«. Die Amerikaner befinden sich auf einem rasanten Abstieg.

Die Übernahme des deutschen Beutegutes und zahlreicher Wissenschaftler, unter denen sich natürlich auch viele

* Siehe dazu im Internet: http://www.zdf.de/ZDFmediathek/beitrag/video/874696/Erster+Testflug+von+US-Rakete+Ares+1-X#/beitrag/video/874696/Erster-Testflug-von-US-Rakete-Ares-1-X.

überzeugte Nationalsozialisten befanden, hatte allerdings ziemlich fatale Folgen: Immerhin schleppte man einen hochvirulenten Faschismus-Bazillus ein, der sich seither prächtig entwickelte, fiel er in den »Staaten« doch auf äußerst fruchtbaren Boden. Dass in den USA einflussreiche Kreise schon immer mit der faschistischen Ideologie liebäugelten, ist kein Geheimnis. Wie erschreckend das ganze Ausmaß dieser Angelegenheit jedoch ist, enthüllte vor Kurzem der investigative Journalist John Buchanan, der in den US-Nationalarchiven (NARA) und der Kongressbibliothek Tausende Seiten einsehen konnte, die ganz eindeutig dokumentierten, dass beispielsweise Prescott Bush – der Großvater des 9/11-Präsidenten George W. Bush – die Nation an die Nazis verriet und dafür wegen Landesverrat hätte angeklagt werden müssen. Doch das ist noch nicht alles. Buchanan enthüllte in wenigen Sätzen, dass offenbar große Teile der Geschichtsschreibung in Bezug auf den Aufstieg Hitlers und die wahren Ursachen des Zweiten Weltkrieges mit äußerster Vorsicht zu genießen sind. Sehen Sie sich das Video an, um zu begreifen, was Teile der offiziösen Historie wert sind.*

Außerdem: Wer heute immer noch glaubt, der deutsche Nationalsozialismus sei ein Betriebsunfall der Geschichte gewesen, hat nicht das Geringste begriffen. Fakt ist: Neben deutschen finanzierten auch amerikanische und britische Banken den Aufstieg Hitlers – weil sie bestimmte Ziele verfolgten, die mit ihren globalen Interessen in Zusammenhang standen.** Als Hitler nach seinem Machtantritt eigene Wege ging, wurde er von seinen früheren nichtdeutschen

---

* Siehe dazu im Internet das Video unter: http://ronpaul.blog.de/2008/03/07/grosvater-prescott-bush-und-hitler-3833309/.
** Guido Giacomo Preparata: *Wer Hitler mächtig machte – Wie britisch-amerikanische Finanzeliten dem Dritten Reich den Weg bereiteten*, Perseus Verlag, Basel 2010.

Geldgebern als »brandgefährlich« eingestuft, weshalb er unter allen Umständen beseitigt werden musste. Dass dabei die wirtschaftlich starke Nation Deutschland als Konkurrent und europäische Kontinentalmacht gleich mit verschwinden sollte, war ein angenehmer Nebeneffekt. Als besonders aggressiv muss die verdeckte amerikanische Politik angesehen werden, die nach außen hin stets verstand, das Böse unter einer Maske mit der Bezeichnung »Republik und Demokratie« zu verstecken. In diesem Zusammenhang muss berücksichtigt werden, dass imperiale Bestrebungen nicht zwangsläufig durch eine Dikatur betrieben werden müssen, nein, das ist ebenfalls durch eine demokratisch *erscheinende* Form der Machtausübung möglich. Der US-amerikanische Publizist, Wirtschaftsjournalist und Dozent F. William Engdahl hat in seinem ausgezeichneten Buch *Der Untergang des Dollar-Imperiums* all das beleuchtet, was die Establishment-Historiker gern aus ihren Betrachtungen ausschließen oder in seiner Bedeutung herunterspielen: die Planungen der US-Eliten zur Erringung einer Führungs- und Beherrschungsposition in der Welt unter dem Begriff »Amerikanisches Jahrhundert«. Er schreibt: »Ähnlich wie die Chefs zahlreicher amerikanischer Unternehmen – von Henry Ford bis zu den DuPonts – fand auch die Rockefeller-Gruppe im US-Establishment das europäische Modell des Faschismus eines Mussolini oder sogar das der Nazis in Deutschland attraktiv. Die Wall Street und die führenden Industriekreise in den USA hatten die Gewerkschaften schon immer abgelehnt und waren geradezu unbarmherzig, wenn es darum ging, gegenüber der breiteren Bevölkerung Zugeständnisse zu machen. Fasziniert beobachteten diese Kreise, wie Hitler und Mussolini es Anfang der 1930er-Jahre schafften, die organisierte Arbeiterschaft zu disziplinieren und die Gewerkschaften samt ihren

politischen Parteien zu zerschlagen – egal, ob es Sozial-
demokraten oder Kommunisten waren.«

Und nun kommt Engdahl auf das zu sprechen, was in den
Betrachtungen zur Vorgeschichte des Zweiten Weltkrieges
für gewöhnlich unterschlagen wird, aber tatsächlich *aller-
größte* Bedeutung hat:

»Es gab aber auch einen geopolitischen Aspekt bei ihrer
Sympathie für die Faschisten vor dem Krieg. Wie ihre Vet-
tern in den Kreisen des *Round Tables* in England wünsch-
ten sie sich einen größeren Krieg; einen Krieg zwischen
ihren wichtigsten Rivalen im Kampf um die potenzielle Vor-
herrschaft in Eurasien: Russland und Deutschland. Einen
Krieg also, in dem die beiden Großmächte, Stalins Sowjetunion und Hitlers Drittes Reich, ›einander zu Tode bluten
würden‹, wie es ein britischer Insider, Sir David Sterling,
Gründer der britischen Eliteeinheit SAS, formulierte. Mit
ideologischen oder romantischen Illusionen über die Überlegenheit der ›arischen Rasse‹ hatte dies wenig zu tun, wenn-
gleich die Rockefeller-Stiftung bis 1939 die Eugenik-For-
schung und Experimente an Menschen in Hitlers Drittem
Reich großzügig finanziell unterstützte. Es ging allein um
den Aufbau ihres Amerikanischen Jahrhunderts auf den
Trümmern Europas.«*

Haben Sie derartige Informationen schon einmal in Darstellungen deutscher »Hof-« und »Elite-Historiker« oder in
den meinungs(ver)bildenden Massenzeitungen und -maga-
zinen unseres Landes gefunden?

Leider mussten wir erkennen, dass das Interesse der Deutschen bzw. derjenigen, die oft als solche bezeichnet werden,

---

* F. William Engdahl, *Der Untergang des Dollar-Imperiums – Die
verborgene Geschichte des Geldes und die geheime Macht des Money
Trusts*, Kopp Verlag, Rottenburg 2009, S. 181.

eher gering ist, wenn es darum geht, die wahrheitlichen Zusammenhänge der (Vor-)Geschichte des Zweiten Weltkrieges aufgezeigt zu bekommen. Die alliierte Propaganda und die Umerziehung haben in den Jahrzehnten nach dem Krieg ganze Arbeit geleistet – ihnen wird hierzulande geglaubt, obwohl es offensichtlich ist, dass entscheidende Informationen nach wie vor unter Geheimhaltung stehen, zensiert oder unterdrückt werden, sodass alle Versuche der Establishment-Historiker, der irregeführten Öffentlichkeit zu zeigen, wie es »wirklich« war, letztlich zum Scheitern verurteilt sind. Schlimmer noch: Letztere machen sich zu willigen Verbündeten derjenigen, die die verlogene Sicht der Dinge weiter aufrechtzuhalten versuchen. Angesichts solcher Umstände, die ebenfalls nur wenige Menschen zu interessieren scheinen, muss man sich fragen, wie es um den geistigen Zustand dieser Nation bestellt ist. Von geistiger Gesundheit im eigentlichen Sinne des Begriffes kann nach unserem Dafürhalten längst keine Rede mehr sein, vielmehr ist von einem induzierten Irresein auszugehen, das sich vor allem mittels der deutschen »Nazi-Macke« charakterisieren lässt und das viele erfasst hat.

Im Laufe der Jahre mussten wir zudem erkennen, dass die Mitglieder des deutschen Volkes (im Orwellschen Neusprech: Bevölkerung) eine von uns so bezeichnete Lemming-Tendenz aufweisen. Die meisten Menschen hierzulande scheuen sich, öffentlich politisch unkorrekte Auffassungen zu artikulieren (sie werden lediglich an den Biertischen des Landes diskutiert; dort aber heftig), obwohl jeder, der mit offenen Augen durchs Leben geht, jeden Tag den überall stattfindenden Betrug erkennen kann. Man will nicht auffallen, sich der Masse und dem herrschenden Zeitgeist unterordnen, ein guter Staatsbürger – das heißt ein guter Lemming – sein. Welch ein Witz! Leben bedeutet Neugier. Und wer diese befriedigen und zu den Quellen vordringen will, muss gegen den Strom schwimmen – das wussten schon die Altvorderen, die oft ein weitaus besseres Gespür hatten für die Wahrheit, die heute überall der Lüge Platz gemacht hat. Angesichts des weit verbreiteten Zustandes des induzierten Irreseins verstehen wir das, was in diesem Buch publiziert wird, daher auch nicht mehr so sehr als Information für die interessierte Leserschaft, sondern vor allem als Dokumentation von Fakten, Hinweisen, Belegen und auch Beweisen für das von uns bearbeitete Thema – bestimmt für künftige Generationen, die, frei von den Zwängen dieses unseligen politischen, finanziellen und wirtschaftlichen Systems mit seiner diktatorische Züge erreichenden »political correctness«, vielleicht eines Tages erkennen werden, dass nicht alle Menschen des angehenden 21. Jahrhunderts den heute von Staat, Medien und sonstigen Institutionen verbreiteten Lügen und Halbwahrheiten aufgesessen sind, sondern durchaus in der Lage waren, selbstständig zu denken.

Gewiss, unseren Gegnern und den Skeptikern, die es zuhauf gibt, wird jedes unserer Worte (erneut) unbequem sein. Man wird über uns herziehen, uns als Geschichtsfälscher, Lügenbarone und anderes mehr bezeichnen (was uns im Übrigen wenig interessiert, halten wir es doch mit dem Spruch: »Was stört es eine alte deutsche Eiche, wenn sich die Schweine an ihr reiben?«). Das ganze Propaganda- und Diffamierungs-Repertoire kennen wir bereits aus der Vergangenheit. Und dass es auch andere trifft, die gegen den Strom schwimmen, lässt sich anhand aktueller Beispiele – Stichwort: Sarrazin statt Muezzin – jederzeit belegen. Aber jede Minute, die investiert würde, um darauf einzugehen, ist verschenkte, sinnlos vertane Zeit. Die Zukunft wird uns ohnehin recht geben, zumal im Hintergrund einige Dinge laufen, die weit über das hinausgehen, was manche Zeitgenossen aufgrund ihrer beschränkten Weltsicht und Auffassungsgabe für möglich oder glaubhaft halten. (Die letzten drei Jahre waren diesbezüglich die reinste Offenbarung für uns.) Das System befindet sich im Niedergang, die Establishment-Vertreter wissen das mittlerweile auch, versuchen aber verzweifelt, den Absturz, der auch ihr eigener ist, aufzuhalten. Genau genommen könnten wir uns sogar entspannt zurücklehnen und den Augiasstall, der sich vor unseren Augen breitmacht, genussvoll betrachten im Wissen darum, dass er in historisch nicht allzu ferner Zeit sein Ende finden wird. Und wenn dieses Ende kommt, wird auch vieles von dem, was wir in den vergangenen Jahren aufzuzeigen versuchten, für jeden offenbar werden. Viele werden aber auch dann nicht hinsehen wollen, denn sie müssten sich spätestens zu diesem Zeitpunkt eingestehen, einer großen Lüge aufgesessen zu sein, was schwer vereinbar sein dürfte mit dem eigenen Ego.

Wie dem auch sei: Nichtstun liegt uns nicht, und so werden wir künftig hin und wieder von uns hören lassen. Allerdings dergestalt, dass wir unsere teilweise bis heute gezeigte Zurückhaltung in manchen Dingen aufgeben, um nach erfolgter Offenlegung bestimmter Informationen zu sehen, was aus ihnen wird. Freilich kann es geschehen, dass keinerlei Reaktion erfolgt (was uns ehrlicherweise nicht einmal wundern würde), denn hierzulande haben wir es ja großteils mit einem äußerst lethargischen Menschenschlag zu tun, der sogar seelenruhig dabei zuschaut, wie die von ihm gewählten unfähigen Politiker sowie profitgierige Finanzoligarchen und an unendliches Wachstum glaubende Wirtschaftsbosse unser aller Existenzen in Richtung Untergang steuern. Solange der Kühlschrank einigermaßen gefüllt ist, die Flasche Bier keine zehn Euro kostet und das System der Massenverblödung – genannt Fernsehapparat –

funktioniert, wird kaum einer der Lemminge aus der Reihe ausscheren und dem Sprung über die Klippen entgehen wollen. Aber irgendwann, das ist so gewiss wie das »Amen« in der Kirche, wird Bewegung in die Angelegenheit kommen, weil sich bestimmte Dinge, die offiziell nicht existieren, selbst offenlegen werden – die einen langsam, die anderen plötzlich mit möglicherweise verheerenden Folgen getreu dem Motto: Wer nicht hören will, muss fühlen. Wie wir zeigen werden, hat diese Offenlegung in einem Fall wohl schon begonnen.

Indes, wir verstehen schon, warum der Deutsche Michel der Lethargie verfallen ist. Deutschland wurde im Zweiten Weltkrieg militärisch besiegt, und seine früheren Feinde und heutigen Freunde haben bis dato ein Trommelfeuer an Halbwahrheiten, Desinformation und Propaganda gegen die hierzulande Lebenden abgegeben – unterstützt von den eigenen willfährigen Politikern und Massenmedien, die – wie Napoleon I. einst so treffend formulierte – die Funktion der »nützlichen Idioten« übernommen haben. Dieses Spiel ist leicht zu durchschauen, und es wird höchste Zeit, sich an das zu erinnern, was schon Jesus wusste: Die Wahrheit macht euch frei!

In all unseren Büchern, die seit dem Jahre 2001 erschienen sind, präsentierten wir mittlerweile Hunderte Indizien, Fakten, beweiskräftige Dokumente, Zeitzeugenaussagen und dergleichen mehr, die in ihrer Gesamtheit zweifellos ein Bild entstehen ließen, das man bisher in Deutschland nicht kannte und das erkennen ließ, dass die von den Alliierten betriebene Siegergeschichtsschreibung in Bezug auf die deutsche Waffen(hoch)technologie äußerst unvollständig, ja in weiten Teilen sogar völlig falsch und manipuliert war. Bei genauer Betrachtung stellte sich sogar heraus, dass bestimmte Kriegsereignisse nur durch das Vorhandensein einer deutschen Atomwaffe einen Sinn ergaben – beispielsweise die mörderischen Bombardements deutscher Städte und Infrastruktur durch die Anglo-Amerikaner. Natürlich hat uns das nicht nur Anerkennung eingebracht, sondern auch eine stattliche Zahl von Skeptikern, Leugnern und – man kann sie ruhig so nennen – auch Feinden auf den Plan gerufen, die es offenbar genießen, wenn sie die falsche Sicht der Siegergeschichtsschreibung verteidigen dürfen. Sie sollen das ruhig tun getreu dem Motto: Jeder blamiert sich so gut er kann.

Solange die Diskussion sachlich blieb, war nichts gegen eine solche einzuwenden. Allerdings waren die Mittel der Sachlichkeit bei manchen Zeitgenossen äußerst schnell erschöpft, denn weder waren sie in der Lage, den US-amerikanischen Archiven Besuche abzustatten, noch mit Zeitzeugen, die wirklich etwas wussten, zu sprechen. Also mussten persönlich gehaltene Beleidigungen und Diffamierungen die sachliche Auseinandersetzung ersetzen. Im Laufe der Jahre ist so einiges zusammengekommen, das wir selbstverständlich fein säuberlich dokumentiert haben. Falls jemand glaubt, sich hinter Aliasnamen in Internetforen verstecken zu können, so ist er auf dem Holzweg. Zu gegebener Zeit wird es eine Reaktion geben.

Apropos Reaktion: Wie sehr wir einigen Mitmenschen und/oder Organisationen »am Herzen liegen«, erkennt man auch daran, dass vor Kurzem ein gezielter Angriff auf die Computersysteme eines der Autoren erfolgte. Interessanterweise zu genau jenem Zeitpunkt, als die Terminierung dieses Buchprojektes mit dem Verlag besprochen wurde. Dümmer – weil auffälliger – geht's nimmer, möchte man da sagen. Wer immer dahinterstecken mag: Besonders klug war das nicht, und es muss klar sein, dass eine solch kriminelle Aktion unsererseits zu einer Reaktion führen wird – und zwar zu einer heftigen. Allerdings werden wir dafür einen günstigen, uns passenden Termin wählen, also nichts überstürzen (ein gut Ding will Weile haben). Die Zeiten, in denen wir davon ausgingen, man habe es mit vernünftigen Menschen zu tun, sind lange vorbei. Dieses System ist ein System der Unvernunft, Ignoranz und Dummheit, entsprechend muss man die Handlungen zahlreicher Menschen einstufen und sich nicht wundern, dass komplette Verblödung und Zombieisierung an der Tagesordnung sind.

Doch damit zurück zum Thema der deutschen Geheimwaffen der zweiten Generation, wie wir sie der Einfachheit halber bezeichnen. Die von uns seit Jahren betrachteten deutschen Atomwaffen sind – das geben wir offen zu – nicht alles, was uns interessiert, viel wichtiger sind für uns die *postnuklearen* Entwicklungen, die dokumentieren, dass die deutsche Wissenschaft und Forschung einen Stand erreicht hatte, der die Alliierten nach dem Krieg – als sie einen ersten Überblick gewonnen hatten – ja bekanntermaßen zu der Erkenntnis gelangen ließ, dass ihnen die Deutschen teilweise um 50 bis 100 Jahre voraus gewesen seien. Wobei zu bezweifeln ist, dass diese Einschätzung der Alliierten auf Basis des Wissens um die nachnuklearen Technologien erfolgte. Ihnen waren schon viele konventionelle und natürlich auch die atomaren Entwicklungen höchst unheimlich.

Die Deutschen selbst spielten bei Kriegsende ein von der Historikerschaft, die sich in diese Dinge nicht hineindenken kann, ein hochkomplexes Spiel: Während sie den Amerikanern, Russen, Engländern und Briten Prototypen und Informationen zu bestimmten Forschungen übergaben, die die Letzteren mitunter kaum verstanden, über die sie sich aber wie die Kinder im Sandkasten – wenn diese neue Förmchen bekommen – freuten, hatten sie das wirklich

Wichtige längst in Sicherheit gebracht: tief unter die Erde, gesichert durch Selbstschussanlagen, Minen, Giftgas und andere »Nettigkeiten«. Ja, es geht sogar seit dem Anbeginn unserer Recherchen das Gerücht, dass besonders wichtige Einlagerungen durch kleine nukleare Sprengsätze geschützt wurden. Kopf dieser Planungen war unter anderem SS-Obergruppenführer und General der Waffen-SS Dr.-Ing. Hans Kammler. Er war es allerdings nicht allein, denn jede Waffengattung oder Organisation hatte einen solchen Mann, von denen die meisten bis heute unbekannt blieben.

Diejenigen, die diese Verstecke anlegten und dafür sorgten, dass der Feind nicht überreichlich Beute machen konnte, waren – auch das muss an dieser Stelle einmal zur Sprache gebracht werden – keineswegs alles Nationalsozialisten, sondern es fanden sich auch viele darunter, die als Deutsche unabhängig von irgendwelchen Ideologien handelten. Nach den Erfahrungen des Ersten Weltkrieges wollten sie auf gar keinen Fall zulassen, dass das, was in jahrelanger harter Arbeit entstanden war, Fremden in die Hände fiel, die sich – und auch das lehrt die Geschichte – dann als Urheber des Mitgenommenen ausgeben würden.

Wir sind sicher, dass noch vieles unter deutscher Erde liegt, das, würde man es finden, großes Erstaunen verursachen würde. Es liegt aber nicht nur hier, sondern auch außerhalb der heutigen deutschen Grenzen.

Wir haben – und diesen Hinweis können wir uns keinesfalls ersparen – im Übrigen jahrelang darauf aufmerksam gemacht, dass auch bestimmte Altlasten im Boden liegen und dass diese Zeitbomben ticken. Hören will das niemand. Handeln schon gar nicht. Erstens müsste man sich bewegen, zweitens würde es Geld kosten, den Dingen auf den Grund zu gehen. Und das ist deutschen Beamten und ihren Dienstherren natürlich in beiderlei Hinsicht zuwider. Sei's drum. Wir haben uns längst abgewöhnt, deshalb irgendwelche Gefühlsduseleien zu entwickeln, zumal wir erkennen mussten, dass oft nicht einmal die Bewohner bestimmter Gebiete, die von diesen tickenden Zeitbomben betroffen sein könnten, mit ihren politisch Verantwortlichen Klartext reden und eine nach über 60 Jahren längst überfällige Aufklärung der Angelegenheit fordern. Ganz im Gegenteil: Seit Jahren schon und neuerdings mal wieder behaupten stets politisch korrekt agierende Autoren, dass das »Rätsel Jonastal« lediglich aus dem (geplanten und begonnenen) Bau eines Führerhauptquartiers bestehen würde, alle anderen Auffassungen aber in das Reich der Fantasie zu verweisen seien. Eine »Hochtechnologiezone Jonastal« habe niemals existiert. Nun, von uns aus mögen diese Herrschaften weiter im Kreis laufen und deutsche Archive – die nicht viel (zumindest öffentlich Zugängliches) von dem enthalten, was die politisch korrekte Sicht der Dinge widerlegt – aufsuchen. Sie werden niemals begreifen, was wirklich hinter dem Projekt S III, das sie ohnehin in seiner Bedeutung missverstehen, steckte.

Wir möchten in diesem Zusammenhang kurz darauf hinweisen, dass wir bezüglich dieses Themas seit einiger Zeit an einem speziellen Projekt arbeiten, das genau das Gegenteil von dem dokumentiert, was die Establishment-Autoren für die Wahrheit halten. Dokumente aus US-Archiven, Unterlagen des Ministeriums für Staatssicherheit und einige andere Dinge, die alles andere als unbedeutend sind, ergeben das klare Bild einer Hochtechnologiezone, wobei das Jonastal, das von vielen »Experten« als so bedeutend angesehen wird, nur ein kleines Element im großen S-III-Puzzle war – und nicht einmal ein besonders bedeutendes.

Leider ist es so: Ignoranz und Dummheit werden eines Tages bestraft werden – nicht durch uns, sondern im anzunehmenden schlimmsten Falle durch ein Ereignis, das in seinen Auswirkungen denen des Nuklearunfalls von Tschernobyl in nichts nachsteht, ja, dieses vielleicht sogar noch übertreffen könnte.

Zum Schluss noch etwas – zumindest für uns – Positives: In den vergangenen Jahren sind eine Reihe ausländischer Interessenten auf unsere Publikationen aufmerksam geworden und haben noch den einen oder anderen wichtigen Baustein für unsere Argumentation liefern können. Was uns dabei immer wieder erstaunte, war die Tatsache, wie *offen* und *unvoreingenommen* unsere nichtdeutschen Partner mit dem Thema umgingen. Immer wieder hieß es, dass man schon lange wisse oder ahne, dass die Geschichtsschreibung zum Zweiten Weltkrieg gerade in Bezug auf die technologische Frage »löchrig wie ein Schweizer Käse« sei und unmöglich den Tatsachen entsprechen könne. Außerdem wurde uns in diesem Zusammenhang oft die Frage gestellt, wann denn die Deutschen endlich anfingen, das durch die Umerziehung und Gehirnwäsche aufoktroierte »Wissen« einmal zu hinterfragen und schließlich abzustreifen. Angesichts der hierzulande durch uns Tag für Tag zu beobachtenden, sich ständig verschlimmernden Zustände konnten wir, wie sich denken lässt, darauf keine erschöpfende Antwort geben, allenfalls auf die Tatsache verweisen, dass es erste Silberstreifen am Horizont gebe, das heißt, Hinweise darauf existierten, dass sich der Souverän – das Volk – nicht mehr alles gefallen lasse. Insgesamt betrachtet, so unsere Antwort gegenüber den ausländischen Informationsgebern, gingen wir allerdings davon aus, dass der entscheidende Anstoß von außen kommen müsse, da im deutschen Inneren seit Jahren ein Zustand geistiger Lähmung vorherrsche.

Unsere ausländischen Partner sind auch ein wesentlicher Grund, weshalb wir unsere Arbeit fortzusetzen gedenken.

Wollten wir für die Deutschen allein etwas zu bewegen versuchen, wären Hopfen und Malz wohl längst verloren, wobei auch hier die Ausnahme die Regel bestätigt, gibt es doch ein Häuflein Unentwegter, die genau wie wir auf der Suche nach der Wahrheit sind. Wir danken diesen Menschen, die uns über die Jahre hinweg uneigennützig Unterstützung und Zuspruch gaben. Der Großteil der Menschen hierzulande hat jedoch offenbar keinerlei Bezug mehr zu seiner Geschichte. Deutschland mutet an wie ein Baum, dessen Wurzeln vom Stamm getrennt wurden. Dass ein solcher Baum sterben muss, ist nicht strittig, sondern nur die Frage, wie lange das Ganze dauern wird. Wir meinen deshalb: Es wird höchste Zeit, sich seiner Wurzeln zu besinnen ...

Edgar Mayer und Thomas Mehner
im September 2010

»Wenn Freiheit überhaupt etwas bedeutet, dann vor allem das Recht, anderen Leuten das zu sagen, was sie nicht hören wollen.«

George Orwell

Nachterstedt

Warnten wir davor, dass einiges von dem, was unter der Erde Deutschlands liegt, ganz unerwartet Probleme verursachen könnte, wurden wir in der Vergangenheit oft mitleidig belächelt. Schließlich »weiß« man doch als gebildeter deutscher Zeitgenosse, dass die zuständigen Behörden über vorhandene Untertageanlagen und deren Inhalte unterrichtet sind, Gefahren also in jedem Fall rechtzeitig abgewendet werden können.

Glauben aber ist eine Sache der Religion – und Wissen oft nicht vorhanden.

Die meisten unserer Leser werden sich sicherlich daran erinnern können, dass im Juli 2009 die kleine Ortschaft Nachterstedt (Harzvorland, Sachsen-Anhalt) von einer Hangrutschung betroffen war. Die Massenmedien berichteten darüber ausführlich. »Um 4.40 Uhr registrierte die Bundesanstalt für Geowissenschaften und Rohstoffe ein unmerkliches Erdbeben in der Nähe von Nachterstedt. Es dauerte 60 Sekunden. Um 4.48 [Uhr] ging der erste Notruf aus der Katastrophenregion ein. Außerdem hatten Bürger vor der Rutschung nach eigenen Aussagen Strudel im Concordia-See beobachtet und ein Grollen im Untergrund vernommen«, schrieb *Spiegel Online** am 18. Juli 2010 in Erinnerung an die ein Jahr zuvor stattgefundene Katastrophe.

Leider waren bei diesem Unglück drei Menschenleben zu beklagen. Sicher, es handelt sich bei dieser Region um Altbergbaugebiet, in dem immer mit Problemen zu rechnen ist, aber ...

---

* Siehe dazu im Internet: http://www.spiegel.de/wissenschaft/natur/
0,1518,706782,00.html.

Fest steht jedenfalls, dass die Behörden ziemlich ratlos waren, was die Hangrutschung betraf. Die Angelegenheit nahm eine plötzliche Wendung, als kurz vor dem ersten Jahrestag des Ereignisses unter anderem *Stern.de* mit der Meldung über eine unterirdische »Nazi-Fabrik« an die Öffentlichkeit ging, die – unter Nachterstedt liegend – das Unglück (mit-)verursacht haben könnte:

»Im Dezember 1944 wird der junge Schütze Plumeyer, Mitglied der Waffen-SS, am Nordrand der Eifel von Soldaten der alliierten Truppen gefangen genommen. Bei seiner Vernehmung durch britische Offiziere, zwei Monate später, berichtet der deutsche Gefangene mit der Chiffre CS/1295 von geheimen Kriegsproduktionsanlagen im und um den Harz. Eine davon befand sich nach Plumeyers Hinweisen, gut getarnt und zum großen Teil unterirdisch angelegt, im Ort Nachterstedt in Sachsen-Anhalt – dort, wo vor einem Jahr Häuser in einen gefluteten Braunkohletagebau stürzten und drei Menschen in den Tod rissen. Den Eingang zu der Anlage zeichneten die Vernehmungsoffiziere nach den Angaben Plumeyers nur wenige Schritte von jener Wohnsiedlung entfernt ein, in der sich das Unglück ereignete.«*

Weiter war dem Bericht unter dem Titel »Die Theorie von der unterirdischen Nazi-Fabrik« zu entnehmen:

»Seit einem Jahr sucht die Bergbaubehörde des Landes Sachsen-Anhalt nach der Ursache des Erdrutsches. Bislang mit wenig Erfolg. Am Donnerstagvormittag teilten die Experten auf einer Pressekonferenz mit, dass sie immer noch im Dunkeln tappen. Die Lausitzer und Mitteldeutsche Bergbau Verwaltungsgesellschaft kündigt einen Abschlussbericht für Ende 2011 an. Bohrungen sollen weiteren Aufschluss

---

* Siehe im Internet: http://www.stern.de/panorama/jahrestag-desnachterstedt-ungluecks-die-theorie-von-der-unterirdischen-nazifabrik-1583808.html (Stand: 15. Juli 2010).

über den Untergrund bringen und die bisherigen Methoden ergänzen.

Die Aussagen des Kriegsgefangenen Plumeyer, die bisher unbeachtet in den Archiven auf Mikrofilmen schlummerten, könnten allerdings eine ganz neue Spur freilegen.«

Schaut man sich den *Stern.de*-Artikel in Gänze im Internet an und besucht auch die neben ihm stehende Fotostrecke*, dann ist man ziemlich erstaunt über das, was einem dort präsentiert wird. Es existiert eine britische Karte, die auf amerikanische Detailzeichnungen zurückgehen soll, die die Lage der Stollen der unbekannten Anlage zeigt und die sich zudem mit den bekannten Verhältnissen vor Ort durchaus in Übereinstimmung bringen lässt. Bei aller im Moment noch zu Gebote stehenden Zurückhaltung ist festzustellen, dass der zuständigen Bergbaubehörde absolut nichts von einer geheimen unterirdischen Fabrik unter Nachterstedt bekannt ist – was aber nichts darüber aussagt, ob die »Nazi-Anlage« nicht doch vorhanden ist. In diesem Zusammenhang darf man deshalb gespannt sein, was künftige Gutachten und Untersuchungen, die in Auftrag gegeben bzw. durchgeführt werden sollen, in dieser Hinsicht zutage fördern werden.

Die Unterlagen, die der aus Espelkamp stammende Rechtsanwalt Dirk Finkemeier, mit dem einer von uns in den vergangenen Jahren auch schon zu tun hatte, dem *Stern* übergab, stammen übrigens aus britischen Archiven, basieren im Original aber auf amerikanischen Papieren.

Falls sich eine U-Anlage unter Nachterstedt tatsächlich nachweisen lassen sollte, dann wäre dies ein Beweis für die von uns schon lange vertretene These, dass die hierzulande

---

* Siehe: http://www.stern.de/panorama/jahrestag-des-nachterstedt-ungluecks-die-theorie-von-der-unterirdischen-nazi-fabrik-1583808-photoshow.html.

agierenden Behörden keineswegs über alle untertägigen Anlagen, die im Zweiten Weltkrieg entstanden, Bescheid wissen – was ein Armutszeugnis besonderer Art wäre, insbesondere deshalb, weil man hinsichtlich anderer geheimer
Anlagen in der Vergangenheit auch schon behauptet hat,
dass es sie nicht gibt.

Gehen wir noch einen Schritt weiter: Im Zusammenhang
mit der unter Nachterstedt liegenden »Nazi-Fabrik« wurde
von einer möglichen Giftgasherstellung gesprochen. Falls
diese dort tatsächlich lief und die Anlage schon so geheim
war, dass man keine Hinweise über sie nach dem Krieg in
deutschen Unterlagen finden konnte, was ist dann erst zu
erwarten, wenn es um hochgeheime Standorte der hiesigen
unterirdischen Atomforschung geht?!

Dass darüber nichts in Akten vermerkt wurde, dürfte
aufgrund der den deutschen Nuklearprojekten anhaftenden
Geheimhaltung mehr als klar sein. Und wenn es Dokumente
oder schriftliche Befehle hierzu gab, wurden diese bei Kriegsende entweder selbst unter die Erde gebracht oder aber
vernichtet. Es erscheint angesichts dessen durchaus nicht
abwegig, von irgendwo auf dem deutschen Territorium (und
nicht nur dort, denn das Deutsche Reich war größer als die
BRD) tickenden Zeitbomben zu sprechen. Vielleicht sollte
man sich deutscherseits endlich einmal bemühen, mit den
britischen und amerikanischen Freunden Tacheles zu reden. Man sollte sie fragen, was sie über geheime deutsche
unterirdische Atomforschungs- und Giftgasproduktionsein-
richtungen wissen, ob es dort noch nicht geborgene Einlagerungen gibt, und ihnen klarmachen, dass dieses Material
möglichst vor einem Unfall, GAU oder gar Super-GAU geborgen werden sollte. Oder sind unsere Freunde gar nicht
unsere Freunde? Lassen sie es darauf ankommen?

Fakt ist: Sollte sich in Zukunft irgendwo auf deutschem

Territorium ein atomarer Unfall ereignen, der nichts mit bekannten überirdischen Standorten der heutigen Zeit zu tun hat, so muss zwingend davon ausgegangen werden, dass unsere Freunde dies billigend in Kauf genommen haben, denn insbesondere die Westalliierten waren es, die die deutsche Geheimwaffenproduktion der zweiten Generation in zahlreichen Fällen aufspürten, sie heimlich beiseite schafften und die wesentlichen Informationen dazu unter Geheimhaltung stellten. Wir möchten nicht in der Haut der amerikanischen oder britischen Verantwortlichen stecken, die über das, was wirklich gefunden (oder auch nicht gefunden) wurde, Bescheid wissen, aber aus Gründen der Staatsräson und wegen des Status quo den Mund halten (müssen).

Wir wollen kein Geheimnis aus dem Fakt machen, dass in den vergangenen Jahren geführte Gespräche mit Zeitzeugen auch das Thema möglicher künftiger Katastrophen, verursacht durch unbekannte Altlasten im Boden, zum Inhalt hatten. In der Regel wurde uns gegenüber dazu nicht viel gesagt, stattdessen schnell das Thema gewechselt. Einige wenige Hinweise bezogen sich auf die Angabe, dass sich manche Dinge in historisch kurzer Zeit selbst offenlegen würden, und eine konkrete Angabe, die den zwischen Crawinkel und Luisental in Thüringen liegenden Kienberg-Bereich betraf und im Zusammenhang mit einer dort vor einiger Zeit getätigten Bohrung kam, hatte zum Inhalt, dass, wenn man dort nicht aufpasse und in die falsche Anlage bohre, die gesamte Region unbewohnbar würde.

Was so dramatisch klingt, interessiert aber hierzulande niemanden – zumindest bis zu dem Tag, an dem es zur Katastrophe kommt. Sollte dieser Fall eintreten, werden wir mit allen zur Verfügung stehenden rechtlichen Mitteln Licht in die Angelegenheit bringen lassen, darauf können sich alle, die es betrifft, verlassen.

»Eine freie Presse gibt es nicht. Sie, liebe Freunde, wissen das, und ich weiß es gleichfalls. Nicht ein Einziger unter Ihnen würde es wagen, seine Meinung ehrlich und offen zu sagen. Das Gewerbe eines Publizisten ist es vielmehr, die Wahrheit zu zerstören, geradezu zu lügen, zu verdrehen, zu verleumden, zu Füßen des Mammons zu kuschen und sich selbst und sein Land und seine Rasse um des täglichen Brotes willen wieder und wieder zu verkaufen. Wir sind Werkzeuge und Hörige der Finanz-gewaltigen hinter den Kulissen. Wir sind die Marionetten, die hüpfen und tanzen, wenn sie am Draht ziehen. Unser Können, unsere Fähigkeiten und selbst unser Leben gehören diesen Männern. Wir sind nichts als intellektuelle Prostituierte.«

John Swainton, früherer Herausgeber der *New York Times*

Unsere tägliche Verdummung

Es ist immer wieder interessant zu vernehmen, dass Deutschland während der Zeit des Nationalsozialismus nicht an einer Atombombe gearbeitet haben kann oder soll. Dass von den etablierten Medien hierzulande keine andere Einschätzung zu erwarten ist, als dass diese die vorgegebene Siegerpropaganda wiederkäuen, ist das eine Problem. Das andere besteht darin, dass diejenigen, die über diesen Sachverhalt zu urteilen versuchen, vom Zustand der heutigen BRD ausgehen – einer Nation mit einem alles andere als optimistischen Menschenschlag –, der allerdings nicht viel mit jenen Deutschen zu tun hat, die bis zur Kapitulation der Deutschen Wehrmacht im Mai 1945 lebten.

Wenn also ein heutiger ethnischer Deutscher erklärt, das Dritte Reich habe eine solche Waffe niemals konstruieren, entwickeln, testen und frontverwendungstauglich bekommen können, so handelt es sich dabei um eine Einschätzung eines Menschen, der nichts von dem ahnt oder gar weiß, was früher deutsche Wissenschaft und Ingenieurskunst zu leisten imstande war. Schlimmer noch: Gehirngewaschen und umerzogen wie er ist, kann er sich nicht einmal mehr *vorstellen*, dass das einst möglich war. Dieser paradoxe, aber den Tatsachen entsprechende Zustand erklärt das meiste, wenn nicht sogar alles und ähnelt in etwa dem, als wolle ein Kamel über das Leben in der Antarktis Auskunft geben. Dass dabei nicht viel Erbauliches und Richtiges herauskommen kann, versteht sich von selbst.

Man muss sich also nicht wundern, wenn weder die von uns so betitelten Establishment-Historiker noch die heutigen -Journalisten in der Lage sind, die damalige Situation exakt zu bewerten. Der Versailler Vertrag, der genau ge-

nommen ein Diktat war (denn die deutsche »Vertragsseite«
durfte weder an den Verhandlungen teilnehmen, noch hatte
sie etwas zu sagen) brachte in Deutschland Wut und Hass
hervor – und führte zu dem Wunsch, es den Siegern des
Ersten Weltkrieges heimzuzahlen. Daraus erwuchsen Stimmungen und Handlungen, die geradezu ideal waren, um
die heimliche Weiterentwicklung deutscher Waffentechnik
und die Umsetzung ganz neuer militärischer Waffensysteme voranzutreiben. Genau betrachtet, war eigentlich die
Zeit der 1920er- und 1930er-Jahre der ideale Nährboden für
die zunächst theoretisch, später dann auch praktisch umge-
setzte (Atom-)Waffenentwicklung.

Wir stehen mit dieser Ansicht nicht allein da. Ähnlich
sieht das ein Autor, der im Internet unter dem Pseudonym
»Vandale« zu verschiedenen Themen schreibt und einen
Beitrag »Schatten[-]Atommacht Deutschland« verfasst hat.
In ihm führt er vollkommen exakt aus:

»Nachdem der Reichswehr durch das Versailler Diktat
nach dem Ersten Weltkrieg harte Beschränkungen auferlegt
waren, gewann die sog[enannte] Schwarze Reichswehr große Bedeutung. Die Reichswehr konnte dank schwarzer Aus-
rüstungsbestände auf fast das Dreifache des im Versailler
Diktat vorgesehenen Umfangs anwachsen. [...] Die schwarzen Bestände waren in privaten Lagerhallen und Kellern
eingelagert. Die Reichswehr erprobte neue verbotene Waffensysteme in Russland. Insgesamt dürften mehrere zehn-
tausend Deutsche, einschließlich kommunistischer Hafen-
arbeiter und Eisenbahner, mit der Schwarzen Reichswehr in
Berührung gekommen sein. Ihr Patriotismus gebot ihnen,
zu schweigen. Deshalb kann man davon ausgehen, dass eine

* Siehe dazu: http://oekoreligion.npage.de/get_file.php?id=12259
439&vnr=769547.

verdeckte Atomrüstung in Deutschland bis Mitte der 60er-Jahre, als die Zerstörung der Deutschen Gesellschaft begann, möglich gewesen wäre. Die heutige Deutsche Gesellschaft mit ihrer sehr destruktiven Grundeinstellung ist hierzu nicht in der Lage.«

Genau das ist der Punkt! Die Unterschiede in den Einstellungen der Menschen von damals und heute waren bzw. sind grundverschiedene, sodass es den Heutigen beinahe unmöglich ist, zu exakten Schlussfolgerungen in Bezug auf die Zeit bis 1945 zu gelangen. *Sie können sich einfach bestimmte Dinge nicht vorstellen.*

Es ist – und das darf keinesfalls vergessen werden – auch zu berücksichtigen, dass die deutsche Atomwaffenentwicklung nicht erst nach der von Prof. Dr. Otto Hahn erzielten Spaltung eines Atomkerns im Jahre 1938 begann, wie die etablierte Geschichtsschreibung behauptet, sondern bereits früher. Die Bekanntgabe des Zeitpunktes 1938 war ein deutscher Propagandatrick, um den anderen, in Konkurrenz stehenden Nationen zu suggerieren, die Deutschen stünden jetzt erst am Beginn der damit verbundenen Untersuchungen. In Wirklichkeit hatten sie schon einige Jahre Grundlagenforschung hinter sich – und einen Vorsprung aufgebaut.

Und was für die Atomwaffe gilt, trifft auch auf den deutschen Atomreaktor zu. Doch die deutsche Journaille will das nicht zur Kenntnis nehmen, betet stattdessen die längst überholten »Erkenntnisse« der 1950er- bis 1980er-Jahre nach, wie das nachfolgende Beispiel zeigt:

Deutschland war im Zweiten Weltkrieg meilenweit von einem laufenden Atomreaktor entfernt. An eine nukleare Waffe war nicht zu denken, und die Amerikaner irrten sich in Bezug auf ein solches deutsches Waffensystem total, so die – erneuten und völlig falschen – Schlussfolgerungen deutscher »Qualitätsmedien«, die beispielsweise im Jahre

Gegenüberliegende Seite: Seit Jahren wird von engagierten Rechercheuren und Autoren behauptet, dass die auf das Jahr 1938 festgesetzte Spaltung eines Atomkerns durch Prof. Dr. Otto Hahn eine deutsche Schutzbehauptung war, um Wissenschaftler und Militärs anderer Nationen in die Irre zu führen. Zeitzeugen erklärten zudem, dass bereits in den 1920er-Jahren diesbezügliche streng geheime Vorarbeiten realisiert worden waren.

Mittlerweile wurden in den Archiven der amerikanischen NARA Dokumente identifiziert, die den Beginn der mit der Atomforschung zusammenhängenden Untersuchungen im Deutschen Reich ebenfalls vordatieren: mindestens auf das Jahr 1934!

In einem »Memorandum for the Commanding Officer, Garmisch Sub-Region«, das vom 27. September 1946 datiert, berichteten zwei CIC-Agenten, Paul O. Bruenl und Robert W. Stout, über die Ergebnisse einer Befragung des deutschen Informanten Willi Waldow (geboren 1920 in Stettin), der das Jahr 1934 erwähnte und darüber hinaus berichtete, dass 2000 bis 3000 Deutsche mit wissenschaftlichem und technischem Hintergrund an der Nutzung der Kernenergie und der Entwicklung einer Atombombe gearbeitet hätten.

Die beiden CIC-Agenten waren zwar nicht in der Lage, die Aussagen ihres Informanten genauer zu prüfen, aber es ist mit dem Abstand mehrerer Jahrzehnte höchst bemerkenswert, dass man in US-Dokumentenbeständen Angaben finden kann, die so gar nicht in das Bild der Establishment-Historiker passen wollen, sondern stattdessen dem nahekommen, was Vertreter der Auffassung, dass das Deutsche Reich an Atomwaffen arbeitete, seit etwa einer Dekade behaupten.

SECRET

HEADQUARTERS
COUNTER INTELLIGENCE CORPS
UNITED STATES FORCES EUROPEAN THEATER
REGION IV, GARMISCH SUB-REGION
APO 205 US ARMY

Doc No 112

27 Sept 1946

MEMORANDUM FOR THE COMMANDING OFFICER, GARMISCH SUB-REGION

SUBJECT: WALDOW, Willi

    1. The following information was received from an informant, WALDOW, Willi, born 22 April 1920, STETTIN, at present residing Von der Tann Str. 23 REGENSBURG (M50/U15).

    2. Subject, while traveling between the Russian and American Zones on the 29th August 1946, made the acquaintance of a Mr. BRUEKCNER in the railroad station STASSFURTH (M52/D66). The conversation that took place consisted of BRUEKCNER's description of his recent forced employment and subsequent escape from a Russian underground factory, located at SALZBERGWERKE (M52/D66 near STASSFURTH. BRUECKNER, a German engineer, formerly engaged in atomic research as early as 1934 stated that a group of between two or three thousand Germans with scientific and technical backgrounds are being forcibly engaged at working on experiments dealing with atomic energy pertaining to development of the atomic bomb, as well as rocket experiments with the "V 2". The site of this factory is supposedly that of a former German underground factory used to manufacture special types of weapons during the war, located as SALZBERGWERKE. According to Subject BRUECKNER further stated that despite his previous knowledge of atomic energy, the work now being conducted is in an entirely new field.

    3. On the morning of 30 August 1946 the railroad station was entered by three supposed members of the GPU. BRUECKNER was identified and accordingly apprehended. Although Subject states to have been without proper travel papers himself, he was not subjected to any search.

    4. Subject expresses a strong desire to work with American authorities by traveling into the Russian zone and following this report in detail, as well as being supplied with a zonal pass. This above information was previously given in part to the Military Police STARNBERG.

    5. For your information. Evacuation undetermined.

Evaulation ⸺Undetermined⸺
Approved
PAUL O BRUENL
Special Agent, CIC

ROBERT W STOUT
Special Agent, CIC

C O P Y

SECRET

2009 zu lesen waren, nachdem zwei deutsche Uranmetall-
proben aus den 1940er-Jahren durch das Institut für Trans-
urane (ITU), Karlsruhe, untersucht worden waren.

In der Folge dieser Untersuchungen war sowohl bei *Spiegel Online** als auch bei *Welt Online*** zu lesen – und der
Bericht wurde von anderen sogenannten »Qualitätsmedien«
übernommen –, dass man anhand von Untersuchungen an
Relikten des einstigen, bei Kriegsende im Aufbau befindlichen »Atomreaktors« in Haigerloch sowie anhand einer
bereits früher hergestellten Uranmetallplatte nunmehr den
wissenschaftlichen Nachweis erbracht habe, dass das deutsche Atomwaffenprojekt quasi ein Hirngespinst amerikanischer Institutionen gewesen sei. Der Reaktor in Haigerloch
sei niemals kritisch geworden; genauso wenig deute die Untersuchung einer bereits früher hergestellten Uranmetallplatte darauf hin, dass jemals Plutonium produziert werden
konnte.

Nun, die wissenschaftlichen Untersuchungsergebnisse
des ITU an sich (und nur diese) sind keineswegs zu kritisieren. Was dann aber *Spiegel Online* und andere daraus machten, war erstaunlich – und ist allemal geeignet, scharfe Kritik hervorzurufen und hinterfragt zu werden. *Spiegel Online*
ließ gleich zu Beginn seiner Darstellung wissen: »Karlsruher
Forscher haben neue Erkenntnisse darüber gewonnen, **wie
weit das Atomprogramm des Dritten Reichs wirklich fortgeschritten war.** Uranproben aus dem letzten
Labor erzählen die erstaunliche Geschichte des Projekts –

---

* Artikel »›Heisenberg-Würfel‹ verrät Details über Hitlers Atomprogramm«; 19. März 2009, http://www.spiegel.de/wissenschaft/
mensch/0,1518,druck-614227,00.html.
** Artikel »Atomare Detektive« (25. März 2009), siehe dazu im Internet
unter http://www.welt.de/welt_print/article3439012/Atomare-Detek
tive.html.

Eine Gruppe des *Alsos*-Teams bei der Demontage des Haigerloch-Reaktors. (Public Domain)

die USA lagen in ihrer Einschätzung über Hitlers Wissenschaftler falsch.« (Hervorhebung durch die Autoren)

Äußerst bemerkenswert: Zwei winzige Materialproben gaben Aufschluss darüber, dass der Stand der Dinge im Zweiten Weltkrieg auf deutscher Seite also derjenige war, den die Establishment-Historiker schon immer postuliert hatten. Welche Schmach für die amerikanischen Geheimdienste! Diese hatten, folgt man der *Spiegel-Online*-Deutung, also auf Basis eines Gerüchts von der deutschen Atomwaffe ihr irrsinniges eigenes Projekt zum Bau einer amerikanischen Atombombe − das so bezeichnete *Manhattan District Project* − aus dem Boden gestampft und dafür eine gewaltige Summe ausgegeben sowie zahllose Ressourcen verplempert. Wie schrecklich dumm, wie unqualifiziert! Aber ernsthaft: So einfach ist die Sache keineswegs. Was beweisen die wissenschaftlichen Untersuchungsergebnisse wirklich? Sie zeigen *nur*, dass das sogenannte »Atomlabor« in Haigerloch keinen kritisch gewordenen Reaktor beinhaltete und dass auch die Uranmetallplatte, die um 1940 hergestellt worden sein soll, keinem Prozess ausgesetzt war, bei dem man von einer Kritikalität sprechen kann. *Das ist alles.* Erstaunlich ist, dass vonseiten der Medien immer noch und immer nur auf die Heisenberg-Gruppe bzw. auf die Forschungen beim Kaiser-Wilhelm-Institut (KWI) Bezug genommen wird, um ja nicht andere, zwischenzeitlich bekannt gewordene Informationen in die Betrachtungen einbeziehen zu müssen, wobei mittlerweile offensichtlich ist, dass Heisenberg als Theoretiker eine völlig untergeordnete Rolle spielte. Sein Projekt in Haigerloch war die für die Alliierten gedachte Ablenkung: unfertig, unbedeutend, irreführend. Die »Bombe« wurde von anderen Experten realisiert, deren Namen teils unbekannt blieben, teils heute so gut wie vergessen sind. Im Übrigen: Was ist mit dem Versuchsreaktor in Gottow bei Berlin, was ist mit dem von Stadtilm, was ist mit anderen (in Thüringen) gelegenen Standorten, die einer genauen Betrachtung und Untersuchung unterzogen werden müssten? Warum wird der Gruppe um Dr. Diebner, der in Gottow und Thüringen arbeitete bzw. arbeiten ließ, so wenig Beachtung geschenkt? Weshalb interessiert sich niemand für die mit der deutschen Atomforschung und der Atomwaffe verbundenen Projekte, die durch die Großindustrie realisiert wurden, beispielsweise bei Skoda, das seinerzeit zum Krupp-Konzern gehörte? Wieso recherchiert kein Vertreter der Qualitätsmedien zu den Arbeiten der Deutschen Reichspost unter ihrem Minister Dr. Ohnesorge, der

In dieser Betonkonstruktion bei Gottow befand sich einst der Diebnersche Versuchsreaktor.

Die Betonwanne von der Seite. Bei einem Versuch, der positiv verlief, wurde so große Hitze frei, dass Teile von der Wand abplatzten, als der eigentliche Reaktor durch einen Kran herausgehoben wurde.

selbst ausgebildeter Physiker war und ab spätestens 1943 mit Reichsführer SS Heinrich Himmler und dessen Schutzstaffel daran arbeitete, die Atomwaffe zu realisieren? Weshalb wurden Nachforschungen (Bohrungen) im Bereich des thüringischen Jonastals und eines Gebietes westlich von Arnstadt blockiert, indem man das Gebiet mit Wirkung vom Dezember 2007 zur Trinkwasserschutzzone, Stufe 2, machte, woraufhin derartige Explorationen unterbleiben mussten? Wieso hat sich bisher kein Journalist mit der Frage befasst, was im Raum Hennef während des Krieges geschah? Die Vertreter des deutschen Qualitätsjournalismus wischen solche Fragen mit einer Handbewegung weg, sprechen nur von »Gerüchten«, offenbar weil sie ahnen, dass sie selbst seit Jahrzehnten der Desinformation der Alliierten aufgesessen sind. Kritisch denkende Zeitgenossen wissen allerdings, dass die Reaktion der Journalisten ein reiner Schutzmechanismus ist, der immer dann zum Einsatz kommt, wenn die Establishment-Vertreter – und 99,9 Prozent der Journalisten gehören mittlerweile dazu – befürchten müssen, dass ihr Weltbild Risse bekommen könnte. Es geht schon längst nicht mehr um die Suche nach der Wahrheit; es geht nur noch darum, dem politischen System nützliche Standpunkte und »Gewissheiten« zu konservieren und ja nicht irgendwo anzuecken, wenn man weiter Karriere machen möchte. Alles muss politisch korrekt sein, was uns, mit Verlaub gesagt, stark an DDR-Zeiten erinnert, wo »ein klarer Klassenstandpunkt« gefordert wurde und andere Meinungen als die vom Staat vorgegebene als umstürzlerisch galten. Freilich merkt der interessierte Bürger letztlich den Betrug und spricht in Bezug auf den deutschen Journalismus zu Recht immer häufiger von »Propaganda« und Förderung der »allgemeinen Verblödung«. Dass die sogenannten Qualitätsmedien dabei federführend agieren, ist für sich

Im Dezember 2007 wurde im Gebiet des bei Bittstädt (westlich von Arnstadt) gelegenen Eulenberges nach einer Untertageanlage gesucht. Kurz darauf wurde seitens einer Behörde ein Stopp aller diesbezüglichen Aktivitäten ausgesprochen, obwohl die Bohrung durch eine andere Behörde vorher genehmigt worden war.

genommen erstaunlich, zeigt aber, wie krank die Zustände sind.

Fakt ist, dass im Raum des thüringischen Truppen-übungsplatzes Ohrdruf seit den 1930er-Jahren Bauarbeiten liefen, um Untertageanlagen zu schaffen, die besonderen Forschungen dienen sollten, nachdem bereits in den 1920er-Jahren im Umfeld der Stadt Ilmenau die Reichswehr hoch-geheime Maßnahmen ergriffen hatte, um die Bestimmun-gen des Versailler Diktats zu umgehen. Die Deutsche Kriegs-marine entwickelte dort im Untergrund nicht nur die deut-sche U-Boot-Waffe weiter*, sondern betrieb auch andere Untersuchungen im näheren und weiteren Umfeld, die ungewollterweise Mitte der 1920er-Jahre zu einer Explo-sion nahe des kleinen Örtchens München (nicht zu verwech-seln mit der bayerischen Landeshauptstadt) führten, in de-ren Folge man sich mit der Atomforschung näher zu be-schäftigen begann.

Denjenigen, die dem Thema gegenüber ablehnend ein-gestellt sind oder skeptisch bleiben, aber auch jenen, die selbst recherchieren, möchten wir einen weiteren Hinweis geben. Zwischen den thüringischen Gemeinden Luisenthal und Crawinkel liegt – nicht allzu weit vom Truppenübungs-platz Ohrdruf entfernt – der Kienberg. Würde man diesen Berg mit den heute verfügbaren modernsten wissenschaft-lichen Ausrüstungen untersuchen, besser noch einen Satel-liten-3D-Scan realisieren, könnte man sicherlich das fin-den, was andere und wir seit Jahren behaupten: eine der Forschungsstätten, die das Material für die deutsche Atom-waffe lieferten. Vor gar nicht allzu langer Zeit stieß ein Bohr-

---

* Wir danken Herrn V. H. für diese Information. H.s Vater war im Ersten Weltkrieg U-Boot-Fahrer und ab den 1920er-Jahren an den entsprechenden streng geheimen Programmen beteiligt, die vorwiegend in Untertageeinrichtungen realisiert wurden.

Der Kienberg mit über 700 Metern Höhe ist nicht zuletzt aufgrund des früher hier betriebenen Altbergbaues ein interessantes Studienobjekt.

Der westlich der Ortschaft Crawinkel gelegene Kienberg
in einem US-amerikanischen Luftbild, das einige Wochen nach dem Ende des Zweiten Weltkrieges entstand.
(Quelle: Bildarchiv LUFTBILDDATENBANK, Ing.-Büro
H. G. Carls, Würzburg)

team bereits auf etwas, was es dort nach offizieller Lesart gar nicht hätte geben dürfen in 30 Metern Tiefe: Beton. (Der entsprechende Bohrbericht liegt vor.) Warum hat man die Arbeiten an dieser Stelle, die uns natürlich bekannt wurden, nicht fortgesetzt? War das Geld aufgebracht? Oder gab es andere Gründe, diese Erkundung nicht fortzusetzen? Von Skeptikern hört man immer nur Behauptungen, warum etwas nicht so oder so gewesen sein kann. Nun ja, es ist ja auch so unendlich viel leichter, vom Schreibtisch aus zu agieren, anstatt Mittel für Vor-Ort-Untersuchungen zu beschaffen. Indes haben die »Erbsenzähler« neue Informationen, neue Erkenntnisse und damit das, was man allgemein Fortschritt zu nennen pflegt, noch nie verhindern können. Das lässt hoffen, dass es auch diesmal so sein wird – und daran wird auch die Propaganda der Medien nichts ändern, deren Vertreter ohnehin nur zeigen, wie faktenresistent und wahrheitsfürchtend sie sind.

»Mittelmäßige Geister verurteilen gewöhnlich alles,
was über ihren Horizont geht.«

François Duc de La Rochefoucauld

Die Horten IX und ihre Radarunsichtbarkeit

Jeder einigermaßen an Luftfahrttechnik Interessierte kennt die während der Zeit des Zweiten Weltkrieges entstandenen deutschen Flugzeugkonstruktionen der Gebrüder Horten, die sich von normalen Flugzeugen dadurch unterschieden, dass es sich um Nurflügel-Maschinen – denen der klassische Rumpf fehlte – handelte. Der bekannteste Jet dürfte zweifellos die Horten IX (heute als Horten Ho 229 V3 bezeichnet) gewesen sein, von der einige Muster in einer Außenstelle der Gothaer Waggonfabrik in Friedrichroda bei Ende des Krieges von den Amerikanern gefunden, gesichert und abtransportiert wurden.

Jahrzehnte nach dem Ende des Zweiten Weltkrieges wollte nun eine Gruppe enthusiastischer US-Ingenieure wissen, ob die Form und der Anstrich mit einer graphithaltigen Farbe der Horten IX tatsächlich Stealth-Eigenschaften – so wie von ihrem Konstrukteur Reimar Horten behauptet – verlieh, das heißt also das Flugzeug für Radar so gut wie unsichtbar war.

Unsere Leser werden sich in diesem Zusammenhang vielleicht daran erinnern, dass wir bereits in unseren früheren Büchern aufzeigten, dass diese angeblich ach so hypermoderne »US-Technologie« in Wirklichkeit bereits von deutschen Ingenieuren in den 1940er-Jahren entwickelt worden war – und nicht erst von den Amerikanern, die sie vor einigen Jahren noch als Weltneuheit und Sensation verkauften. Neben der speziellen Flugzeugform der Horten IX wurde in Deutschland sicherheitshalber ein radarabsorbierender Anstrich entwickelt, der die Bezeichnung »Schornsteinfeger« trug und im Falle seiner Anwendung eine wohl 100-prozentige Radarunsichtbarkeit gewährleistet hätte.

Dieser Anstrichstoff wurde von einem US-Beuteteam bei Kriegsende nahe Arnstadt gefunden.*

Die amerikanischen Ingenieure, unter ihnen Fachleute der US-Rüstungsfirma *Northrop-Grumman* (NG), bauten nach dem originalen Vorbild, an dem bereits der Zahn der Zeit genagt hatte, die Horten IX auf das Exakteste nach und testeten dieses Duplikat auf modernen Anlagen von NG in der Mojave-Wüste hinsichtlich ihrer Stealth-Fähigkeit. Ergebnis: Die Maschine hielt das, was ihr Konstrukteur gesagt hatte: Sie wies eine schlechte Radarortbarkeit auf, sodass sie optimal geeignet wäre, die gegnerische Luftaufklärung zu

Mittelsegment einer der in Friedrichroda von den Amerikanern erbeuteten im Bau befindlichen Horten IX

---

* Befragung von Lehrer Gülland, siehe dazu: *Die Atombombe und das Dritte Reich*, Kopp Verlag, Rottenburg 2008 (4. Auflage), S. 138.

unterwandern. Die Luftfahrtzeitschrift *FLiEGERREVUE* bekannte in einem Artikel mit der Überschrift »Der erste Stealthfighter der Welt« denn auch freimütig:

»Aussagen des Konstrukteurs Reimar Horten zur Stealthfähigkeit seines düsengetriebenen Nurflüges waren in der Vergangenheit stark umstritten. Nun brachte eine Untersuchung den Beweis: Die Ho 229 war ein Tarnklappenflugzeug.«*

Darüber hinaus ließ der Autor des Artikels, Helmut Walther, wissen:

»Sie [die erbeutete Horten IX] war zwar entgegen vieler Behauptungen in den USA schon einmal komplett zusammenmontiert und dann wieder zerlegt worden, aber das liegt nun schon mehr als 60 Jahre zurück. Seit dieser Zeit verbringt der revolutionäre Nurflügel seinen Dornröschenschlaf in Silver Hill. [...] Einerseits will man in Amerika nicht unbedingt daran erinnert werden, wer der Urahne des B-2-Bombers ist, andererseits aber möchte man dieses Stück Technikgeschichte auch nicht außer Landes geben. Daher ist die Initiative *Nothrop-Grummans* sehr zu bewundern, die Stealth-Eigenschaften des B-2-Urahns zu ergründen.«**

Im fünften Teil einer auf der Internet-Video-Plattform *YouTube* zu sehenden *National-Geographic*-Produktion mit dem Titel *Hitlers Stealth Fighter****, die das Thema der Horten IX, ihren Nachbau und ihren Test zum Inhalt hat, wird ab dem Zeitabschnitt 7:35 Minuten interessanterweise von den Ingenieuren zur Sprache gebracht, dass ab 1946

---

* Helmut Walther: »Der erste Stealthfighther der Welt«, in: *FLiEGER-REVUE*, Ausgabe 10/2009, S. 54. Wir danken unserem Leser M. Kasper für den wertvollen Hinweis.
** Ebenda, S. 55.
*** *Hitlers Stealth Fighter*, Teil 5, unter: http://www.youtube.com/watch?v=E9R1xsoysfs.

größere deutsche Nurflügelmaschinen in Form der Horten XVIII Einsätze gegen New York und andere Ostküstenstädte geflogen hätten, wobei deutsche Atomwaffen zum Einsatz gelangt wären! Offensichtlich ist – und das zeigt die *National-Geographic*-Dokumentation* – für amerikanische Fachleute längst klar, welches Szenario die Vereinigten Staaten erwartet hätte, wenn der Krieg nur kurze Zeit länger gedauert hätte. In Deutschland hingegen versteht man nach wie vor »Bahnhof«, leugnet alles und glaubt, mit dieser Art von Faktenverdrehung bzw. -ignoranz durchzukommen. Es wird allerhöchste Zeit, die verlogene Geschichtsschreibung zu korrigieren, sonst könnte es eines Tages hiesigen Historikern und Geschichtslehrern gleichermaßen geschehen, dass man sie nur noch auslacht ob ihrer unqualifizierten Äußerungen!

Liebe amerikanische Freunde: Vielleicht gelingt es euch in einem Anschlussprojekt, den Stealthfighter Horten IX zum Fliegen zu bringen. Transportiert ihn anschließend doch einmal nach Deutschland und lasst ihn hier mal um 4.30 Uhr morgens im Tiefflug durch den Luftraum rasen, damit die faktenresistenten Deutschen, die rein gar nichts verstehen wollen von diesen Dingen, endlich einmal aufwachen und aus ihren Betten fallen. Verpasst ihm zusätzlich die Jahreszahl 1945 und das Balkenkreuz und schaut dann einmal, ob die bundesdeutsche Luftaufklärung in der Lage ist, dieses ungewöhnliche Objekt auf ihren Radarschirmen zu identifizieren.

---

* Die Produktion *Hitlers Stealth Fighter* finden Sie im Internet auf *YouTube* (in fünf Teilen; Stand: 30. August 2010). Teil 1 zum Beispiel unter: http://www.youtube.com/watch?v=kbCgDidqGUU, Teil 2 unter: http://www.youtube.com/watch?v=3aj_VkvzbAM&p= 82F0767B0 CBC7A49&playnext=1&index=8, Teil 3 unter: http://www.youtube.com /watch?v=4JdlwQ1GcOk&p=76333DCF9D1040AC&playnext=1&index =29 und Teil 4 unter: http://www.you tube.com/watch?v=rR-MdKED nEU&p=76333DCF9D1040AC& playnext=1&index=28.

Eine der Horten IX im Jahre 1945 vor ihrem Abtransport aus Friedrichroda

Die Horten XVIII (Projektdarstellung). Ein oder zwei Maschinen dieses Typs sollen bis Kriegsende als Versuchsmuster fertiggestellt worden sein.

Zwei Bilder sagen mehr als 1000 Worte: der amerikanische B-2-Stealth-Bomber

Doch damit nicht genug. Während sich die Stealth-Maschinen vom Typ Horten IX im thüringischen Friedrichroda noch im Bau befanden, wurde ein deutsches Stealth-U-Boot längst eingesetzt – und zwar im Ärmelkanal: die U-480.

Jahrzehntelang hatten sogenannte »Fachleute« behauptet, die Deutschen hätten solch ein Unterseeboot niemals zuwege gebracht. Als Gründe wurden vor allem die vielzitierte Materialknappheit und fehlende Kapazitäten angegeben. Peinlich nur, dass der gegenteilige Beweis zwischenzeitlich auf dem Meeresgrund gefunden werden konnte, noch dazu an einer Stelle, wo man ihn eigentlich gar nicht vermutete.*

Stellt sich abschließend und deutlicher denn je die Frage: Was ist im Zusammenhang mit deutscher (Hoch-)Technologie noch alles falsch dargestellt worden?

---

* Siehe dazu den Film *U-480 – Vom Jäger zum Gejagten* auf der Internet-Video-Plattform *YouTube* (in fünf Teilen, Stand: 30. August 2010). Teil 1 unter: http://www.youtube.com/watch?v=kaVaqcm3vBI, Teil 2 unter: http://www.youtube.com/watch?v=5GCQ8Ava16M, Teil 3 unter: http://www.youtube.com/watch?v=zarO5W1nR3M, Teil 4 unter: http://www.youtube.com/watch?v=etKvM-mgae4 und Teil 5 unter: Teil 5: http://www.youtube.com/watch?v=bDwknpI3-bA.

»*Erst wenn die Kriegspropaganda der Sieger Einzug
gefunden hat in die Geschichtsbücher der Besiegten
und von der nachfolgenden Generation geglaubt
wird, kann die Umerziehung als wirklich
gelungen angesehen werden.*«

Walter Lippmann, Chefredakteur der
New York World und Korrespondent der
New York Herald Tribune

Es war alles ganz anders . . .

Im Laufe der Jahre, in denen wir nach dem tatsächlichen Stand der deutschen Hochtechnologie fahndeten, haben sich bei uns Tausende Seiten an Dokumenten angesammelt, von denen ein nicht gerade geringer Teil aus den amerikanischen Archiven stammt. Wir hatten bereits in unserem letzten Buch einige wichtige US-(Geheimdienst-)Papiere publiziert, die zeigen, dass die von zahlreichen Geschichts»experten« vertretene Auffassung, derzufolge Deutschland bis 1945 keine Atomwaffe oder über die A-4 alias V-2 hinausgehende Raketen in Entwicklung hatte, falsch ist.

Leider sehen wir uns außerstande, eine Komplettübersicht über all das zu geben, was mittlerweile an Material vorliegt, denn einerseits muss vieles noch ausgewertet werden, andererseits steht uns dafür nur eine begrenzte Menge Zeit zur Verfügung. Stattdessen scheint es uns aus diesen Gründen im Moment angeraten, einzelne Elemente zu betrachten, die unseres Erachtens aber völlig ausreichen, um klarzumachen, dass die bisherige Geschichtsschreibung in Bezug auf die deutschen Geheimwaffen – auch wenn sie auf den ersten Blick noch so »rund« erscheinen mag – unmöglich den Tatsachen entsprechen kann.

Vor einigen Jahren hatten wir in einem amerikanischen Geheimdienstdokument, das sich mit den russischen Möglichkeiten der Entwicklung einer Atomwaffe befasste, den Hinweis gefunden, dass die Idee, einen nuklearen Sprengsatz mittels einer Rakete zu transportieren, im Ursprung deutschen Gehirnen entsprungen sei. Der Hinweis darauf war zwar nur sekundärer Art, ließ aber aufhorchen, weil die bisherige Geschichtsschreibung etwas Derartiges stets geleugnet hatte.

In einem uns mittlerweile vorliegenden Dokument der
U. S. *Naval Technical Mission in Europe* wird genau diese
erstaunliche Auffassung nochmals wiederholt, und zwar so
deutlich, dass es keinen Zweifel geben kann. In dem Dokument heißt es auf Seite 7 wörtlich:

»With the relaxation to a practical degree of the impenetrable screen that has surrounded the investigation of
German atomic desintegration research, some of the hithero
inexplicables of their guided missile program are now subject
to an analysis from which reasonable answers can be derived.
It is now obvious that the Germans realized and have accepted for years the fact that a controlled missile is the natural
vehicle with which to transport atomic explosive. At last, the
reasoning behind the disign specifications which provided
for very small warheads and the invariable orders to terminate missile projects upon completion of development are
no longer mysteries or absurdities.«

Sinngemäß wird also in diesem Absatz des aus dem August 1945 stammenden Papiers festgestellt, dass die Deutschen »bereits vor Jahren« erkannten, dass eine (steue-
rungstechnisch) »kontrollierte Rakete« das »natürliche Gerät zum Transport atomarer Sprengsätze« sei. Zudem ist
von »small warheads«, also kleinen Sprengköpfen, die Rede.
Eine bessere Bestätigung für all das, was wir in den vergangenen Jahren darzustellen versuchten, kann es eigentlich
gar nicht geben! Denn: Wenn die Deutschen diesen Zusammenhang erkannt hatten – und das schon »vor Jahren«! –,
dann ist es klar, dass die V-2 mit ihrer im Gefechtskopf

---

* U. S. *Naval Technical Mission in Europe*, Technical Report No. 237-45,
»Survey of German Activities in the Field of Guided Missiles«, August
1945, *Smithsonian Institution Libraries – National Air and Space Mu-
seum* (NASM), *Ramsey Reading Room*, Washington D. C., Call Number:
UG1315.G3S96 1945.

befindlichen normalen Sprengstoffladung *nur* ein Truppen-
erprobungsmuster sein konnte, das später verbesserten Systemen mit einem *Nukleargefechtskopf* Platz machen sollte.

With the relaxation to a practival degree of the impenetrable screen
that has surrounded the investigation of German atomic disintegration
research, some of the hitherto inexplicables of their guided missile.
program are now subject to an analysis from which reasonable answers can
be derived. It is now obvious that the Germans realized and have accepted
for years the fact that a controlled missile is the natural vehicle with
which to transport atomic explosive. At last, the reasoning behind the
design specifications which provided for very small warheads and the
invariable orders to terminate missile projects upon completion of development are no longer mysteries or absurdities.

**Die entscheidende Passage aus dem Bericht »Survey of
German Activities in the Field of Guided Missiles« vom
August 1945**

Analysiert man dieses Dokument, so erstaunt es umso mehr,
dass die Establishment-Historiker bis zum heutigen Tag
behaupten, die Raketenentwicklung in Deutschland habe
lediglich dem Verschießen konventioneller Ladungen ge-
dient. Hätten diese Leute nur ein bisschen nachgedacht,
wäre ihnen klar geworden, dass diese Behauptung unmöglich stimmen kann – schon gar nicht, wenn man bedenkt,
dass größere Raketen bei Verwendung herkömmlicher
Sprengköpfe ein ausgesprochen schlechtes Leistungs-Nut-
zen-Verhältnis haben.

Nochmals: Die Deutschen wussten bereits im Krieg, dass
Rakete und Atomsprengkopf die idealen Verbündeten wa-
ren. Ergo dürften sie alles daran gesetzt haben, die Theorie
in die Praxis umzusetzen. Und somit ist das Geschwätz der
Geschichtsverdreher nicht mehr länger aufrechtzuerhalten,
Deutschland habe nicht an einer Atomwaffe gearbeitet!
Rakete und Nuklearsprengkopf bildeten eine Einheit!

Nun könnten spitzfindige Kritiker allerdings behaupten, dass die Theorie das eine sei, die Praxis aber etwas ganz anderes. Das mag in manchen Fällen tatsächlich so sein. Aber, und nun wird es interessant, die Amerikaner haben *offiziellerseits selbst zugegeben, dass Theorie und Praxis eben nicht auseinanderklafften.* Im Jahre 1946 nämlich, genauer gesagt im Juli dieses Jahres, erschien ein Bericht in der *AAF Review,* dem offiziellen (!) Journal der *Army Air Force* der Vereinigten Staaten, der an Klarheit keine Wünsche offenließ. (Die Luftwaffe der USA gehörte damals noch zum Heer und stellte keine eigene Waffengattung dar.) In einem Artikel, der mit »GERMAN ROCKETEERS. German rockets and guided missiles almost won the war for the Nazis« überschrieben war, stellte die Autorin Charlotte Knight klar, dass der Sieg über Deutschland gerade noch rechtzeitig erfolgt war.*

Was das Erstaunliche ist: Charlotte Knight nahm kein Blatt vor den Mund, sondern offerierte Informationen auf Basis der ein Jahr nach Kriegsende verfügbaren Fakten. Sie konnte das in der Gewissheit tun, dass das Journal ja vor allem von Militärs gelesen wurde – eben von jenen, die zur *Army Air Force* gehörten. In dem Bericht sprach sie zunächst von Plänen, die V-2 mit atomaren Sprengköpfen auszurüsten, um dann auf die Dramatik der Gesamtsituation im Frühjahr des Jahres 1945 hinzuweisen, indem sie offenbarte, es sei gegenwärtig wissenschaftlicherseits nur noch zu klären, wie viele Wochen – oder Tage – die Deutschen noch gebraucht hätten, um ihre V-2-Rakete mit Atom-

---

* *AAF Review – The official Service Journal of the U.S. Army Air Forces,* Charlotte Knight: »GERMAN ROCKETEERS. German rockets and guided missiles almost won the war for the Nazis«, July 1946 (Vol. 29, No. 6), S. 24–26 und S. 48. *Library of Congress* (Washington D.C.), Call Number: UG633.A6.

Die Titelseite der *AAF Review* vom Juli 1946

sprengköpfen auszurüsten. – Wann hat man Derartiges in den Darstellungen von Establishment-Historikern gelesen? Das heißt im Umkehrschluss, dass die Frage, ob die Deutschen über Atomwaffen verfügten, gar keine Frage mehr war (bzw. heute sein kann), sondern dass in diesem Zusammenhang nur noch ein Problem zu erörtern war/ist: wann der Einsatz des Waffensystems erfolgt wäre.

Für uns steht angesichts dieses offiziellen Statements fest, dass das, was wir seit Jahren behaupten, voll und ganz den Tatsachen entspricht.

Mrs. Knight ging sogar noch einen Schritt weiter und meinte, dass die von Hitler bei irgendeiner Gelegenheit gemachte Behauptung, Deutschland verfüge über Raketen, die die USA zu erreichen imstande wären, gar nicht so weit von den Tatsachen entfernt gewesen sei.

Wie bitte? Wie sollten mit einer V-2 von Deutschland bzw. Europa aus die Vereinigten Staaten von Amerika erreicht werden? Der Widerspruch ist offensichtlich: Es muss eine über die V-2 hinausgehende Technologie gegeben haben, die die Lücke zwischen dem, was wir heute wissen, und dem, was die Amerikaner und sicherlich auch ihre Verbündeten bereits 1945 wussten, schließen kann. Und dass diese Technologie von extremer Bedeutung für die Alliierten gewesen sein muss, beweist nicht zuletzt die verbissen aufrechterhaltene Geheimhaltung durch all jene, die etwas zu verlieren haben. Diese Geheimhaltung dauert seit nunmehr 65 Jahren an, und man könnte angesichts dieses Sachverhalts – überspritzt formuliert – glauben, dass der Zweite Weltkrieg noch immer nicht zu Ende ist.

Nach der Kapitulation der deutschen Streitkräfte im Mai 1945 brüsteten sich zahlreiche US-Verantwortliche damit, wie überlegen ihre Moral, Kampfbereitschaft und Waffentechnik gegenüber der deutschen gewesen sei. Das wird bis heute auch von vielen, die sich als Fachleute bezeichnen, gedankenlos nachgeplappert. Die Eingeweihten unter den Alliierten, insbesondere den Amerikanern und Briten, wussten jedoch, dass diese Einschätzung kaum mehr als die Propaganda der Sieger war. Einer von ihnen war der aus dem US-Bundesstaat Utah stammende Senator Elbert D. Thomas*, Vorsitzender des Senatskomitees für militärische Angelegenheiten – ein Top-Insider also. Thomas reagierte äußerst wütend auf das, was nach dem Krieg zur »Überlegenheit der Alliierten« behauptet wurde – und das, obwohl er beileibe kein Freund der Deutschen war. In der im April

1946 erschienenen Zeitschrift *The American Magazine* veröffentlichte er seine Kenntnis der Dinge in einem Artikel, der mit »Sitting Ducks in our Air Force« (»Sitzende Enten in unserer Luftwaffe«) überschrieben war und sich im wahrsten Sinne des Wortes »gewaschen« hatte. In diesem Beitrag rückte Thomas die Aussagen anderer militärischer Führungskräfte gerade, beispielsweise die des kommandierenden *US-Army-Air-Force*-Chefs General Arnold. Bei seiner scharfen Kritik ging es ihm vor allem darum, aufzuzeigen, dass der Sieg über Deutschland ein knapper war und dass in einem kommenden, ähnlichen Krieg die von der *US Army Air Force* betriebene Politik der Prahlerei nicht mehr zählen werde.

Senator Elbert D. Thomas

---

* Informationen zur Person des Senators Elbert D. Thomas finden sich beispielsweise im Internet unter: http://www.media.utah.edu/UHE/t/ THOMAS, ELBERT.html, http://en.wikipedia.org/wiki/Elbert_D._Tho mas und http://www.nanzan-u.ac.jp/AMERICA/kanko/documents/ 21Iguchi.pdf.

Thomas sparte auch nicht mit Hinweisen, dass Deutschland in Kürze mit neuen, sehr effektiven Waffen auf dem Schlachtfeld aufgetaucht wäre. Er wusste, wovon er sprach, hatte er doch tiefe Einblicke – nicht zuletzt durch persönliche Besuche in deutschen Geheimwaffenfabriken – in all das, was heute zum Teil immer noch verschwiegen wird.

Da es sich bei Thomas' Artikel um ein erstaunlich ehrliches und zeitgeschichtlich sehr interessantes Dokument einer mit den Dingen vertrauten Person handelt, das im Gegensatz zur offiziellen US-Politik steht und später in den Vereinigten Staaten kaum mehr auftauchte, wollen wir an dieser Stelle ausführlicher darauf eingehen und auch umfangreicher daraus zitieren. Elbert D. Thomas begann seine Ausführungen mit einigen interessanten Bemerkungen, die unsererseits auch schon thematisiert wurden:

»Wir haben den Krieg gegen die Deutschen mit unseren Muskeln, nicht mit unserem Geiste gewonnen. Wir haben sie lediglich mit dem Gewicht unserer Flugzeuge zerschlagen. Ihre Luftwaffe war der unseren bei Beginn des Krieges überlegen und bei Weitem überragend am Ende desselben. Wäre unsere Invasion in Europa um sechs Monate verzögert worden, dann hätten wir den Krieg infolge unserer Unterlegenheit in der Luft verlieren können.

Jahrelang hat unsere Luftwaffe dem amerikanischen Volk ein falsches Sicherheitsgefühl durch unsere Prahlerei gegeben. Vor dem Kriege wurde uns gesagt, dass die amerikanische Luftmacht die beste sei. Sie war es nicht! Während des Krieges wurde uns gesagt, dass sie sowohl die beste als auch die größte Luftwaffe sei. Sie war nicht die beste, sie war nur die größte. Es war Muskel, nicht Geist.

Wir würden besser tun, uns mit der Wahrheit zu befassen. Denn in den nächsten Kriegen – Gott behüte! – wird Prahlerei nicht zählen, und es wird keine Zeit mehr geben, um lediglich Muskelkraft für den Sieg zu schaffen, und zwar in Tagen oder Stunden anstelle von Jahren. Unsere Luftkämpfer, die Jagdflieger und Bomberbesatzungen, haben hervorragend mit den Waffen gekämpft, die wir ihnen gegeben haben. Aber dies waren nicht die besten Waffen, wie dies hätte sein sollen. Unser oberstes Luftwaffenkommando klammerte sich beschränkt an die Ideen und Waffen von gestern, während die Deutschen die Waffen von heute und morgen entwickelten und auch in den Kampf warfen.«

Thomas berichtet anschließend darüber, dass die Wissenschaftler der Alliierten in den Tagen nach dem Sieg über die deutschen Kampfverbände »die Laboratorien, Versuchsstationen und Fabriken, die der Luftwaffe dienten« besuchten. Die dortigen Erfindungen, so Thomas weiter, bewiesen nicht nur die Überlegenheit der neuen deutschen Waffen, sondern dokumentierten auch die Einzelheiten der von Deutschland auf weite Sicht unternommenen Untersuchungen und Entwicklungen, »die die Zeichen von Voraussicht und Eifer tragen, um neue Ideen auszuprobieren. Im Gegensatz dazu enthüllen diese Entdeckungen den erschreckenden Mangel an Voraussicht und die eigensinnige Ablehnung gegenüber neuen Ideen durch unsere Luftwaffe, was der amerikanischen Bevölkerung vorenthalten wurde.«

Deutliche Worte, die man sonst eher selten hörte und die uns Heutigen bei Kenntnis der amerikanischen Selbstdarstellungsbemühungen geradezu merkwürdig und fremd vorkommen.

Thomas führte weiter aus: »Unter dem Druck des Krieges holten wir die Deutschen in einigen technischen Entwicklungen ein und überholten sie in anderen. Aber sogar in diesen Dingen zeigten die Deutschen oft fortschrittliche Gedanken. Sie waren die Ersten im Kampf mit druckfesten

aus "The American Magazine", April 1946

SITTING DUCKS
IN OUR AIR FORCES

by Elbert D. Thomas

UNITED STATES SENATOR FROM UTAH
CHAIRMAN, SENATE MILITARY
AFFAIRS COMMITTEE

"THE NAZIS' jet-propelled fighters slashed through our bomber formations.... Our fighters couldn't catch them"

Die erste Seite des Artikels von Elbert D. Thomas, in dem dieser mit erfrischender Ehrlichkeit über den Erfindergeist der Deutschen und die Nachlässigkeit der Amerikaner berichtete.

Kabinen, die für ein Fliegen in größeren Höhen wesentlich sind; mit einer Ausschussvorrichtung für den Piloten, einem mechanischen Ausstieg, der bei großen Geschwindigkeiten und Höhen unbedingt notwendig ist; mit besonderen Fallschirmen für große Höhen; mit vereinheitlichter Triebwerksüberwachung, die für Jagdflieger notwendig ist; mit Luft-Luft-Raketen; mit einer echten Luftkampfkanone, einem Geschütz, das zehnmal so zerstörend wirkt wie das vergleichbare unserer Luftwaffe. Wir stellten lediglich eine wichtige Neuerung in der allgemeinen Entwicklung her – den (Anti-)G-Anzug –, der den ›Black-out‹ des Piloten in Sturzflügen und anderen Kampfmanövern bei hoher Geschwindigkeit verhindert.«

Wirklich erschreckend wirke die Sache, so Senator Thomas, wenn »wir die unkonventionellen Entwicklungen der Deutschen betrachten, ihre wirklich neuen Ideen und Waffen«. Die meisten davon waren deutscherseits bereits im Einsatz, während die US-Amerikaner einige wenige in der Vorentwicklung, aber keine im Einsatz hatten. »Während uns gesagt wurde, was unsere neuen Waffen leisten *würden*, *taten* es bereits die deutschen Waffen. ›Der Besitz der schnellsten vorhandenen Flugzeuge‹, sagte General Henry H. Arnold in einem kürzlich erschienenen Artikel einer Zeitschrift, ›ist immer ein heiß erstrebtes Ziel jeder größeren Luftmacht gewesen‹.«

Die Zielstrebigkeit der amerikanischen Luftstreitkräfte, so Elbert D. Thomas weiter, »war jedoch weit davon entfernt. Tatsächlich verwarfen sie sogar vor dem Kriege die obigen Pläne, was dazu führte, dass die Deutschen und nicht wir ›die schnellsten Flugzeuge‹ hatten.«

Was Thomas meinte, war beispielsweise der Messerschmitt-262-Düsenjäger, der erstmals im Sommer 1944 im Kampf erschien. Mit einer Geschwindigkeit von 525 Meilen pro Stunde (845 km/h) »war er viel schneller als unsere *Mustangs*, *Thunderbolts* oder *Lightnings*«, so der Senator. In Meereshöhe belief sich die Geschwindigkeitsdifferenz auf immerhin über 150 Meilen pro Stunde (= 241 km/h). »Ausgenommen in sehr großen Höhen fegte er durch unsere Bomberformationen mit Geschwindigkeiten, die 50 bis 100 Meilen pro Stunde (80 bis 160 km/h) höher lagen als die unseres Jagdschutzes. Sie konnten ihn beim Geradeausflug nicht einholen oder ihm entkommen, gleich in welchen Höhen.«

Ein anderes deutsches Düsenflugzeug, auf das Thomas anschließend einging, war der Heinkel 162 »Volksjäger«, der ungefähr die gleiche Leistung aufwies. Weiterhin befand sich in Entwicklung das sogenannte »Triebflügelflugzeug«, das drei Flügel besaß, die vom Rumpf nach außen führten – wie die Flügel bei einer Bombe, die zu deren Stabilisierung dienten. Jedes Flügelende enthielt ein Strahltriebwerk. Wurde dieses Flugzeug senkrecht gestartet und durch Raketen in große Höhen geschossen, »würden es seine drei Strahltriebwerke im Kampf außerordentlich schnell gemacht haben«, stellte Thomas nicht ohne Bewunderung fest.

»Die Deutschen hatten auch Düsenbomber. Die Arado 234 war in zwei verschiedenen Ausführungen hergestellt worden, mit Geschwindigkeiten von 470 und 546 Meilen pro Stunde (= 756 und 879 km/h). Die Junkers 287, die gegen Kriegsende eingeflogen wurde, hatte mehr als die doppelte Antriebsleistung unserer B 29, konnte so viele Bomben nach London tragen wie eine B 17 nach Berlin und erreichte 537 Meilen pro Stunde (= 864 km/h). Es sollte darüber hinaus ein Junkers ›Fliegender Flügel‹ gebaut werden, der mit vier Strahltriebwerken ausgestattet war und eine Geschwindigkeit von 620 Meilen je Stunde (= 997 km/h) erreichte.

»Sogar ihre Düsenbomber waren schneller als unsere Jäger«, gab Thomas zu, und er meinte, dass diese Tatsache ein Abfangen schwierig und eine Verfolgung unmöglich machte. »Unsere taktischen Führer haben niemals begriffen, warum die deutschen Strahlflugzeuge, Jäger und Bomber Südengland nicht angriffen. Sie hatten die Reichweite und würden Hunderte von Flugplätzen getroffen haben, auf denen unsere Flugzeuge dicht gedrängt standen. Bei ihrer großen Geschwindigkeit hätten sie unter Flakfeuer wenig gelitten. Unsere Jäger hätten es mit ihnen nicht aufnehmen können. Solche Angriffe würden vollkommen vernichtend gewesen sein.«

Deutsche Raketenjäger, während der letzten sechs Monate des Krieges eingesetzt, waren sogar noch schneller als die Düsenjäger. Ein Modell der Messerschmitt 163 flog immerhin »550 Meilen pro Stunde (= 885 km/h) schnell, ein anderes 590 Meilen je Stunde (= 950 km/h)«.

Die Bachem »Natter«, in Entwicklung, wurde senkrecht hochgeschossen, um schnell in große Höhen zu gelangen und Bomber mit Raketen und durch Rammen anzugreifen, nachdem der Pilot ausgestiegen war. »Obwohl bereits Probeflüge ausgeführt worden waren, wurde die Höchstgeschwindigkeit noch geschätzt, jedoch auf mehr als 600 Meilen pro Stunde (= 965 km/h). Das Steigvermögen, eine äußerst wichtige Eigenschaft beim Abfangen feindlicher Bomber, ist die große Stärke des Raketenflugzeuges. Die Me 163 erreichte 30 000 Fuß (= 9144 Meter) in etwa 2,5 Minuten. Ein anderer Raketenjäger, die Ju 263, erreichte 49 000 Fuß (= 14 935 Meter) in drei Minuten. Unsere besten Jäger brauchten eine längere Zeit, um 10 000 Fuß (= 3000 Meter) zu erreichen. Die Vorzüge der ›Natter‹ hätten sich als noch größer erwiesen. Ihre Anfangssteiggeschwindigkeit wurde auf 37 000 Fuß pro Minute (= 11 277 m/min) geschätzt.«

Wie Elbert D. Thomas die Leser der Zeitschrift *The American Magazine* weiter informierte, waren einige dieser Tatsachen über die deutschen Düsenjäger und Raketenflugzeuge während des Krieges bekannt. Praktisch nichts davon erschien jedoch in den Bekanntmachungen der Luftwaffe oder in den öffentlichen Verlautbarungen für die Bevölkerung, »die weiterhin unsere propellerangetriebenen Flugzeuge verherrlichten«.

»Die V-1 oder ›summende Bombe‹ war wirklich ein unbemanntes Düsenflugzeug, das eine Tonne hochexplosiven Sprengstoff in seiner Spitze trug. Es hatte einen sehr einfachen Strahlantrieb. Jedermann, außer den Deutschen, wusste, dass ein Flugzeug nicht von einem Strahltriebwerk angetrieben werden konnte«, schrieb Thomas etwas sarkastisch, »und jedermann hätte den Deutschen die Gründe dafür auseinandergesetzt. Die Deutschen jedoch bauten einen Strahlantrieb in einen Bomber ein und erhöhten dadurch seine Geschwindigkeit von 250 auf 420 Meilen pro Stunde (von 402 auf 676 km/h). Keiner unserer Bomber im Krieg erreichte diese Geschwindigkeit«, stellte er außerdem fest. Die V-1 erzielte 360 Meilen pro Stunde (= 580 km/h) in 3000 Fuß (= 914 Meter) Höhe oder darunter.»Unsere Jäger mussten aus größeren Höhen herunterstürzen, um sie einzuholen. Von 8070 V-1-Geschossen, die von der Festlandküste während 80 Tagen im Sommer 1944 abgeschossen wurden, haben insgesamt 5394 England erreicht. Sie töteten 5964 Personen und verwundeten 40 372, zerstörten 24 491 Häuser und beschädigten 1 02 688. Auf die Zeit und Bombentonnage umgerechnet«, erklärte Thomas seiner Leserschaft, war die V-1 von bedeutend zerstörerischer Wirkung als die Bombenangriffe der Alliierten auf Deutschland und dazu bedeutend billiger.»Die Deutschen verloren ein paar tausend V-1-Geschosse ohne das Leben eines einzigen Fliegers. Die alliierten Angriffe auf Deutschland kosteten 40 000 Flugzeuge, davon jedes bedeutend teurer als eine V-1, und das Leben von 158 546 britischen und amerikanischen Fliegern.

Die V-2 war noch beeindruckender: eine Rakete von 45 Fuß (= 13,72 Meter) Länge und fünf Fuß (= 1,52 Meter) Durchmesser, einem Gewicht von zwölf Tonnen, mit einer Ladung von einer Tonne hochbrisanten Sprengstoff. Die Gipfelhöhe ihrer Flugbahn betrug etwa 70 Meilen (= 112,63 Kilometer) und ihre Reichweite 250 Meilen (= 402 Kilometer). Sie wurde zuerst von festen Basen aus abgeschossen, die entdeckt und bombardiert wurden, später jedoch von leicht zu verbergenden, fahrbaren Startrampen. Sie wurde durch Funksignale gesteuert, die sehr schwer zu stören waren, und sollte dazu noch mit einer Eigensteuerung ausgerüstet werden, die überhaupt nicht zu stören war. Sie war sechsmal so schnell wie die deutschen Strahl- und Raketenflugzeuge und hatte eine Marschgeschwindigkeit von etwa 3600 Meilen pro Stunde (= 5792 km/h). Weit davon entfernt, sie zu erreichen, konnten unsere Jagdflieger sie nicht einmal sehen. Niemals hat jemand eine V-2 in vollem Fluge zu Gesicht bekommen. Sie war unsichtbar. Es gab buchstäblich keinen Schutz dagegen.«

Senator Thomas kam nun auf einige Dinge zu sprechen, die aufhorchen lassen. Er ließ wissen, dass sich etwa ein Dutzend neuer V-Waffen auf den Zeichenbrettern oder in Versuchseinrichtungen befanden, einige näherten sich der Fertigung. »Die eine sollte Mannschaften in einer Druckkabine transportieren. Eine andere sollte von einem U-Boot 300 Fuß (= 91,4 Meter) unter dem Meeresspiegel abgeschossen werden. Eine dritte sollte den Atlantik in 14 Minuten überqueren mit einer Gipfelhöhe der Flugbahn von 500 Meilen (= 805 Kilometer) und einer Geschwindigkeit von 16 000 Meilen pro Stunde (= 25 744 km/h). Die Letztere war vorgesehen als Mittel zur Erschütterung der Kriegsmoral durch Massenangriffe auf New York. Sie war nicht unpraktisch! Die deutsche Ankündigung, dass sie es etwa in einem Jahre ausführen würden, war keine eitle Prahlerei.«

Hiermit bestätigt Thomas also das, was auch schon andere Berichte der Alliierten bzw. die von ihnen verfassten Geheimdienstdokumente feststellten: dass die neuen Waffen in Entwicklung waren und dass es offensichtlich bereits Protypen gegeben haben musste. Thomas weiter:

»Wäre unsere Invasion nur um sechs Monate verzögert worden, so hätten die Deutschen die Luftüberlegenheit nicht nur in Europa, sondern auch über dem Kanal und in Südengland wiedergewinnen können. Wir hätten dann unsere Nachtflüge fortsetzen können, jedoch wären unsere Tagesangriffe Selbstmord gewesen. Die Deutschen hätten jedoch England sowohl bei Tage als auch bei Nacht angreifen können. Unsere Flugzeuge hätten sie nicht aufhalten können. Durch Zerschlagen der Flugplätze, der Bereitstellungsräume der Truppen, der Häfen und Verladungen, durch Dezimierung unserer Armeen und Zerstörung ihrer Ausrüstung hätten sie eine Invasion Europas nahezu unmöglich gemacht. Ihre besseren Flugzeuge hätten unsere am Boden stehenden zerstören können, so wie die unseren das mit den ihrigen taten, als die Muskeln den Geist besiegten.

Zwischen den Angriffen durch ihre Flugzeuge würde es ein donnerndes Sperrfeuer von V-Waffen gegeben haben. Sie planten, täglich 1000 V1-Geschosse abzuschießen. Raketen von noch tödlicherer Wirkung als die V2 hätten alle wichtigen Städte im Norden Englands erreicht. Wir hätten es nicht verhindern können.«

Und nun schreibt Thomas etwas, das besonders beachtet zu werden verdient – wir haben es deshalb fett hervorgehoben –, denn es stützt vollauf unsere Vermutungen in Bezug auf eine deutsche Siegeswaffentechnologie:

»**England wäre in einen Trümmerhaufen zerschlagen worden.** Sogar wenn die Deutschen keine Invasion unternommen hätten – und sie hätten sie unternehmen können –, wäre ein Status-quo-Frieden mit Verhandlungen unsere beste Aussicht gewesen und **eine totale Niederlage durchaus nicht ausgeschlossen.** So wie es geschehen ist, sind wir gerade noch davongekommen. Nachdem unsere Landstreitkräfte die kontinentale Küste erobert hatten, besuchte ich ein V-Waffen-Werk. Ich konnte erschüttert nur zu mir murmeln und wiederholte es oft: ›Wir sind gerade noch rechtzeitig gekommen.‹ **Es handelt sich hierbei nicht um leere Phrasen, sondern es war die nackte, furchtbare Wahrheit.** Und die drohende Niederlage, die so klar auf der Hand lag, würde unmittelbar auf unserer Rückständigkeit in der Luftfahrtforschung beruht haben.

Mit einem größeren Hunger nach Propaganda als der Achtung vor der Wahrheit führten uns unsere Luftstreitkräfte in den Zweiten Weltkrieg und ließen uns glauben, dass wir die führende militärische Luftmacht der Welt seien.

Pressekorrespondenten produzierten solche Zeitungsartikel wie ›Unsere eigenen Kriegsvögel sind die besten‹ im Januar 1939. Sie waren es nicht; sie waren unterlegen an Geschwindigkeit, Flughöhe, Feuerkraft, Panzerung und in anderen Bereichen. Hierzu stellte ein Kongressbericht im Jahre 1942 fest: ›All dieses trotz der Tatsache, dass den Kongressausschüssen oft gesagt wurde, dass unsere Kriegsflugzeuge dieser Periode (1939) besser seien, als diejenigen der anderen Nationen.‹«

Thomas informierte weiter, dass die Überlegenheit der Deutschen kein Geheimnis war. Sie beschrieben und bildeten ihre Flugzeuge in Zeitschriften ab, diskutierten deren Eigenschaften in der Luft und »luden fremde Flieger einschließlich der unsrigen ein«, sie zu besichtigen und sie zu fliegen.

Trotzdem, so Thomas, wurden während des Krieges Hunderte von Presseagenten, Werbeleuten und anderen, die mehr oder weniger geschickt in der Täuschung der Öffentlichkeit waren, eiligst zu Offizieren der Luftwaffe ernannt und solllten gewissermaßen als Verbindungsoffiziere zwischen Luftwaffe und Bevölkerung tätig sein. Kriegserfolge, besonders Bombenangriffe, wurden, wie der Senator ausführte, weit übertrieben. »Dutzende von starken feindlichen Stützpunkten wurden am Montag ›ausgelöscht‹, am Dienstag ›ausradiert‹, um dann am Mittwoch unseren Landtruppen den blutigsten Widerstand entgegenzusetzen.«

Elbert D. Thomas hatte diese Dinge während des Krieges und über die Jahre hinweg offensichtlich aufmerksam registriert. Nun schritt er zur Abrechnung:

»An der Heimatfront wurden die Zeitungen mit irreführenden Aufsätzen überschwemmt. Den Zeitungsschreibern wurden ähnliche irreführende Nachrichten über Flugzeuge und Aufrüstungen gegeben. Tausende von Rundfunksendungen wurden von Hunderten von Sendern mit der gleichen Verachtung der Wahrheit verbreitet. Unsere Luftkampfmittel wurden beschrieben als die ›besten‹, ›ersten‹, ›größten‹, ›schnellsten‹, ›höchsten‹, ›am weitesten reichenden‹, ›am stärksten zuschlagenden‹ usw., obgleich die deutsche Überlegenheit in wenigstens der Hälfte der Fälle seinerzeit bestimmt bekannt war. Das war der Krieg, und das wurde als nötig erachtet. Die Kampfmoral des Volkes musste gestützt werden.« Was Senator Thomas kritisierte, war die US-amerikanische Propaganda, die auch heute noch ein fester Bestandteil von Kriegsführungsmaßnahmen ist.

»Einer der größten Witze der Militärgeschichte«, erklärte Thomas nun, »war der Mythos des ›Präzisionsbombenwurfes‹. So etwas hat es nicht gegeben. Der Bombenabwurf war weniger genau als das Feuer von Schiffsgeschützen, Artillerie, Maschinengewehren, Mörsern, Raketen, Gewehren, Pistolen oder sogar Handgranaten. Genaue Treffer waren so selten, dass sie sogar in den Bekanntmachungen der Luftwaffe besonders erwähnt wurden. Auch war unser Bombenabwurf nicht ›präzise‹ zu nennen, wenn man ihn mit dem der Deutschen vergleicht. Ihre Zielvorrichtung war um so viel besser als die unsere, dass ihre gewöhnlichen Bombenschützen so gut arbeiteten wie unsere Experten.

Unsere Abwurfhöhe verringerte sich während des Krieges, nicht wegen der Wolken über dem Ziel, wie behauptet wurde, sondern nur, weil von geringeren Höhen der Abwurf wenigstens einigermaßen genau war. Wir kehrten im Allgemeinen davon ab, mit einem Einzelflugzeug anzugreifen, zugunsten von Reihenangriffen (Abwurf aller Bomben auf ein Zeichen des Bombenschützen im Führerflugzeug), und nahmen auf diese Weise viele Fehlwürfe in Kauf, um wenigstens einige Treffer zu erzielen. Diese Abkehr vom Begriff des Präzisionsbombenwurfes wurde in einer wahrhaft erstaunlichen Weise erklärt: ›Die Bombenabwürfe haben derart an Präzision zugenommen, dass ein einzelner Bombenspezialschütze die Bomben für eine ganze Gruppe von Flugzeugen anvisieren kann.‹« Thomas berichtete wirklich erfrischend über viele »großartige Leistungen« der amerikanischen Luftwaffe während des Zweiten Weltkrieges. Wann hat man jemals zuvor eine derartige Offenheit bei einem Amerikaner – der wahrscheinlich dafür von einigen Landsleuten als Nestbeschmutzer diffamiert wurde – vernommen?

»Während und sofort nach dem Kriege wurden die neuen deutschen Waffen, Strahl- und Raketenflugzeuge, die V-1- und V-2-Geschosse abgeleugnet oder lächerlich gemacht als ›Waffen der Verzweiflung‹, ›fantastisch‹ oder ›an der Grenze des Wahnsinns‹, obwohl jeder, der so dachte, selbst an der Grenze des Wahnsinns stand. Als die Waffen einmal in unseren Händen waren, änderte man die Melodie. Aktuelle Artikel behandeln sie ernstlich als Waffen in unserem eigenen Luftarsenal, aber ihr deutscher Ursprung ist niemals geleugnet worden.« Danke, Edward D. Thomas, für diese ehrlichen Worte, die hoffentlich auch einmal die deutschen Establishment-Historiker, die für gewöhnlich alles besser wissen, zur Kenntnis nehmen werden.

»Was für Waffen hat unsere Luftwaffe hervorgebracht? Sie baute den *Roc*, eine ferngesteuerte 1000-Pfund-Bombe (= 452 Kilogramm), die mit ihrem Mutterflugzeug in Fernsehverbindung stand. Der Bombenschütze löst den *Roc* aus, wenn das Ziel in Sicht ist, und steuert sein Fallen. Er kann einen Hundert-Fuß-Umkreis (ca. 30 Meter) aus 15 000 Fuß Höhe (= 4572 Meter) treffen. Er war in der Entwicklung, aber während des Krieges nicht im Einsatz.

Die C-B-4 ist eine funkgesteuerte 2000-Pfund-Gleit-
bombe (= 904 Kilogramm), die von einem Flugzeug sogar in
einer Entfernung von 20 Meilen (= 32 Kilometer) vom Ziel
ausgelöst werden kann. Sie wurde zu Versuchszwecken 1944
einige Male in Deutschland angewendet.

Die *Azon* ist eine funkgesteuerte Flosse, die an gewöhnlichen Bomben befestigt werden kann und eine begrenzte
Steuerung im Fall ermöglicht. Ihr Gebrauch beschränkte
sich auf Experimente in Italien und Burma.

Bei der *Razun* handelt es sich um eine ähnliche Vorrich-
tung mit einer genaueren Steuerung. Ihre Genauigkeit be-
trägt 20 Fuß (= 6,1 Meter) bei 13 000 Fuß Höhe (= 3962
Meter). Diese Genauigkeit, ebenso wie die des *Roc*, verbes-
sert sich oft beim Abwurf aus normalen Höhen, liegt jedoch
immer noch unter dem Maßstab aller anderen Feuerwaffen.

Um es geradeheraus zu sagen: Diese neuen Waffen sind
so weit hinter den deutschen V-1 und V-2 zurück wie unsere
Flugzeuge mit Propellerantrieb hinter den deutschen Dü-
sen- und Raketenflugzeugen. Sie würden komisch wirken,
wenn sie nicht in so tragischer Weise den Mangel an Weitsicht unserer Berufssoldaten und in Verbindung damit die
schleppende Entwicklung enthüllen würden. Die Deutschen
dachten an gesteuerte Geschosse mit Eigenantrieb, großer
Reichweite, erschreckenden Geschwindigkeiten, an Angriffe, gegen die es wenig oder keinen Schutz geben würde.
Unsere Luftwaffe dachte an gesteuerte Geschosse nach Bom-
benart, die von Flugzeugen über oder in der Nähe des Zieles
ausgelöst werden müssten, an Angriffe, gegen die es einen
wirksamen Schutz gab. Die Deutschen bauten die Waffen
von heute und morgen, während wir die des Ersten Weltkrieges weiter improvisierten.«

Thomas konnte mit dieser Einschätzung kaum deutlicher
werden, ja, er setzte dem Feind – wenn man so will – gar ein

Denkmal. Was musste der Mann gesehen und erlebt haben, um so zu urteilen?

»Die übliche Verteidigung, die die Luftwaffe vorbringt, wenn man sie der mangelnden Fortschrittlichkeit beschuldigt«, so schrieb Thomas weiter, ist die, ›dass sie nicht genügend Geld bekam‹. Das ist blühender Unsinn. Es kostet wenig mehr, ein erstklassiges Flugzeug zu bauen, als ein zweitklassiges, und sie hatte genügend Geld, um die richtige Art von Flugzeugen zu bauen. Von 40 genehmigten Jagdflugzeugen zwischen dem P-40 und P-80 (dem Düsenjäger, der neulich einen transkontinentalen Rekord mit einem Durchschnitt von 586 Meilen in der Stunde [= 943 km/h] aufgestellt hat) waren die meisten immer nur ein bisschen besser als die unmittelbar vorhergehenden Modelle und manche waren nicht einmal so gut. Die Millionen, die für die meisten dieser geringfügigen Verbesserungen (oder Fehlschläge) der propellerangetriebenen Flugzeuge ausgegeben wurden, würden auch Düsenflugzeuge hervorgebracht haben. Es war Weitsicht, nicht Geld, was fehlte.«

Ein eindeutiges Urteil, das tief blicken lässt. General Arnold hatte in seinem dritten Jahresbericht einmal etwas Ähnliches verlauten lassen, auch wenn er es viel diplomatischer zu formulieren pflegte: »In der Vergangenheit haben die Vereinigten Staaten eine gefährliche Bereitwilligkeit gezeigt, in der Lage überrascht zu werden, dass sie einen Krieg anfangen mussten mit einer Ausrüstung und mit Lehren, die am Ende eines vorhergehenden Krieges in Gebrauch waren.«

Thomas dazu: »Es ist wahr, wir wurden auf diese Weise beim Beginn des letzten Krieges überrascht, soweit es die Luftkampfmittel und Doktrinen betraf, jedoch nicht, wie General Arnold sagt, ›bereitwillig‹. Wir glaubten, dass wir die besten Waffen und Doktrinen der Welt besäßen, und dies größtenteils wegen der irreführenden Versicherungen, die uns von den Berufssoldaten gegeben wurden.

Der General irrt sich ebenfalls, wenn er mit ›Bereitwilligkeit‹ meint, dass die USA, das amerikanische Volk, Sie und ich für diese unentschuldbaren Mängel verantwortlich seien. Die Verantwortlichkeit für ein ›Fortleben‹ der veralteten Waffen und Doktrinen trifft die Luftwaffe, jeden militärischen Dienstzweig, und wahrscheinlich trifft die größte Verantwortlichkeit ihren Chef. Der General fährt fort wie folgt: ›Wir haben schwer für diesen Irrtum bezahlt. Eine Wiederholung dieses Irrtums könne Vernichtung bedeuten.‹ Und da spricht er die Wahrheit.«

Abschließend erklärte Senator Elbert D. Thomas, dass der im Krieg zu beobachtende und auch danach noch vorherrschende Zustand der US-Luftstreitkräfte in seiner Gesamtheit unbefriedigend sei: »Ein Wechsel in der Führung ist nicht die Lösung des Problems. In Wahrheit leiden unsere Luftstreitkräfte.«

Der Artikel* des Senators wurde in den Vereinigten Staaten zur Kenntnis genommen, aber ob es Reaktionen auf ihn gab, ist im Moment noch unklar. Es steht allerdings fest, dass ein Jahr später – 1947 – die eigenständige Waffengattung *US Air Force* entstand und man unter großen Kraftanstrengungen versuchte, die Luftwaffe technisch gesehen auf den neuesten Stand zu bringen – nicht zuletzt deshalb, weil am Horizont ein neuer Feind aufgetaucht war: die Sowjetunion. Somit wird deutlich, dass Senator Thomas' Kritik aufgegriffen worden war, denn in der Auseinandersetzung mit dem neuen »Reich des Bösen« war Prahlerei tatsächlich nicht mehr in der Lage, Abschreckung zu erzeugen.

---

* Wir danken Herrn Prof. W. , der auch die Übersetzung besorgte, herzlich für den Hinweis auf den Bericht des US-Senators.

Wir möchten in diesem Kapitel noch auf ein weiteres Beispiel eingehen, das zeigt, dass der von Historikern postulierte Stand der Dinge nicht der war, der gern von diesen aufgezeigt wird.

In unserem im Jahre 2002 erschienenen Buch *Hitler und die Bombe* hatten wir auf Seite 35 die Aussage des Leiters der *Foreign Economic Administration* (FEA), Leo Crowley, abgedruckt, die dieser für die Militärkommission des US-Senats vorbereitet und später gegenüber der Presse erläutert hatte. Laut den uns damals vorliegenden Pressemeldungen, die unter anderem aus der *New York Times* und der *Chicago Daily Tribune* vom 27. Juni 1945 stammten, hatte Crowley, der zu den engsten Freunden Roosevelts gehörte, am Tag vorher wissen lassen, dass die Deutschen im Oktober 1945 New York mit verbesserten »V-2-Bomben« angegriffen hätten. Doch damit nicht genug: Crowley offenbarte auch, dass kurze Zeit später deutsche Düsenbomber Washington attackieren sollten.

Unsere Kritiker behaupteten nach der Veröffentlichung dieser und ähnlicher Informationen sofort, dass das unmöglich stimmen könne. Es handle sich, so die vorgetragene »Argumentation«, ohnehin »nur um Presseberichte«, deren Basisinformationen sicherlich von den Journalisten völlig übertrieben oder verfälscht dargestellt worden seien. Manche Zeitgenossen sprachen gar von Erfindungen.

Konnten die Angaben der Presse stimmen? Hatte Crowley wirklich derartige Aussagen getroffen – und das noch dazu vor einer Militärkommission des amerikanischen Senats?

Ja, die Informationen, die die beiden Tageszeitungen verbreitet hatten, waren absolut korrekt – bis auf eine Ungenauigkeit. Vor dem Kongresskomitee hatte nicht Crowley selbst, sondern sein von ihm beauftragter Stellvertreter ausgesagt. In dem über 1600 Seiten starken Dokumentenband

CROWLEY URGES LONG TERM CURB ON GERMAN ARMS

BY LAURENCE BURD
[Chicago Tribune Press Service]

Washington, D. C., June 26 — Urging long-term allied curbs on German war industry, Foreign Economic Administrator Crowley warned today that an unchecked German economy could rebuild its once mighty war machine to new heights within a few years.

In a statement read to a senate subcommittee studying post-war Germany's position, Crowley said the Nazis' basic war industrial plant still remains virtually intact in spite of damage from allied bombings and invasion.

"Unhampered by international restrictions or intervention, and given the will and political leadership to prepare for war," Crowley said, "Germany could be far better prepared for war economically and industrially within a few years than she was in 1939.

"Allied bombings and military operations accomplished their mission. That mission was to harass and damage Germany industrial production. But such military operations, basically selective in their character, were not and could not be executed so as to eliminate permanently a national industrial war potential."

Crowley said "recent reports" from Germany indicate that if the war had lasted six months longer, improved V-2 bombs would have "smashed" New York City, and that only a few months more would has seen jet propelled nazi planes raiding Washington.

Crowley's statement, read to the committee by Henry H. Fowler, chief of FEA's enemy branch, said a principal element in Germany's still present war potential is its "huge machine shop" of machine tools for making either war or peace products.

Elimination of German Resources for War ist die Aussage, die Crowleys rechte Hand Henry Fowler vortrug, abgedruckt – neben vielen weiteren, die von Spezialisten und anderen Personen stammen, die zu den Möglichkeiten der deutschen Rüstungsindustrie Stellung nahmen.

Crowley selbst war nicht zum Senat gegangen, weil er zu dieser Zeit einen persönlichen Groll hegte: Er wusste, dass der neue Präsident, Truman, die FEA auflösen wollte, und war daher, wie man umgangssprachlich sagen würde, entsprechend »sauer«. Somit musste also Henry Fowler am

Der Bericht des hohen US-Beamten Leo T. Crowley in der *Chicago Daily Tribune* vom 27. Juni 1945. In dieser und einer weiteren Veröffentlichung wurde offenbart, dass sich New York und Washington im Visier von deutschen Raketen und Düsenbombern befanden.

26. Juni 1945 zum Senat gehen. Fowler stellte diesem eine längere schriftliche Abhandlung seines Vorgesetzten vor. Diese bestand aus vier Teilen. Unter dem Abschnitt »Ability to produce new weapons and products« (auf Seite 162 des genannten Dokumentenbandes) ist zu lesen, dass verbesserte V-2-Bomben – so wurden die neuen deutschen Raketenentwicklungen von den Amerikanern genannt – ein halbes Jahr später zum Einsatz gelangt wären, denen kurz darauf auch noch neue Düsenbomber gefolgt wären. Crowley selbst wurde etwas später von der Presse zu seinen schriftlichen Ausführungen befragt und hatte dann für die Zeitungen die wichtigsten Punkte seines Berichts für den Senat bestätigt – insbesondere den bevorstehenden deutschen Angriff auf die Vereinigten Staaten von Amerika!

Die vorgetragene Kritik ist also haltlos und basiert lediglich auf dem Unvermögen bestimmter Personen, eigene umfangreichere Nachforschungen in Gang zu setzen.

Übrigens: Der Dokumentenband, in dem Crowleys/ Fowlers Aussage präsentiert wird, ist in seiner Art erstaunlich. Die in ihm zu Wort Kommenden sprechen in einer kaum glaubhaften Weise, die eine seltsame Mischung aus Angst und Bewunderung darstellt, von der deutschen Wissenschaft und Wirtschaft. Zahlreiche Seiten sind unter anderem mit Berichten über den Konzern IG Farben gefüllt, von dem es heißt, dass seine Leistungsfähigkeit, Forschungstätigkeit, Komplexität und sein Erfindergeist jedes andere Unternehmen in der Welt übertrafen. Die Größe und Schwierigkeit einiger der Projekte, so die Aussagen der US-Fach-

Gegenüberliegende Seite: Faksimile der Titelseite des Sammelbandes _Elimination of German Resources for War_, in dem die Aussage des Crowley-Stellvertreters Fowler auf Seite 162 abgedruckt ist.

ELIMINATION OF GERMAN RESOURCES FOR WAR

HEARINGS

BEFORE A

SUBCOMMITTEE OF THE
COMMITTEE ON MILITARY AFFAIRS
UNITED STATES SENATE

SEVENTY-NINTH CONGRESS

FIRST SESSION

PURSUANT TO

S. Res. 107
(78th Congress)

AND

S. Res. 46
(79th Congress)

AUTHORIZING A STUDY OF WAR
MOBILIZATION PROBLEMS

PART 3

TESTIMONY OF
FOREIGN ECONOMIC ADMINISTRATION
AND MATERIALS ON
**GERMAN PENETRATION OF
EUROPEAN INDUSTRY**

JUNE 26, 1945

Printed for the use of the Committee on Military Affairs

UNITED STATES
GOVERNMENT PRINTING OI
WASHINGTON : 1945

74241

162 ELIMINATION OF GERMAN RESOURCES FOR WAR

In assessing these bare bones of Germany's industrial war potential certain other less tangible, but none the less important, aspects of her economic base for aggression should be appraised. These include her amazing technical ability to produce new weapons as a result of technological invention, her vast pool of skilled workmen and highly trained scientists, the existence abroad of extensive economic assets and activities, and finally, a highly integrated organization and control of her economy. Each of these aspects of Germany's base for aggression deserves a brief reappraisal as of today.

Ability to produce new weapons and products.—According to recent reports from Germany, it appears that if the Germans could have held out only 6 months longer they would have been able to smash New York City with improved V-2 bombs.

Only a little longer period would have been needed to bring into production the jet-propelled planes that could have reached Washington.

It is not necessary here to elaborate upon the terrifying scientific discoveries which our economic and industrial intelligence is grad-

Seite 162 mit den in den Absätzen 2 und 3 befindlichen Hinweisen auf die geplanten deutschen New-York- und Washington-Attacken.*

leute, die diese Firma unter äußerst schwierigen äußeren Umständen realisiert hatte, seien für keine andere Firma vorstellbar.

Angesichts solcher Feststellungen ist man versucht zu fragen, ob die von Historikern vertretene Auffassung, Deutschland habe im Zweiten Weltkrieg etwas Ähnliches wie das amerikanische *Manhattan Project*, das der Schaf-

* Die exakte Quelle lautet wie folgt: *Elimination of German Resources for War* (S. 162;»Ability to produce new weapons and products«). *Hearings before a Subcommittee of the Committee on Military Affairs, United States Senate, 79th Congress, Second Session, pursuant to S. Res. [Senate Resolution] 107 (78th Congress), and S. Res (79th Congress), authorizing a study of War Mobilizations Problems. Library of Congress*, Jefferson Building, Washington D. C. Der Band trägt die Signatur »HRR. Alc. J.«.

fung einer US-Atomwaffe diente, nie realisieren können, ein frommes Märchen ist, um den tatsächlichen Stand der Dinge zu verschleiern.

Da Crowleys Aussage in den Dokumenten des US-Senats nachweisbar ist, kann davon ausgegangen werden, dass er über detaillierte Informationen verfügte, die – aus welchen Gründen auch immer – bis heute zurückgehalten werden. Die von den Amerikanern als verbesserte »V-2-Bombe« bezeichnete Waffe dürfte eine leistungsgesteigerte Nachfolgerin der V-2-Rakete – die V-3 bzw. V-4 – gewesen sein, die entweder von europäischem Boden gestartet werden sollte (dann hätten wir es mit einer interkontinentalen Rakete zu tun) oder von einem Unterseeboot vor die Küste der Vereinigten Staaten transportiert und dann abgefeuert worden wäre.

In diesem Zusammenhang bleibt etwas sehr wichtiges festzuhalten: Selbst die besten deutschen Ingenieure, Techniker und Wissenschaftler wären nicht in der Lage gewesen, binnen sechs Monaten – im Zeitraum von April bis September 1945 – Reißbrettprojekte (die ja laut den Establishment-Historikern alles waren, was existierte) bis zur militärischen Einsatzreife zu führen. Dafür waren Jahre nötig. Das bedeutet im Umkehrschluss, dass die entsprechenden Geräte also schon *vorher* vorhanden sein und zumindest im *Prototypenstadium* fertiggestellt sein mussten.* Crowley hatte mit sehr hoher Wahrscheinlichkeit die diesbezüglichen (Geheimdienst-)Berichte vorliegen, um sich ein solches Urteil gegen-

---

* Nur der Vollständigkeit halber sei hier erwähnt, dass die Raketen V-3 und V-4 eindeutig nachweisbar sind, wie wir bereits in unserem Buch *Die Angst der Amerikaner vor der deutschen Atombombe* auf den Seiten 237 bis 239 aufgezeigt haben. (Es handelte sich dabei um etwas größere, leistungsgesteigerte, mehrstufige Systeme mit einer Radiosteuerung, die sowohl im Reichsprotektorat Böhmen/Mähren als auch in Thüringen gebaut wurden.)

PART SIX - OTHER WEAPONS

1. In the following paragrpahs are listed the actual or potential
weapons which the Germans may use against USSTAF operations in 1945.
For the most part they include the so-called V weapons. No consider-
ation is given to those for which there is lacking evidence of possible
use for some time to come. Both V-1 and V-2 are considered in the
analysis because, even though they are, in effect, long-range artillery,
they do possess the ability to affect our operations by hitting airfields,
and supplies enroute and in concentrations.

2. **V-2**:

a. **Present status.** The V-2, or rocket projectile, with a warhead
of approximately one ton, and a current range of 225 miles; is being
fired at London at the rate of 180/250 per month, and against Continental
ports at the rate of approximately 300 per month.

Against London its accuracy is currently rated at 3.2/1,000
per square mile at the main point of impact. Against Continental
ports it is estimated at the least 6.1/1,000 per square mile at the
main point of impact. The best record was 75 in a twenty-four hour
period within a four square mile area of the Antwerp Docks.

b. **1945 Potential**: The German plan calls for an increase in
monthly production from 600 to 1200. It is known, however, that any
increase would be at the expense of the aircraft industry in radio
equipment and certain essential components. An increase in accuracy
would depend upon increased firings and increased use of already proved
radio equipment, without which the majority of firings are conducted today.
It is thought unlikely that range will be materially increased. Accuracy
begins to fall off somewhere between 165 and 190 miles, and becomes increas-
ingly inaccurate to the maximum of 225 miles. Whether or not V-2 becomes
an increased menace in 1945 must depend upon the position of the aircraft
industry and its requirements. Its potential lies in stabilization of the
expanding aircraft program.

Larger rockets (68 feet in length as against 45 feet) are known
to exist, and may appear in small quantities during the year. They would
have a considerably larger warhead.

3. **V-1**:

a. **Present Status**: The so-called Flying Bomb is being fired from
launching ramps against Continental targets, ports and supply concentrations,
at the rate of 600 per month, and against England by airborne launchings,
at the rate of 250 per month. Accuracy against Continental targets is now
between 11.0/1,000 per square mile at main point of impact, and against
England at 3.3/1,000 per square mile at main point of impact.

b. **1945 Potential**: Here again, the German plan calls for an
expansion in production, but, as in the case of V-2, this expansion must be
at the expense of other vital industries. Authoritative estimates state
that airborne launchings against England may reach 450 per month, and that
a very substantial increase of launchings on the Continent will take place.
On the other hand, the number of He-111s available for airborne launchings
is distinctly limited, and the demands of other industries are such that
the expanded production may not be carried out as planned.

4. **"PHOO" BOMBS**: Occasionally reports by pilots and the testimony
of prisoners of war and escapees describe this weapon as a radio-controlled,
jet-propelled, still-nosed, short-range, high performance ramming weapon,
for use against bombing formations. Its speed is estimated at 525 mph

über dem amerikanischen Senat erlauben zu können. Bleibt die Frage, warum diese Dinge bis heute vor der Öffentlichkeit verborgen werden? Weshalb gibt es keine Blaupausen, keine Beschreibungen der Geräte und keine Fotos von ihnen? Und das nach mehr als 60 Jahren, die seit dem Ende des Krieges vergangen sind?

Gegenüberliegende Seite: Dass für das Jahr 1945 durch Deutschland größere Raketen eingesetzt werden sollten, die bereits existierten, wurde in diesem amerikanischen Dokument*, das im Januar 1945 entstand, zugegeben. Ihre Länge belief sich auf 68 Fuß (gegenüber 45 Fuß, die die V-2 aufwies).

* *National Archives and Record Administration* (NARA), College Park, Maryland: *The Commanders Intelligence Digest* (19. January 1945). RG 319. *Records of the Army Staff, Records of the Assistant Chief of Staff, G-2 (Intelligence). Formerly Top Secret Intelligence Documents, 1943–1959.* (Special Distribution [SD] and Top Secret Control [TSC]). Entry (UD) 1041, Box 27, Folder: 925497.

»Niemals wäre ich auf die Idee gekommen, dienstliche Papiere heimlich aufzubewahren. Wieder raus in Matsch und Dreck auf die Schlachtfelder? Bloß nicht. Sicher, den einen oder anderen Blick auf eine Depesche habe ich schon mal riskiert, um zu wissen, was so los war in der Welt. Ich erinnere mich beispielsweise an eine Nachricht über den Stand der Atombombenentwicklung. Da hieß es, die Forschungen der Amerikaner seien im Vergleich zu den deutschen mindestens ein Dreivierteljahr im Rückstand. Hitlers Einstellung zur Atombombe kannte ich: ›Damit gewinnt man keinen Krieg.‹ Davon war er überzeugt. Die Westalliierten hatten gedroht, sich im Fall des Einsatzes der Atombombe mit 15 000 Flugzeugen in Nordafrika zu versammeln, um dann ganz Deutschland mit Gas zu verseuchen. Gasangriffe hatte Hitler im Ersten Weltkrieg erlebt, er hatte eine panische Angst davor. Einen solchen Rückschlag werde er niemals verantworten können, betonte er, daher scheide der Einsatz einer Atombombe für ihn völlig aus.«

Rochus Misch in seinem Buch
Der letzte Zeuge – »Ich war Hitlers Telefonist, Kurier und Leibwächter«
(Pendo, Zürich und München,
2. Auflage 2008, S. 92/93)

Sollte die erste deutsche Atombombe am 6. August 1945 eingesetzt werden?

Es gibt Dinge, die es eigentlich nicht geben dürfte – auch auf dem Gebiet der von uns betriebenen Recherchen. Manche der zutage geförderten Informationen sind so ungeheuerlich, dass einem das Blut in den Adern gefriert, wenn man sie entdeckt und darüber nachdenkt.

Insbesondere die Vereinigten Staaten von Amerika publizierten unmittelbar nach dem Ende des Zweiten Weltkrieges in Europa vieles von dem, was – waffentechnisch gesehen – in Deutschland nach dessen Zusammenbruch entdeckt worden war, später aber aus Gründen der Nationalen Sicherheit und des aufrechtzuerhaltenden Status quo wieder in der Versenkung verschwinden musste. Direkt und indirekt gaben hochrangige Vertreter der Westalliierten zu, dass der Zweite Weltkrieg, hätte er nur wenige Wochen oder Monate länger gedauert, zu einer neuen Form der bewaffneten Auseinandersetzung geführt hätte, wobei fatalerweise die Deutschen eine Vielzahl neuer, schrecklicher Erfindungen eingesetzt hätten.

Erst kürzlich konnte eine jener Meldungen identifiziert werden, die so gar nicht in das heutige Geschichtsbild passen will. Wäre sie die berühmte Ausnahme von der Regel, könnte man unbeeindruckt zur Tagesordnung übergehen und das Ganze vergessen. Wie immer jedoch zeigte sich bei weiteren Recherchen, dass die erste Meldung durch zusätzliche, teils deutlichere Informationen untersetzt werden konnte. Worum geht es?

Nun, am Montag, dem 9. Juli 1945, hatte das bekannte US-Magazin *Time* in der Rubrik »Wissenschaft« einen Arti-

kel veröffentlicht, in dem über ein deutsches Projekt mit der
Bezeichnung »Sonnenkanone« berichtet wurde.* Dieses
noch in der Zukunft liegende deutsche Projekt sollte – so die
ursprüngliche Planung – eine in der Erdumlaufbahn befindliche Kampfstation sein, die Sonnenlicht bündelte und
dieses in Form eines gezielten Energiestrahls zur Erde
schickte, um dort unbotmäßige Nationen anzugreifen und
ihre strategisch wichtigen Ziele zu bekämpfen.

Wichtig für unsere folgenden Betrachtungen ist nun der
Umstand, dass in diesem Artikel der amerikanische Diplo-
mat Herbert Agar zitiert wurde, der wenige Tage zuvor in
London erklärt hatte, dass, wenn der Krieg sechs Monate
länger gedauert hätte, die Möglichkeit des Einsatzes von
Waffen bestanden habe, die auf der unkontrollierten Spaltung des Atoms basieren. Es habe zudem die Gefahr bestanden, dass Deutschland als erste Nation diesen Prozess verstanden hätte.**

Gewiss, die Formulierung erscheint etwas kryptisch, um-
ständlich, ist aber typisches Diplomaten-Kauderwelsch.
Doch auch so ist sie, was ihren Inhalt anbetrifft, einigermaßen klar: Wohl (spätestens) ab Oktober/November 1945 hätten Amerikaner und Deutsche einander mit Waffen, die auf
der Spaltung des Atoms basierten, bekämpft.

Wie aber, bitteschön, sollte das möglich sein, wenn nach
etablierter Auffassung der Geschichtswissenschaft Deutschland nicht im Besitz solcher Waffen war? Und wie konnte
eine Nation, die keinerlei Atomwaffen hatte, diese dann
noch als Erste einsetzen?!

---

* »Sun Gun«, in: *Time*, 9. Juli 1945 (Rubrik »Science«).
** Ebenda. Agar sagte: »If the war had gone on another six months
... it was probable that someone would have learned to break the
atom without controlling it. ... There was a danger that the Germans
would have learned ... first ...«

Wir geben es zu: Hier macht die Logik Bocksprünge.
Nicht aber, weil das die Logik gern tut, sondern weil die
Geschichtsschreibung in diesem Fall wohl komplett erstun-
ken und erlogen ist, wie wir bereits in zahlreichen ähnlichen
Fällen aufzeigen konnten.

In der *Los Angeles Times* vom 20. Juli 1945 tauchte dann
auf Seite 5 ein weiterer Hinweis zu (Commander) Herbert
Agar auf. Der als »special assistant« des US-Botschafters in
London tätige Agar berichtete vor Studenten des wohl elitä-
ren Clifton-College in Bristol, dass die Experten der Alliier-
ten-Streitkräfte zu diesem Zeitpunkt davon ausgingen, dass
Deutschland im (Spät-)Sommer 1945 die Nuklearenergie
für den Krieg eingesetzt hätte.

Der Bericht ist insofern interessant, als in ihm auch von
einem Wing-Commander A. G. Pither berichtet wird, der
zur *Royal Australian Air Force* (RAAF) gehörte und über
genauere Daten verfügte: Seinen Angaben zufolge hätten
die Deutschen im Falle eines länger dauernden Krieges ab
August 1945 »21-pound uranium desintegration bombs« eingesetzt, die unter anderem auf V-2-Raketen montiert worden wären. (Die entsprechende Meldung ist auf der nächsten Seite abgebildet.)

Bemerkenswert an dieser bis dato niemals so genau publizierten Angabe ist, dass 21 britische Pfund etwa 9,5 (metri-
schen) Kilogramm entsprechen. Es handelte sich bei den
deutschen »disintegrations bombs« also ganz offensichtlich
um kleinere Sprengköpfe (deren Existenz wir ja stets postuliert haben). Besonders erstaunlich ist, und damit kommen
wir auf Thüringen zu sprechen, dass Hinweise in Protokol-
len des ehemaligen Ministeriums für Staatssicherheit der
DDR existieren, denen zufolge bei Kriegsende in Stadtilm,
Thüringen, eine solch »kleine« Waffe in einem Stahlschrank
gelagert wurde. Ihr Gewicht wurde mit »um die acht Kilo-

Atomic Bomb Discovery of Germans Told

BY WILLIAM H. STONEMAN

Chicago Daily News Foreign Service

LONDON, July 19. — One of the strangest security leaks since V-Day in Europe was registered yesterday when an Australian R.A.F. officer broadcast a description of the uranium bomb.

Speaking from Melbourne, Wing-Comdr. A. G. Pither of the R.A.A.F. declared that if the war had lasted six months longer the Germans would have employed a 21-pound uranium disintegration bomb having the force of a one-ton V-2 warhead.

80 Times the Power

In other words, the explosive contained in this bomb would have had 80 times as much shock power as the most advanced explosives employed in the European war.

It is recalled in this connection that Herbert Agar, special assistant to the United States Ambassador to London, recently told students at Clifton College, Bristol, that our experts expected the Germans to solve the problem of employing atomic energy by midsummer.

Teilfaksimile des von William H. Stoneman stammenden Artikels »Atomic Bomb of Germans Told«, der in der *Los Angeles Times* am 20. Juli 1945 auf Seite 5 erschien und in dem »21-pound uranium disintegration bombs« erwähnt wurden.

gramm« angegeben.* Derartige Beinaheübereinstimmungen im Gewichtsbereich können *unmöglich* Zufall sein, zumal die (angeblichen) US-Atomwaffen viel größere bauliche und gewichtsmäßige Dimensionen aufwiesen – wenn man dem Glauben schenken will, was die Amerikaner über ihr *Manhattan Project* veröffentlicht haben.**

Um die Angelegenheit an die Grenzen des Vorstellbaren zu treiben, sollten Sie noch Folgendes berücksichtigen: Sowohl in der in Edinburgh, Schottland, erscheinenden Zeitung *The Scotsman* (»Lastest Edition«, Seite 5) vom 30. Juni 1945, als auch in dem in Traverse City, US-Bundesstaat Michigan, publizierten *Record-Eagle* vom 11. Juli 1945 (auf Seite 4) wurde Hagar mit der Bemerkung zitiert, dass die Deutschen ihre erste Atomwaffe – man beachte bitte unbedingt das Datum! – am **6. August 1945** einzusetzen gedachten (Faksimiles siehe nachfolgend auf den Seiten 107 und 108). Leider bleibt im Dunkel der Geschichte, woher Agar diese exakte Information hatte.

Wie wir wissen, kam am 6. August 1945 keine deutsche Atomwaffe zum Einsatz. (Weil der Krieg vorher zu Ende ging – zumindest in Europa.) Oder etwa doch? – Nun, am 6. August 1945 warfen die Amerikaner ihre (?) Bombe auf

---

* Siehe dazu: Edgar Mayer und Thomas Mehner: *Das Geheimnis der deutschen Atombombe*, Kopp Verlag, Rottenburg 2001, S. 199.
** Es besteht im Übrigen kein Widerspruch zu der von einigen Autoren vertretenen Behauptung, dass die als »US-Atomwaffen« bezeichneten Bomben, die in der Wüste von Alamogordo getestet bzw. auf die japanischen Städte Hiroshima und Nagasaki abgeworfen wurden, deutsche Beutebomben gewesen sein könnten. Es gibt Hinweise darauf, dass größere, von Flugzeugen abzuwerfende und über einen Fallschirm verfügende Atombomben die erste Generation deutscher Nuklearwaffen darstellten, deren erste Muster schon um das Jashr 1943 existierten, während die zweite Generation kleinerer Bauart (aber nicht unbedingt leistungsschwächer) war und mittels Raketen ins Ziel befördert werden sollte.

das japanische Hiroshima ab, wobei Zehntausende Bewohner ums Leben kamen.

Kurios bleibt, dass Herbert Hagar das deutsche Abwurfdatum kannte. Noch kurioser ist, dass er dieses zu Zeitpunkten – unter andererem am 11. Juli 1945! – in der Öffentlichkeit verriet, als erstens das Datum des Einsatzes einer »US-Atombombe« noch unbekannt war und zweitens genau genommen noch kein Mensch wusste, wie eine solche Waffe aussah, funktionierte und welche Wirkung sie hatte – bis auf die, die an ihr gearbeitet oder einen *deutschen* Test miterlebt hatten. Wobei darauf hingewiesen werden muss, dass die USA ihre *erste* Erprobung einer Atomwaffe – *Trinity* – erst am 16. Juli 1945 vornahmen! Erschreckend kurios ist, dass dann am 6. August 1945 tatsächlich eine Nuklearwaffe detonierte – übrigens eine (ungetestete) Uran-235-Bombe, die die Amerikaner als die ihrige bezeichneten.

Was immer damals gelaufen ist: Die Widersprüche sind mittlerweile unübersehbar groß und werden auch zahlenmäßig immer mehr. Für uns steht fest: Würden alle amerikanischen Archivdokumente, die die Bergung und »Evakuierung« deutscher geheimer Waffentechnologien und die Vorbereitung und den Einsatz der »eigenen« Atomwaffen betreffen, endlich freigegeben werden, würde sich mit an Sicherheit grenzender Wahrscheinlichkeit ein ganz anderes als das bisher bekannte Geschichtsbild ergeben. Zudem würde sich wohl außerdem herausstellen, dass am 6. August 1945 New York mit einer deutschen Atomwaffe zerstört werden sollte – auch wenn Hitler vielleicht dagegen war. (Hatte er diesbezüglich überhaupt noch das Sagen oder hatten sich bestimmte Dinge seit dem März 1945 bereits so weit verselbstständigt, dass seine Meinung uninteressant war?)

Wie dem auch sei, die Amerikaner kamen den Deutschen durch die Erbeutung der Atomwaffen zuvor – und rächten

THE SCOTSMAN, SATURDAY, JUNE 30, 1945.   LATEST EDITION.   5

STORATION OF EUROPE

Urgent Case for a Regional Group"

NEW MONSTER BRITISH AIR LINER

GREAT ALLIED BASE IN PHILIPPINES

Will Play Full Part in Defeat

GERMANS AIMED TO SPLIT THE ATOM

Commander Herbert Agar, special assistant to the American Ambassador, said at Clifton College speech day last night —

"If the war had gone on for another six months, it was quite possible that this planet would have ceased to exist, because it was probable that someone would have learned to break the atom without controlling it

There was a danger that the Germans would learn how to split it first and our scientists gave the date as August 6 of this year

"I sincerely believe that, in a very few years the human being will know how to destroy the human race."

EDITORIAL COMMENT ,, THEATRE PROGRAMS ,, SERIAL STORY ,, FEATURES

Please Keep Off the Grass

The SCOTT'S SCRAP BOOK By R. J. SCOTT

SCIENCE OR MAGIC?

It was an interesting revelation that Herbert Agar, special assistant to the American ambassador in London, made the other night.

"If the war had gone on another six months," he said, "it is quite possible that this planet would have ceased to exist, because it was probable that someone would have learned to break the atom without controlling it. There was a danger that the Germans would learn how to split it first, and our scientists gave the date as of August 6 of this year, I sincerely believe that in a very few years the human being will know how to destroy the human race."

Well, intelligent human beings already seem to have a pretty good notion of how that might be done, without invoking any magical formula. Maybe all that is necessary is just one more attempt at what German leaders a few years ago were calling "another fresh, jolly war."

Scientific destruction for everybody but the destroyers is an old idea. It may conceivably be carried out some time to a considerable ex-

HUMAN ILLS

sich anschließend am deutschen Verbündeten Japan, indem sie am 6. August 1945 Hiroshima nuklear vernichteten und damit am »lebenden Objekt« die Wirkung einer solchen Waffe testeten. (Was mögen die japanischen Insider, die über die deutschen Planungen aufgrund der Zusammenarbeit bei bestimmten Projekten sicherlich Bescheid wussten, gedacht haben, als sie von der Zerstörung der Hafenstadt durch eine Atombombe hörten?)

Wir sind uns sicher, dass eines Tages die volle Wahrheit ans Licht kommen wird. Offenbar ist diese aber so schrecklicher Natur, dass die Verantwortlichen in den Vereinigten Staaten bis heute nicht bereit sind, bestimmte Aktenbestände der Forschung zugänglich zu machen. Und ihre Immer-noch-Verbündeten, die Briten, halten viele Dokumente ebenso zurück – wohl wissend, dass sie nach einer eventuellen Deklassifizierung ein erhebliches Glaubwürdigkeitsproblem hätten. Darüber hinaus wäre beiden Nationen die Verachtung aller moralisch denkenden Menschen sicher, denn das, was am Ende des Krieges geschah und Zigtausenden Japanern einen schrecklichen Tod bescherte, war nicht nur eine Machtdemonstration, sondern mit hoher Wahrscheinlichkeit auch ein Racheakt. Das Abwurfdatum 6. August 1945 war wohl kaum zufällig gewählt, wie wir jetzt wissen.

Angesichts derartiger Um- und Zustände, angesichts der Geheimhaltung zahlreicher entscheidender Details zu den deutschen Geheimwaffen der zweiten Generation und angesichts der Tatsache, dass nach wie vor auch über 60 Jahre nach dem Ende des Zweiten Weltkrieges immer noch nicht alle Umstände der amerikanischen Atombombenabwürfe auf Japan offengelegt worden sind, ist das Geschwätz von Geschichtsaufarbeitung und vom »mündigen Bürger« endgültig als Phrasendrescherei entlarvt.

Die erste Atomwaffe der Welt – mit der Bezeichnung *Trinity* – detonierte der etablierten Geschichtsschreibung zufolge auf einem Versuchsfeld in der Wüste von New Mexico bei Alamogordo am 16. Juli 1945. Es handelte sich dabei – wiederum nach Meinung der etablierten Geschichtsdarstellung – um eine Plutoniumbombe, die dann in einem zweiten Exemplar Wochen später auf die japanische Stadt Nagasaki abgeworfen wurde und dort Zehntausende Menschen tötete.

Weshalb wurde die erste »US-Atomwaffe«, die auf Hiroshima abgeworfene Uran-Bombe, nicht ebenfalls getestet?

Die Bombe, die Hiroshima zerstörte: *Little Boy*. Weshalb war das Abwurfdatum – der 6. August 1945 – identisch mit jenem Zeitpunkt, den Herbert Agar Wochen vorher als Einsatztermin für die erste deutsche Atombombe angab?

Die Funktionsweise, die Zerstörungsgewalt und das Ersteinsatzdatum einer Atombombe waren der Weltöffentlichkeit bis zum Tag der Zerstörung Hiroshimas unbekannt. Agars seltsames Vorauswissen, das er bereits Wochen zuvor offenbarte, deutet darauf hin, dass die japanische Stadt Hiroshima nicht zufällig am 6. August 1945 vernichtet wurde, sondern dass hier ein zeitlich exakt definierter Racheakt vollzogen wurde.

*»Geheimhaltung ist der erste Schritt
zur Tyrannei.«*

Robert A. Heinlein

Lügen, Lügen, nichts als Lügen

Bestimmte Establishment-Historiker bestreiten immer wieder die Tatsache, dass die Alliierten – insbesondere die Vereinigten Staaten von Amerika, aber auch Russland, England und Frankreich – bis zum heutigen Tag große Mengen von bei Ende des Krieges erbeuteten und besonders wichtigen deutschen technischen Unterlagen geheim halten. Die Dokumente bzw. Berichte, die auf den folgenden Seiten vorgestellt und untersucht werden, zeigen allerdings deutlich, dass diese Behauptung, zumindest was die USA betrifft, *nicht* haltbar ist. Sogar hinsichtlich der bekannten Peenemünde-Ost-Unterlagen, die in Dörnten/Goslar erbeutet wurden, ist festzustellen, dass man von ihnen nur eine lächerlich geringe Menge an die Bundesrepublik Deutschland zurückgegeben hat. Darüber hinaus wird anhand der nachfolgenden Analyse deutlich, dass es bei Kriegsende viel wichtigere und bessere Raketenprojekte als die V-2 gegeben haben muss und dass ein Zusammenhang zwischen Atomforschung und Raketenentwicklung existierte.

(A) »OPERATION OBERJOCH«

Das erste Dokument*, das hier ausführlich kommentiert werden soll, stammt – wie viele andere auch, die wir bereits betrachtet haben – von der NARA, der US-amerikanischen

---

* NARA, *National Archives and Record Administration*: RG 319 (RECORDS of the ARMY STAFF. COUNTER INTELLIGENCE CORPS [CIC] COLLECTION. Records of the Investigative Records Repository [IRR]. IRR Case Files: Impersonal Files 1940–1976), Entry 134A, Box 29. Folder: OPERATION OBERJOCH.

National Archives and Records Administration in College Park, Maryland. Es besteht genau genommen aus vier verschiedenen Berichten und umfasst insgesamt mehr als 60 Seiten. Die einzelnen Berichte sollen nachfolgend der besseren Übersicht wegen in chronologischer Reihenfolge mit A, B, C und D bezeichnet werden.

Bericht A trägt den Titel »BRIEF OPERATIONAL REPORT on [von der Zensur gestrichenes Wort bzw. gestrichene Wörter] And Other Germans and Italians Connected with PROJECT ABSTRACT: on Transfer by SD from TUCHELER HEIDE to Italy of 4 Boxes Containing Documents, Research Data, Instruments and Substances Connected With Guided Missiles and Atomic Energy: ...«. 19. August 1947. Referenznummer: ABS 101. Seiten 55–66.*

Bericht B heißt »BRIEF REPORT on Emil Adam and on Operation ARRIVAL of Project ABSTRACT. This report is a continuation of and supplementary to Ref. ABS 101, of 19 August 1947«. 4. September 1947. Referenznummer: ABS 102. Seiten 43–53.

Bericht C trägt die Überschrift »REPORT on OPERATION OBERJOCH of PROJECT ABSTRACT, on Prof. Werner von BRAUN's and Dr. Herbert AXSTER's CONNECTION WITH OPERATION OBERJOCH and on THE POSSIBILITY OF TRACING THE MISSING OBERJOCH AND BAD SACHSA DOCUMENTS THROUGH VON BRAUN AND AXSTER«. 27. September 1947. Referenznummer: ABS 103. Seiten 8–41.

Bericht D ist übertitelt mit »PRELIMINARY REPORT on PROJECT RUNDLE INVESTIGATION AT AMMERSEE, 23

---

* Wir benutzen hier und im Folgenden die Seitenzahlen, die sich aus der Gesamtzahl aller Seiten des Dokuments, das aus den vier genannten Einzelberichten besteht, ergeben. Absatznummern, die durch uns angegeben werden, sind die des Originals.

and 24 October 1947, by EDMUND TILLEY«. 25. October 1947. Referenznummer: ABS 104. Seiten 1–6. Nun folgen jeweils eine Beschreibung und die notwendigen Kommentierungen zu jedem dieser vier Berichte.

Kommentare zu Bericht A vom 19. August 1947

1) Ein gewisser Paul Schulz, der den Dienstgrad eines Gefreiten innehatte, bestätigte in einer ausführlichen Vernehmung seine früheren Aussagen*, denen zufolge in der Tucheler Heide** in den Jahren 1943 und 1944 eine Kombination aus Atomforschung*** (!) und Raketenentwicklung betrieben worden war.

2) Es ist wichtig festzuhalten, dass dieser Bericht vor seiner Freigabe gesäubert wurde und man den Namen von Schulz an zahlreichen Stellen löschte – an vielen, aber eben nicht an allen. Darüber hinaus findet man seinen Namen peinlicherweise auf dem Deckblatt (Seite 55:»Likely Russian Counter-Espionage Activities in the Field Through Paul SCHULZ and Others«). Weshalb man Schulz' Namen aus dem Dokument zu entfernen versuchte, ist nicht klar, aber

---

* Diese Aussagen liegen nicht vor.
** »Die Tucheler Heide (poln. Bory Tucholskie; kaschub. Tëchòlsczé Bòrë) ist ein großes Heidegebiet im früheren Westpreußen in der Nähe von Tuchel und nördlich von Bromberg. Sie liegt heute in Polen und ist seit 1991 ein 12 981 Hektar großer Nationalpark. Zwischen August 1944 und Januar 1945 wurden vom Gebiet des dort befindlichen SS-Truppenübungsplatzes Westpreußen, nachdem der SS-Truppenübungsplatz Blizna geräumt werden musste, unter der Leitung des Generals Walter Dornberger 107 A-4-Raketen zu Versuchszwecken und zur Ausbildung der Einheiten an der Raketenwaffe von diesem Platz in südlicher Richtung gestartet. Im Januar 1945 musste das Areal, das auch den Namen ›Heidekraut‹ trug, geräumt werden, da von hier aus die sowjetischen Truppen in Richtung Karthaus vordrangen.« (Quelle: http://www.wikinfo.org/index.php/Tucheler_Heide)
*** Bis dato wurde die Tucheler Heide von der offiziellen Geschichtsschreibung niemals mit Atomforschung in Verbindung gebracht.

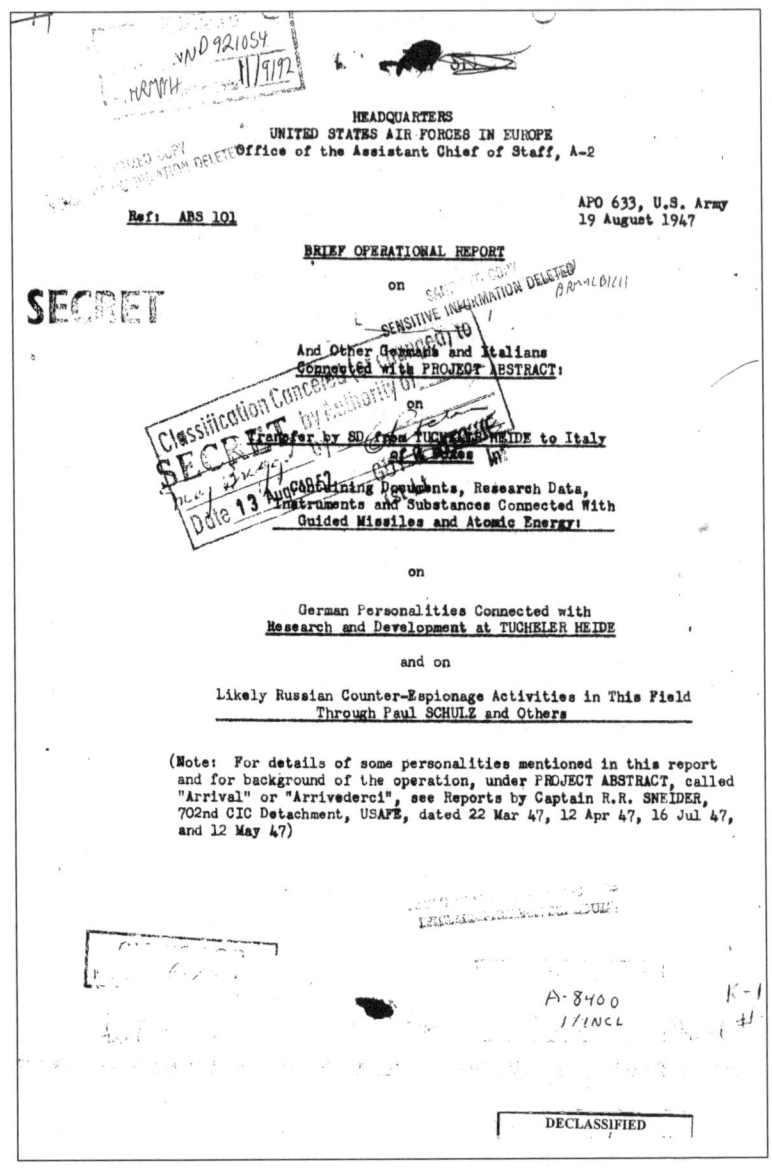

HEADQUARTERS
UNITED STATES AIR FORCES IN EUROPE
Office of the Assistant Chief of Staff, A-2

Ref: ABS 101

APO 633, U.S. Army
19 August 1947

BRIEF OPERATIONAL REPORT

on

SECRET

And Other Germans and Italians
Connected with PROJECT ABSTRACT:

on

Transfer by SD from TUCHELER HEIDE to Italy

containing Documents, Research Data,
Instruments and Substances Connected With
Guided Missiles and Atomic Energy:

on

German Personalities Connected with
Research and Development at TUCHELER HEIDE

and on

Likely Russian Counter-Espionage Activities in This Field
Through Paul SCHULZ and Others

(Note: For details of some personalities mentioned in this report
and for background of the operation, under PROJECT ABSTRACT, called
"Arrival" or "Arrivederci", see Reports by Captain R.R. SNEIDER,
702nd CIC Detachment, USAFE, dated 22 Mar 47, 12 Apr 47, 16 Jul 47,
and 12 May 47)

A-8400
1/INCL

DECLASSIFIED

Diese und gegenüberliegende Seite: Titelblatt des Berichtes A, auf dem sich der Name des Gefreiten Schulz wiederfindet, der sonst auf vielen Seiten gelöscht wur-

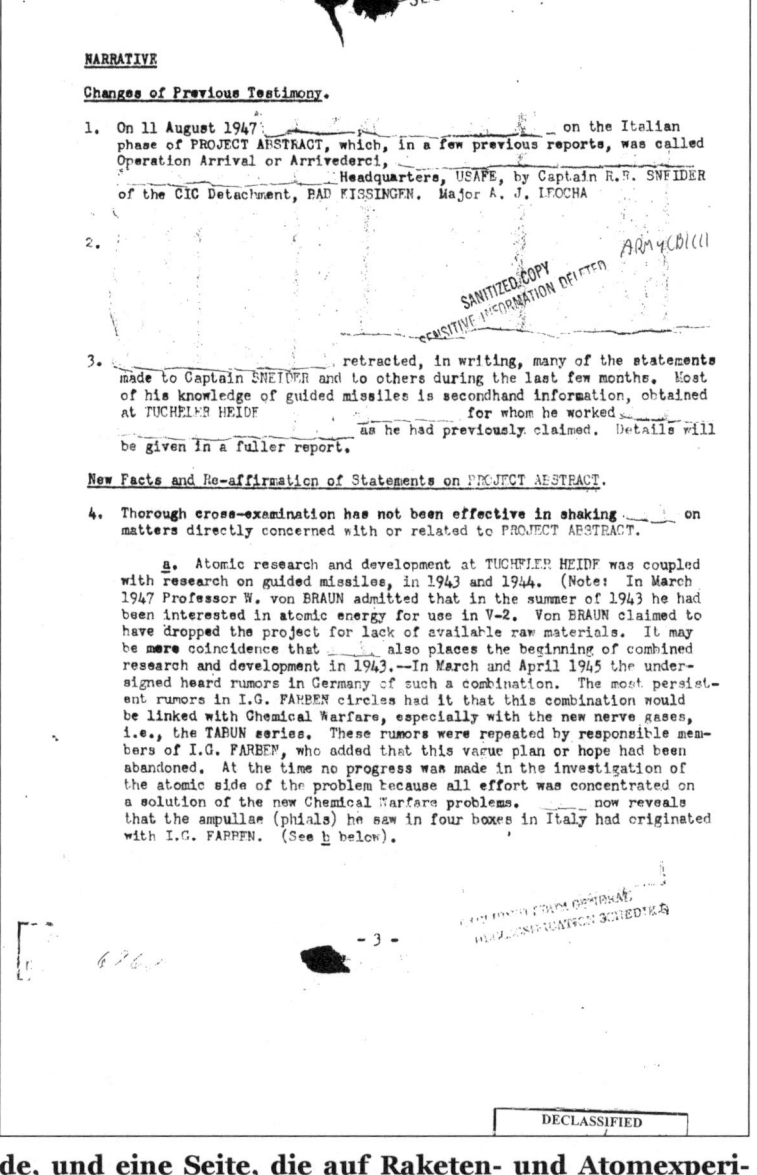

NARRATIVE

Changes of Previous Testimony.

1. On 11 August 1947 ⎯⎯⎯⎯⎯⎯⎯⎯⎯ on the Italian phase of PROJECT ABSTRACT, which, in a few previous reports, was called Operation Arrival or Arrivederci, ⎯⎯⎯⎯⎯⎯⎯ ⎯⎯⎯⎯⎯⎯⎯⎯⎯ Headquarters, USAFE, by Captain R.E. SNFIDER of the CIC Detachment, BAD KISSINGEN. Major A. J. LEOCHA

2.

3. ⎯⎯⎯⎯⎯⎯⎯⎯⎯⎯⎯⎯ , retracted, in writing, many of the statements made to Captain SNEIDER and to others during the last few months. Most of his knowledge of guided missiles is secondhand information, obtained at TUCHELER HEIDE ⎯⎯⎯⎯⎯ for whom he worked ⎯⎯⎯⎯⎯ ⎯⎯⎯⎯⎯⎯⎯⎯⎯⎯⎯⎯ as he had previously claimed. Details will be given in a fuller report.

New Facts and Re-affirmation of Statements on PROJECT ABSTRACT.

4. Thorough cross-examination has not been effective in shaking ⎯⎯⎯ on matters directly concerned with or related to PROJECT ABSTRACT.

   a. Atomic research and development at TUCHELER HEIDE was coupled with research on guided missiles, in 1943 and 1944. (Note: In March 1947 Professor W. von BRAUN admitted that in the summer of 1943 he had been interested in atomic energy for use in V-2. Von BRAUN claimed to have dropped the project for lack of available raw materials. It may be mere coincidence that ⎯⎯⎯ also places the beginning of combined research and development in 1943.—In March and April 1945 the undersigned heard rumors in Germany of such a combination. The most persistent rumors in I.G. FARBEN circles had it that this combination would be linked with Chemical Warfare, especially with the new nerve gases, i.e., the TABUN series. These rumors were repeated by responsible members of I.G. FARBEN, who added that this vague plan or hope had been abandoned. At the time no progress was made in the investigation of the atomic side of the problem because all effort was concentrated on a solution of the new Chemical Warfare problems. ⎯⎯⎯ now reveals that the ampullae (phials) he saw in four boxes in Italy had originated with I.G. FARBEN. (See b below).

- 3 -

de, und eine Seite, die auf Raketen- und Atomexperimente in der Tucheler Heide verweist. Besonders Interessant: die gelöschten Bereiche des Dokuments!

118

vielleicht vermuteten oder wussten die Amerikaner, dass Schulz im Jahre 1992 – als das Dokument freigegeben wurde – noch lebte. Durch die Namenslöschung sollte offenbar jede weitere Nachforschung vonseiten interessierter Historiker unterbunden werden.

3) Schulz hatte während seines Militärdienstes direkte Verbindung zu einem Wissenschaftler gehabt, der in der Tucheler Heide tätig war. Es handelte sich dabei um einen gewissen Ingenieur Krueger*. Dieser Krueger erwähnte seinerseits die Namen von anderen ebenfalls dort tätigen Spezialisten, an die sich Schulz zu Beginn der Vernehmung allerdings nicht erinnern wollte. Später jedoch gab er zu, dass er noch einige Namen im Gedächtnis hatte, und er nannte als Ersten einen Prof. Dr. Huetten, den Leiter des Projektes. (Deshalb habe man, so Schulz, der gesamten miteinander verbundenen Atom- und Raketenforschung in der Tucheler Heide auch den Kodenamen *Aktion Huetten* gegeben.) Darüber hinaus wurde von Schulz ein Prof. Dr. Hofmann und ein gewisser Boreu, der an elektrischen Zündern arbeitete, genannt.

4) Die Amerikaner vermuten, dass der letztgenannte Experte eigentlich nur (Rudolf) Brée** sein konnte, weil im Dialekt von Schulz (der im Bericht erwähnt und erklärt wird) »Boreu« und »Brée« beinahe identisch klangen. Darüber hinaus schlussfolgerten sie***, dass der von Schulz als Prof. Dr. Huetten titulierte Wissenschaftler wohl der Peene-

---

* Siehe Bericht A, Absatz 7, Seite 59, sowie Absatz 24, Seite 64.
** Gemeint ist hier Oberstabsingenieur und Ministerialdirigent Rudolf Brée. Laut den amerikanischen Auswertern arbeitete er in der Entwicklungsstelle 9, E9, im Reichsluftfahrtministerium (RLM) unter Siegfried Knemeyer und später in Bad Sachsa und in Oberjoch unter General Walter Dornberger.
*** Siehe dazu: Rainer Karlsch: *Hitlers Bombe*, DVA, 2005, S. 187–188 und S. 374, Anmerkung 178.

münder Spezialist Prof. Dr. Hans Hueter war, was durchaus
überzeugend klingt.

5) Schulz erwähnte letztlich noch einen anderen Wissenschaftler, einen gewissen Dr. Niels, der sich »um chemische
und nukleare Probleme kümmerte« und, laut Schulz, eine
bestimmte Menge von ein bis fünf Kilogramm schweren
Atombomben produziert haben soll!* Hinzugefügt werden
muss in diesem Zusammenhang, dass dieser »Dr. Niels«
sich zu der Zeit, als der Bericht verfasst wurde, nach Meinung der dafür Zuständigen bereits in den USA befand. Im
Übrigen sind wir der Meinung, dass es sich bei »Dr. Niels«
in Wahrheit um den Chemiker Dr. Walter Nielsch handelte.

Die ersten zwei Publikationen der Nachkriegszeit dieses
im Jahre 1915 geborenen Chemikers, die gefunden werden
konnten, trugen die Titel *Eine neue photometrische Bestim-
mungsmethode des Kobalts mit Nitrilotriessigsäure*** und
*Photometrische Nickelbestimmung mit Natriumdimethyl-
glyoxim****. Dr. Nielsch arbeitete in den Jahren 1954/55 bei
Riedel-de-Häen in Hannover. Eine frühere Publikation von
ihm, und zwar aus Kriegszeiten, konnte ebenfalls identifiziert werden (vermutlich handelt es sich sogar um seine
Dissertation): *Die Pyrolyse des Butadiens-1,3.*****

Es ist sehr interessant, zu sehen, wie sich seine Publikationen der Jahre 1954 und 1955 mit der Bestimmung von
Kobalt- und Nickel-Lösungen beschäftigten. Immerhin, und
hier greifen wir den Dingen, die gleich anschließend unter

* Siehe Bericht A, Absatz 25, Seite 64.
** Eingegangen am 22. März 1954 [http://www.springerlink.com/
content/160077j56081322g/].
*** Eingegangen am 21. März 1955 [http://www.springerlink.com/
content/n412758221m14g62/1].
**** Von Walter Nielsch. Berlin 1940: FUNK. 15 S. Mit Abb. Berlin
Math.-Naturwiss. Diss. V. 9. Sept. 1940. [http://www.bookmaps.de/
lib/all/P/y/Pyr-4.html]

120

Punkt 6) genauer erläutert werden, etwas vor, hatte der
Gefreite Schulz den Amerikanern von einem Einsatz für den
Sicherheitsdienst (SD) berichtet, innerhalb dessen bei Verona, Italien, Uran-235 und Plutonium, aufgelöst in einer flüs-
sigen Trägersubstanz und anschließend in Ampullen transportiert, vergraben worden sein sollten. Dass Dr. Nielsch
etwas damit zu tun hatte, ist natürlich im Moment kaum
mehr als eine Vermutung. Man sollte diese Angelegenheit
dennoch im Hinterkopf behalten, denn es könnte diesbezüglich eine interessante Verbindung geben.

6) Das Wichtigste, auch wenn schon kurz erwähnt, folgt
nun: Schulz, ein Feldwebel Heinz und ein namenloser Sol-
dat (der Gefreite erklärte, er habe den Namen vergessen)
brachten im März 1945 im Auftrag des SD Potsdam vier
Kisten von der Tucheler Heide bis nach Verona. Diese
stammten vermutlich vom Reichsluftfahrtministerium Berlin und enthielten: 1) Berichte und Forschungsdaten über
V-Waffen und die Atomforschung; 2) 40 bis 50 kleine Ampullen, gefüllt mit einer weißen Flüssigkeit und mit den
Beschriftungen »U-234«, »U-235«, »PLU« sowie mit dem
Stempel »IG«* versehen; 3) ein neues, noch nicht ganz fertig entwickeltes optisches Instrument, das vermutlich der
Flugbahn- und Geschwindigkeitsbestimmung von aufstei-
genden Raketen diente, und 4) verschiedene kleine und
empfindliche Teile von Raketen, die man mittels eines dün-
nen Drahtes auf Pappkartons befestigt hatte.**

Die Kisten wurden, wie bereits berichtet, von Schulz,
dem Feldwebel Heinz und dem namentlich unbekannten
dritten Soldaten in der Nähe von Verona in Italien vergraben. Schulz und der im Bericht genannte US-Offizier »Kapitän R. R. Sneider« – gemeint ist Captain Robert R. Sneider

* »IG« steht laut dem Berichteverfasser für IG-Farben-Industrie.
** Siehe Bericht A, Seite 58, Absatz 4b.

– besuchten im Jahre 1947 die Stelle und fanden dort sogar noch Reste der Holzkisten sowie Fragmente einer Ampulle, die mit »U-234« oder »U-235« markiert war! Sonst war alles verschwunden.

7) Wernher von Braun, der deutsche Raketenpionier, wurde im Juli 1947 – laut dem Bericht A – von Lt. Col. Malcolm D. Seashor hinsichtlich des Themas Tucheler Heide befragt. Von Braun gab zu, dass es dort V-2-Arbeiten gegeben habe, und es wurden die Namen von drei zuständigen Offizieren, alle im Rang eines Oberstleutnants, genannt: Schulz, Boergemann und Bauschinger. Seashore ließ natürlich während des Gesprächs mit von Braun zu keiner Zeit durchblicken, dass die Amerikaner bereits von der Atomforschung in der Tucheler Heide erfahren hatten; so wollte man nämlich feststellen, ob von Braun aus eigenem Antrieb heraus dieses Thema ansprechen würde. Das tat er aber nicht!*

8) Aus dem Bericht geht weiterhin hervor, dass die Russen ebenfalls von den vier Kisten gehört hatten und an der Sache interessiert waren. Ein gewisser Koropp, vermutlich ein Agent, der für die UdSSR arbeitete, bot immerhin stolze 500 000 Mark für das bei Verona Vergrabene.** Dieser Betrag stellte im Jahre 1947 eine beträchtliche Summe dar.

9) Der Gefreite Schulz schien zudem Informationen zu besitzen, die eine Diskussion über den eventuellen Verkauf der Kisten an Tito betrafen.

10) Die Russen waren, unabhängig von den Bemühungen des Agenten Koropp, selbst äußerst aktiv und bemühten sich lebhaft darum, in den Besitz von Dokumenten, Instrumenten, Maschinen und Modellen von Raketen sowie

---

* Siehe Bericht A, Absatz 8, Seite 59.
** Vergleiche Absatz 4d, Seite 58.

Strahlflugzeugen zu gelangen. Ihre Bemühungen waren durchaus von Erfolg gekrönt, wie die Aussage eines Diplomingenieurs namens F. W. Bethke beweist, der bis vor Kurzem noch in Peenemünde als Leiter des technischen Entwicklungsbüros für die Russen gearbeitet hatte. Bethke berichtete dem amerikanischen Major Marechal, dass die Russen zwischen fünf und acht Tonnen Dokumente aus Peenemünde-Ost in ihren Besitz gebracht hatten und dass Wernher von Braun wisse, um welche Dokumente es sich dabei handelte.*

An dieser Stelle muss man einmal innehalten und darf sich verwundert die Augen reiben, hat doch die offizielle Geschichtsschreibung stets kategorisch behauptet, dass die wichtigsten Dokumente von Peenemünde-Ost (ungefähr 14 bis 15 Tonnen) in einem Salzbergwerk bei Goslar versteckt wurden und später in amerikanische Hände fielen. Ansonsten, so die offizielle Historie weiter, habe es keinerlei weitere und vor allem keine wichtigen Peenemünde-Ost-Dokumente gegeben, und die Russen seien deshalb auch nicht in den Besitz von bedeutenden Unterlagen der HVA gekommen.

Auch hier ist offensichtlich gelogen worden.

Behalten Sie bitte das Thema »Dokumente« vor Ihrem geistigen Auge, denn innerhalb des Berichtes C werden wir noch einmal darauf zurückkommen und dann erkennen können, dass es noch andere, extrem wichtige Raketendokumente gab, die heute einfach unterschlagen, zumindest aber nicht erwähnt werden. Leider ist bis dato, mit einer Ausnahme*, nicht bekannt geworden, was am Ende des Krieges mit

---

* Siehe Bericht A, Absatz 4d, Seite 58.
** Diese Ausnahme wurde in dem von den Autoren Friedrich Georg und Thomas Mehner verfassten Buch *Atomziel New York – Geheime Großraketen- und Raumfahrtprojekte des Dritten Reiches* (Kopp Verlag, Rottenburg 2004) auf den Seiten 256 und 257 erwähnt. Hier hieß es in

diesen anderen wichtigen Unterlagen geschah. Man kann allerdings davon ausgehen, dass sie keineswegs alle in die Hände der Alliierten fielen, sondern in bestimmten Fällen noch in Untertageverstecken ihrer Entdeckung harren. Wernher von Braun und andere haben zwischen 1945 und 1947 – und wahrscheinlich auch noch später – ein kompliziertes und gefährliches Spiel mit den Alliierten getrieben und bestimmte, äußerst wichtige Dinge (wie beispielsweise ihnen bekannte Informationen zur Atomforschung und zu den letzten und besten Raketenprojekten) verschwiegen.

11) Mehrere interessante Angaben finden sich auch in den Absätzen 32 und 33 (auf den Seiten 65 und 66). Diesen zufolge hatte a) Wernher von Braun zu Beginn seines Auf-

---

einer Zeitzeugenaussage:»W. v. Braun verriet an die Amerikaner die Produktionsstätten in Nordhausen und die bei Gossel sowie das Forscherteam um Dr. Kammler und Dr. Diebner. Von den Amerikanern wurden Oberst Toftoy und Major R. Staver eingesetzt. Doch diese hatten nicht mit dem Widerstand der SS und Dr. Kammlers gerechnet, wobei Dr. Kammler in Nordhausen nichts retten konnte. Am 11. April 45 wurde das Werk eingenommen, die ca. 4500 Häftlinge und Arbeiter sowie die Bewacher waren weg. Die Amerikaner fanden die Fertigungsbänder der V-1 und V-2 unangetastet. Vom 22. Mai bis 1. Juni schafften die Amerikaner 341 Waggonladungen aus Nordhausen weg. Diese Ladungen gingen direkt nach Antwerpen, wo 16 *Liberty*-Schiffe beladen wurden mit dem Ziel New Orleans und von dort nach White Sands in Neu-Mexiko.
Anders war es mit dem Archiv der technischen Unterlagen von Peenemünde, dieses hatten W. v. Brauns Leute Huzel und Tessmann in Dörnten (Nordharz) und bei Holzhausen (Thüringen) versteckt. W. v. Braun brauchte diese Unterlagen aber, um gegenüber den Amerikanern glaubwürdig zu sein. Die Amerikaner brachten es fertig, die Unterlagen von Dörnten an den Briten vorbeizuschleusen. Anders in Holzhausen. Die SS um Dr. Kammler hatte Wind von der Einlagerung erhalten. Sie räumte die 2,5 Tonnen Archivgut aus den Einlagerungsstollen und verbrachte sie in die sogenannten [...]stollen der SS (diese Stollen kennen nur wenige SS-Angehörige). Dr. Kammler hatte somit ein Geheimpfand, er brauchte es aber nicht für sich gegenüber den Amis wie auch Russen. Die Unterlagen sind auch heute noch dort.«

124

enthaltes in den USA und bei den mit ihm damals veranstalteten Verhören hartnäckig jegliche Verbindung zwischen deutschen Atombomben und Raketen bestritten. Erst später gab er zu, dass er im Jahre 1943 mit Wernher Heisenberg die Anwendung von Uranmaschinen als Antrieb für Raketen besprochen hatte, dieses Projekt allerdings aus Gründen der Materialknappheit nicht umsetzbar gewesen wäre.* b) Der Autor dieses Berichtes erwähnte Informationen, denen zufolge es in den Bergen zwischen Deutschland und der Tschechoslowakei erhebliche Uranvorräte gab. Er vermutete in diesem Zusammenhang, dass Dokumente, die diese Vorkommen präziser beschrieben, in den vier bei Verona vergrabenen Kisten lagen. Zudem meinte er, dass die Wahrscheinlichkeit, dass von Braun etwas über diese Dinge wisse, ziemlich groß sei. c) Ein gewisser Emmanuel Rubin** erwähnte noch andere deutsche Geheimmaterialtransporte nach Verona; er sprach diesbezüglich von Sprengköpfen in Verbindung mit Raketen. Mindestens ein Transport brachte Dokumente, Instrumente und Raketenteile dorthin. Dar-

* Hier werden wir erneut mit dem typischen Gerede von der Materialknappheit konfrontiert. In gewisser Weise mag das zutreffen, allerdings hatte Wernher von Braun in diesem Zusammenhang wohl »vergessen«, dass auch die Deutsche Reichspost diese Möglichkeit untersuchte, und zwar seit 1942. (Vergleiche dazu Philipp Henshall, *Vengeance*, S. 35. Das dort abgebildete Dokument stammt von der Forschungsanstalt der Deutschen Reichspost und trägt das Datum 15. Oktober 1942.) Natürlich war es für von Braun viel besser und vor allem einfacher, über Heisenberg zu reden, denn eine Erwähnung der Verbindung Reichspost–Atomforschung hätte zu weiteren unbequemen Fragen in Bezug auf seine Person und seine tatsächlichen Kenntnisse führen können.
** Wahrscheinlich ein jüdischer Name. Trotz seiner Herkunft saß der Mann im Krieg bei einer sogenannten »Wehrmachts-Kraftwagen-Transport-Leitstelle« in Verona (Bericht A, Absatz 9, Seite 59 und 60 sowie im Folgenden auch Bericht B) und war nun (im Jahre 1947) Informant, der unter dem speziellen Schutz der Amerikaner stand. Er wohnte sogar eine gewisse Zeit im Haus von Captain Robert R. Sneider in Bad Kissingen (vergleiche dazu Absatz 11, Seite 60 und 61).

über hinaus machten Gerüchte die Runde, denen zufolge die bedeutendsten Materialien über Genua und Mailand bis nach Spanien geschickt wurden! d) Der Verfasser des Berichts ergänzte diesen letzten Punkt um den Hinweis, dass man diesen Angaben folgen müsse und es vielleicht sogar nötig sei, »über den Atlantik in südwestliche Richtung zu schauen«. Das südamerikanische Peru beispielsweise habe sich schon massiv für einen gewissen Kapitän Sorg interessiert, die Person also, die die meisten Rechlin-Dokumente versteckt hatte, unter denen es viele gab, die sich mit von der Luftwaffe entwickelten Raketen befassten. Wer sich genau und aus welchen Gründen in Peru für diesen Kapitän interessierte, erfahren wir leider nicht.

12) Zum Schluss wollen wir uns noch einige Empfehlungen ansehen, die der Autor des Berichts im Zusammenhang mit den ihm bekannt gewordenen Informationen gab, die er offensichtlich für bedeutungsvoll hielt: 1) forderte er, Paul Schulz solle »hart behandelt« werden, damit er alles sage, was er weiß. In Absatz 12 auf Seite 61 ist wörtlich zu lesen: »12. [Paul Schulz]* should be given severe treatment and should be made to reveal: ...«. Was mit den beiden Wörtern »severe treatment« (zu Deutsch etwa: »schwerwiegende Behandlung«) wirklich ausgedrückt werden sollte, kann sich bestimmt jeder leicht vorstellen, der die Brisanz dessen begreift, was der Gefreite Schulz ausgesagt hatte. Schulz sollte »durch die Mangel gedreht werden«. Körperliche Gewalt war also nicht auszuschließen, wenn es darum ging, weitere Informationen zu erlangen. Für den Verfasser des Berichtes stand nämlich zweifelsfrei fest, dass Schulz viel mehr wusste, als er zuzugeben bereit war – eine Schlussfolgerung, der

---

* Die Zensur hat seinen Namen zwar gestrichen, aber es wird aus dem Gesamtzusammenhang erkennbar, dass nur dieser Gefreite gemeint sein konnte.

wir uns im Übrigen anschließen. Der Gefreite Schulz wusste zum Beispiel über den genauen Inhalt der vier nach Italien verlagerten Kisten Bescheid, und er dürfte demzufolge auch darüber informiert gewesen sein, was mit ihnen im Anschluss geschah. Die Gegend um Verona war nur eine Art Verteilerstation, von der aus wichtige Güter an andere, sichere Stellen transportiert wurden. 2) Empfahl der Verfasser des Berichts, dass man den vermutlichen russischen Spion Koropp verhaften solle, sofern dieser nicht bereits von den zuständigen Behörden überwacht und kontrolliert werde. 3) Wurde die Empfehlung ausgesprochen, einen Mann namens Emil Adam* zu vernehmen.** 4) Sollte ein Oberst Loringhofen (vom Führerhauptquartier), der oft in der Tucheler Heide weilte, gefunden und vernommen werden.*** Man wisse, wo seine Frau wohne, und diese solle sagen, wo sich ihr Mann befindet. 5) Muss ein gewisser Richard Heinze einem Verhör unterzogen werden.**** Er könnte der von Schulz erwähnte ›Feldwebel Heinz‹ sein, der beim Transport und der anschließenden Vergrabung der vier Kisten dabei war. 6) Von Braun und Brée müssen nochmals verhört werden; beide verschweigen zahlreiche Informationen und geben vieles nur nach und nach preis. Brée ist mit hoher Wahrscheinlichkeit zudem verantwortlich für das Verschwinden von extrem wichtigen Raketendokumenten von E9 (Entwicklungsstelle 9) der Luftwaffe und von Bad Sachsa.***** Von Braun müsse nun endlich sagen, was er über die gemeinsamen Atom- und Raketen-

---

* Am Ende des Krieges befand sich dieser Mann ebenfalls bei der schon vorseitig erwähnten Wehrmachts-Kraftwagen-Transport-Leitstelle in Verona.
** Siehe Absatz 15, Seite 62. Vergleiche im Folgenden auch Bericht B.
*** Siehe Absatz 20, Seite 63.
**** Vergleiche Absatz 21, Seite 63.
***** Mehr darüber im Bericht C.

and others believed that he was the most likely man to have removed,
possibly through others, guided missiles documents emanating from
E9 (Development Section 9) of the Luftwaffe Ministry and drawings and
sketches of guided missiles from BAD SACHSA. BREE may be the same
"person with a French name" (BCREU?) who worked spasmodically on
"electric fuses for guided missiles" at TUCHELER HEIDE in 1943 and
1944. Thus he would know valuable details of the combined "guided
missiles-atomic energy" research and development and would perhaps
know where the missing documents were sent, whether they went first
from TUCHELER HEIDE to BERLIN, as _____ vaguely stated, and thence
to SD, POTSDAM, and to Italy.

24. Ingenieur KRUEGER should be traced and brought at once to ECIC. He
may give us valuable information on the combined "guided missiles-
atomic energy" program at TUCHELER HEIDE in 1943 and 1944 and may know
exactly where documents and instruments have been sent. _____ obtained
most of his information on activities at TUCHELER HEIDE from KRUEGER,
in 1944.

25. Prof. Dr. NIELS, now said to be in the United States, was, according
to _____ concerned with chemical and atomic problems at TUCHELER
HEIDE and produced a number of atomic bombs, weighing from 1 to 5
kilograms. NIELS should be traced and questioned in detail.

26. Prof. Dr. HUETTEN. Present whereabouts unknown to _____. He should
be located and brought to ALASKA for questioning. According to _____
he was the originator of the combined project of research and development of atomic energy and guided missiles at TUCHELER HEIDE. This
project was named "Aktion HUETTEN" after him. He was transferred
elsewhere, probably in 1943 (see paragraph 7).

27. Prof Dr. HOFMANN, successor of HUETTEN as chief of the combined program
at TUCHELER HEIDE, is now at "ALEXANDROWKA Kolonien" near BAKU where
he is continuing his former work.

_____ information on HOFMANN's present whereabouts and activities.
Perhaps HOFMAN could be persuaded to accept an offer from the United
States. He could be evacuated either via the Black Sea and Turkey or
via the Caspian Sea and Persia. (See paragraph 7). (NOTE: At the
beginning of March 1947 von BRAUN was visited, at LANDSHUT, by a
German professor from Russia who was working on guided missiles and
told him about the various Germans employed by the Russians in that
field. It is not impossible that HOFMAN was this German professor
from Russia and that he visited von BRAUN chiefly to discover if the
United States would consider offering him a post. Von BRAUN wrote
to Lt. Gen. DORNBERGER, his former chief, and possibly to others in
March 1947, suggesting employment in the United States.)

28. Prof W. Von BRAUN should be re-interrogated on the following:
    (a) The name of the German professor from Russia who visited him

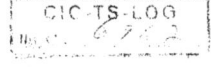

- 10 -

**Einige der in Bericht A von Edmund Tilley ausgespro-
chenen Empfehlungen.**

programme in der Tucheler Heide und andernorts weiß.
7) Die Professoren bzw. Doktoren Niels [Nielsch], Huetten [Hueter] und Hofmann sowie der Ingenieur Krueger müssen lokalisiert und ebenfalls vernommen werden. Hofmann ist ein Sonderfall, weil er sich jetzt in den sogenannten »Alexandrowka Kolonien« in der Nähe von Baku befinden soll, wo er seine Tucheler Arbeiten für die Russen wiederholt. Der Autor des Berichts meint allerdings, dass man ihm eine Arbeit in den USA anbieten könnte. Sollte er zusagen, würde man ihn ohne Weiteres via Schwarzes Meer und Türkei oder Kaspisches Meer und Persien in den Westen bringen. Möglicherweise hatte Hofmann sogar von Braun in März 1947 besucht, als der in Deutschland war, um zu sehen, ob ihm die Amerikaner vielleicht eine Stelle in ihrem Heimatland anbieten würden!*

Kommentare zu Bericht B vom 4. September 1947
Dieser Bericht ist von seiner Bedeutung her weniger wichtig für unsere Betrachtungen, er zeigt aber dennoch sehr deutlich, mit welcher Sorgfalt und Gründlichkeit die FIAT**-Gruppe um Oberstleutnant Edmund Tilley der im Bericht A beschriebenen Angelegenheit nachging.

Wie in Bericht A zu erfahren war, sollen vier Kisten mit Dokumenten und Material über Atom- und Raketenfor-

---

* Siehe Absatz 27, Seite 64. Dieser merkwürdige Besuch wird auch in einem anderen Dokument (Absatz 74, Seite 20) erwähnt. Der Mann gab Wernher von Braun eine Liste mit den Namen der wichtigsten Raketenexperten, die nun für die Russen arbeiteten.
** FIAT = *Field Information Agency, Technical.* Eine Institution der Alliierten, die den Stand der deutschen Forschungs- und Entwicklungsbemühungen gegen Ende des Zweiten Weltkriegs sowie in der Zeit danach zu ermitteln versuchte und in der Folge bis zum Jahre 1948 mehrere Schriftenreihen herausgab. Es versteht sich von selbst, dass zu bestimmten Technologieentwicklungen, beispielsweise der deutschen Atombombe, nur unrichtige bzw. gar keine Angaben publiziert wurden.

schung bei Verona vergraben worden sein. Die Quelle dieser Information, der Gefreite Paul Schulz, führte Captain Robert R. Sneider zur Vergrabungsstelle in Italien, und der Amerikaner konnte dort feststellen, dass noch Reste der Holzkisten sowie ihres Inhalts vorhanden waren. Eine tiefgründige Nachforschung war also definitiv vonnöten. Da die Kisten von Deutschland bis nach Italien transportiert wurden, um dann dort beinahe spurlos zu verschwinden, war es nur logisch, dass die Amerikaner versuchten, diejenigen Offiziere und/oder sonstige Personen zu identifizieren, die an der Transport- und Vergrabungsaktion in irgendeiner Form beteiligt gewesen waren.

In Bericht B geht es hauptsächlich um die Vernehmung der Person Emil Adam, der bei Kriegsende bei der so bezeichneten »Kraftwagen-Transport-Leitstelle« (KTL) der Deutschen Wehrmacht in Verona tätig war. Diese Leitstelle, später auch »Kw-Transport-Befehlsstelle« genannt, war eine Abteilung des »Sonderstabs Oberst Zimmermann von Seifart«.* Die Bezeichnung »Sonder« kann nur bedeuten, dass diese Stelle auch zur Durchführung von Aufgaben bestimmt war, die außerhalb der Zuständigkeit bzw. der Routineeinsätze einer normalen Transport-Leitstelle lagen. Mindestens diesen Sachverhalt hatte Adam dann auch seinen amerikanischen Vernehmern gegenüber zugeben müssen.**

Emil Adam scheint ansonsten kein Wort über die vier Tucheler-Heide-Kisten gesagt zu haben, was allerdings nicht viel bedeuten muss, da er sich ohnehin alles andere als gesprächig zeigte. Lediglich gegen Ende des Verhörs, als durch die amerikanischen Vernehmer ziemlicher Druck auf ihn ausgeübt wurde***, gab er zu, doch etwas von »unge-

* Vergleiche Bericht B, Seite 46 oben.
** Siehe Absatz 4, Seite 46.
*** Vergleiche Absatz 28, Seite 49.

wöhnlichen« Transporten mitbekommen zu haben, und zwar das Folgende:

a) Er selbst leitete einen Konvoi von vier Drei-Tonnen-Lkw mit wertvollen optischen Instrumenten der Luftwaffe, der Ende April 1945 von Italien bis nach Hall (östlich von Innsbruck) und dann nach München-Freimann fuhr.*

b) Während dieser Reise, so gab Adam zu, hatte er von weiteren acht Konvois mit Luftwaffenmaterial gehört, die nach Italien, Tirol und Oberbayern gingen.**

c) Ende März 1945 erfuhr er von einem Leutnant Koerner, der Verbindung zu hohen Stellen hatte, dass es ein wichtiges SS-Depot in Raubling gab. Viel wichtiges und vermutlich auch geheimes Material sei von Italien im März und April 1945 dorthin transportiert worden.***

d) Adam sollte Anfang April 1945 auch noch einen besonderen Konvoi nach Hall bringen. Leutnant Koerner habe sich dann aber entschlossen, die Leitung selbst zu übernehmen und Adam in Italien zu lassen. Adam vermutet, dass er nichts über die Ladung und das Reiseziel wissen sollte.****

Eigentlich ist mit den vorgenannten Angaben das Wichtigste des Berichts zusammengefasst. Allerdings muss ergänzend noch etwas zu zwei Personen gesagt werden, die schon in Bericht A auftauchen, für unsere Betrachtungen aber erst hier von Bedeutung sind und in dem Ganzen eine ziemlich wichtige Rolle spielen: Emmanuel Rubin und Dr. Elvio Longo.

Der Obergefreite Emmanuel Rubin tat in der Transport-Leitstelle von Oktober 1944 bis zum Ende des Krieges Dienst

---

* Siehe Absatz 30, Seite 50.
** Siehe Ende des Absatzes 30, Seite 50.
*** Siehe Absatz 31, Seite 50; auch Absatz 24, Seite 48 und 49. Hier wird genau beschrieben, wie und weshalb er über das Geheimdepot in Raubling informiert wurde.
**** Siehe Absatz 33, Seite 51.

und genoss von Anfang an das volle Vertrauen von Leutnant Koerner, hatte aber auch Verbindungen zu dem Italiener Dr. Elvio Longo. Emil Adam sagte über ihn, dass der »ein sehr undurchsichtiger Kerl« gewesen sei.*

Dr. Elvio Longo war Zahnarzt und angeblich an leitender Stelle im italienischen Widerstand tätig. Er verfügte dennoch über eine enge und im Prinzip völlig unverständliche Beziehung zu Rubin und Koerner, die ihn angeblich über die Aktivitäten der Leitstelle informierten**, wobei nicht erkennbar ist, warum Longo solche Informationen erhielt. Es hieß jedenfalls, dass aufgrund dieses Kontaktes viele deutsche Geheimtransporte im Frühling des Jahres 1945 in die Hände der Longo-Partisanen gefallen seien und Longo die Ladungen der Lkw noch versteckt halte und kontrolliere.*** Die politische und ideologische Linie Longos war den Amerikanern zunächst unklar, aber es schien so, als habe er mehr Sympathien für die Russen oder Tito. Der Verfasser des Berichts – Edmund Tilley höchstselbst – brach allerdings mit dieser Annahme in Bezug auf die Person Longo und vermutete stattdessen, dass »das alles nur Theater sei« und der Zahnarzt eigentlich für eine SS-Fraktion arbeite, die unter der Leitung von SS-Obergruppenführer Hans Kammler stand (und steht). Diese Fraktion, so Tilley weiter, könne sich nunmehr entschlossen haben, gemeinsame Sache mit den Russen zu machen!****

Diese Vermutung Tilleys mag im Prinzip zunächst fantastisch klingen, aber es steht außer Frage, dass alle in diesem Fall eine Rolle spielenden Personen (Longo, Koerner, Rubin

* Siehe Absatz 17, Seite 48.
** Vergleiche Absatz 26, Seite 49, sowie Absatz 15, Seite 47.
*** Vergleiche dazu Absatz 38, Seite 52, und außerdem Bericht A, Absatz 9, Seite 59 und 60.
**** Ebenda.

und wahrscheinlich auch Adam) *viel* wussten und bis jetzt gar nichts oder nur sehr wenig gesagt hatten. Es handelte sich überhaupt um »eine sehr undurchsichtige« Gruppe. Dazu einige Beispiele:

a) Captain Robert R. Sneider und andere US-Offiziere besuchten Dr. Longo in Italien im Frühling 1947, kurz nachdem Captain Sneider und der Gefreite Paul Schulz die Vergrabungsstelle der vier Kisten in Verona aufgesucht hatten. Der Italiener schien seinen Besuchern keine Information gegeben zu haben, er verriet lediglich, in welchem italienischen Kriegsgefangenenlager sich Rubin befand.*

b) Rubin saß bis Mitte 1947 tatsächlich in dem angegebenen Kriegsgefangenenlager, bevor er durch US-Intervention freigelassen wurde. Sofort nach seiner Entlassung – es war das Erste, was er überhaupt tat – besuchte er seinen alten Kameraden Emil Adam (der nicht einmal sein Freund war). Und welch ein Zufall: Am selben Tag (!) kam auch ein anderer Kamerad der einstigen Transport-Leitstelle, nämlich Kapitän Lutze, aus Bamberg, der den guten Adam ebenfalls unbedingt sehen wollte. Rubin verschwieg diesen Besuch natürlich seinen amerikanischen Vernehmern.

c) Adam schrieb zu Ostern 1947 einen Brief an Longo (!) und verlangte von ihm die Rückgabe eines Heftes. Den Amerikanern hatte er am 22. August 1947 zwar von diesem Heft erzählt, im selben Atemzug aber seine Bedeutung heruntergespielt, indem er behauptete, dass es nur unwichtige Informationen, und zwar die Adressen von alten Kameraden, die er wiedertreffen wolle, enthalte.**

d) Rubin empfahl Adam daraufhin eindringlich, Longo nicht mehr zu kontaktieren: »Am besten schreiben Sie Longo

---

* Vergleiche Dokument A, Absatz 9, Seite 59 und 60).
** Siehe Absätze 38 und 39, Seite 51 und 52.

nicht mehr«, sagte er zu ihm. Die Bedeutung dieses Hinweises oder dieser Warnung wird im Dokument nirgends erklärt.

e) Zwei der wichtigen Offiziere der Transport-Leitstelle – Kapitän Lutze und Leutnant Koerner – arbeiten nach dem Krieg für ... die Amerikaner, also für die US-Militärregierung!* Was das bedeutet, ist ebenfalls völlig unklar, eine mögliche Interpretation findet sich in dem noch zu kommentierenden Bericht C.**

Wie man leicht erkennen kann, erscheint die Gesamtsituation sehr merkwürdig, zudem versuchen alle Beteiligten, als Nichtwissende zu erscheinen. Dr. Longo sagt in Bezug auf die vier gesuchten Kisten kein Wort gegenüber den Amerikanern, verrät ihnen lediglich den Aufenthaltsort von Rubin. Rubin selbst stellt sich ganz harmlos dar und verweist auf Koerner und Adam. Adam will seinerseits von nichts wissen und verweist stattdessen auf Koerner und Lutze, die eigentlich für die US-Militärregierung arbeiten! Dass die Herren etwas wissen und zu verbergen suchen, ist eigentlich so gut wie sicher, unklar ist nur, was.

Tilley hat aufgrund seines Verdachts selbstverständlich die schnellstmögliche Vernehmung von Lutze und Koerner empfohlen.

Kommentare zu Bericht C vom 27. September 1947

In diesem dritten Bericht wird ziemlich deutlich, dass es wichtige Dokumentenbestände gab, die den Alliierten (oder zumindest bestimmten alliierten Behörden) nicht in die Hände fielen. Womit sich diese Dokumente befassten, ist in Teilen ungewiss, aber in einigen wichtigen Fällen dürfte es

---

* Vergleiche Absätze 42 und 43, Seite 53.
** Siehe im Folgenden Bericht C, Absätze 5b und 5c.

sich um Unterlagen von weit fortgeschrittenen Raketenprojekten gehandelt haben, die eindeutig nichts mit der
bekannten V-2 zu tun hatten. In anderen Fällen ging es
wahrscheinlich um besondere Instrumente für die Steuerung von Raketen und auch um die deutsche Atomforschung
bzw. die hierin realisierten Atombombenprojekte.

Die Gruppe um Tilley bemühte sich fieberhaft, an die
fehlenden Dokumente heranzukommen. Zum Zeitpunkt allerdings, als die hier vorgestellten Berichte A bis D verfasst
wurden, waren die Amerikaner, mit einer einzigen Ausnahme*, noch nicht erfolgreich gewesen.

Die Bemühungen zur Auffindung der fehlenden Dokumente begannen, als 1) der deutsche Raketengeneral Dornberger Mitte Mai 1947 in einer Vernehmung dem Verfasser
des Berichts (Tilley) erzählt hatte, dass er eine große, aus
Metall bestehende Zigarettenkiste im April 1945 unter einem Baumstumpf in Oberjoch (in der Nähe von »Haus Ingeburg«) versteckt hatte.**

2) Diese Metallkiste (mit einem Fassungsvermögen von
etwa 150 bis 200 Zigaretten)*** enthielt Folgendes: a) Zeichnungen, um verschiedene Dokumentendepots finden zu
können. Ein solches Versteck befand sich in Oberjoch selbst,
vier weitere in Bad Sachsa und noch andere (ohne genaue
Zahlenangabe) an diversen Plätzen, beispielsweise auch in
der russischen Besatzungszone****. b) Vermutlich die persönlichen Papiere von Wernher von Braun. c) Ein blauer
Umschlag für General Dornberger mit den Beschriftungen
»Geheime Kommandosache« und »Nicht in die Hände des

---

* Diese Ausnahme betraf drei Kisten mit Peenemünde-West-Dokumen-
ten, die in Wesermünde gefunden wurden.
** Siehe Bericht C, Absatz 22, Seite 15 und 16.
*** Vergleiche Bericht C, Absatz 28, Seite 18.
**** Ebenda.

Feindes fallen lassen«. An den Umschlag hatte man einen Zettel geklebt, der folgende Information enthielt: »Geheimsachen von Dr. LUDWIG – BISCHOFFERODE (Neubl.) – abgeholt: Lucie LUDWIG 1 Kiste«.*

3) Was genau in Oberjoch und Bad Sachsa sowie andernorts vergraben wurde, erfahren wir leider nicht. General Dornberger muss es mindestens ungefähr beschrieben haben, aber Tilley geht darauf nicht ein. Man erfährt nur**, dass eine große Menge*** oder gar die Mehrzahl der wichtigsten**** und besten Dokumente***** des »Arbeitsstabes Dornberger« in Bad Sachsa vergraben wurde. Der seinerzeit noch nicht versteckte Rest dieser geheimen Unterlagen wurde Ende April 1945, Dornbergers Befehl folgend, in eine Holzkiste gelegt, die sich im Büro von Dr. Hans Kühne im »Haus Ingeburg« in Oberjoch befand. Da der Feind schon in unmittelbarer Nähe operierte, versteckte man diese Kiste dann schließlich in Oberjoch selbst.******

4) Die Amerikaner organisierten unmittelbar nach General Dornbergers Aussage eine Reise im Rahmen von *Project Abstract*, um die alles entscheidende Zigarettenkiste (für sie eine Art Schlüssel) zu lokalisieren. Logischerweise fuhr man zuerst nach Oberjoch zum »Haus Ingeburg«. Tilley, Oberstleutnant Seashore wie auch General Dornberger suchten das Versteck auf, aber die Metallkiste lag nicht mehr unter dem Baumstumpf. Sie war verschwunden!

5) Ohne den »Schlüssel« konnte man die Verstecke in Oberjoch und Bad Sachsa natürlich nur schwer finden. Dornberger erinnerte sich aber, dass sein Sicherheitsoffizier

---

* Siehe Bericht C, Absätze 28 und 41 auf den Seiten 18 und 29.
** Siehe Absätze 9 und 27, Seite 12 und 17.
*** Vergleiche Absatz 34, Seite 20: »large amount«.
**** Vergleiche Absatz 27, Seite 17: »most of the important documents«.
***** Vergleiche Absatz 30, Seite 18: »best documents«.
****** Siehe Absatz 9, Seite 12.

QUESTIONNAIRES FOR VON BRAUN AND AXSTER (Cont'd)

   u. (iii) Was this box fetched by Lucie LUDWIG at BAD SACHSA or at OBERJOCH?

     (iv) What did the box contain?

     (v) Has any attempt been made to get this box back from Dr. LUDWIG or Lucie LUDWIG?

     (vi) Where is LUDWIG and Lucie LUDWIG now? In BISCHOFFERODE?

     (vii) Why was no location sketch for this box included in DORNBERGER's cigarette tin but only a receipt signed by Lucie LUDWIG?

DR. LUDWIG's BOX OF SECRET DOCUMENTS ON GUIDED MISSILES.

    41. This item had not previously come to the attention of the undersigned. A slip of paper had been found in DORNBERGER'S cigarette tin, in May 1947, bearing the following inscription:

        Geheimsachen von
          Dr. LUDWIG
          BISCHOFFERODE (Neubl.)
          abgeholt!
          Lucie LUDWIG
          1 Kiste   2 - 6

    Translation: (Have) fetched secret material of Dr. LUDWIG of BISCHOFFERODE (Neubl.)! Lucie LUDWIG (probably Frau LUDWIG's signature). One box. 2 - 6 (probably identification numbers, found again on the envelope which contained the location maps for the material of the Artillery School) (NOTE. Two towns called BISCHOFFERODE are listed near NORDHAUSEN. Neubl. may mean NEUBLEICHERODE.)

    42. The cigarette tin contained location sketches or clues to all important documents connected with the Arbeitsstab DORNBERGER. As this box was fetched by Lucie LUDWIG, possibly at BAD SACHSA, no location map was available and therefore a record was inclosed in the tin box of the person who held this box. We know nothing of its contents for noone mentioned LUDWIG's work or box. It may well be that LUDWIG was engaged on very special work and that it might be considered valuable by us.

    43. It is recommended that Dr. LUDWIG or Frau (Frl) Lucie LUDWIG be contacted at BISCHOFFERODE through CIC and that he or she be persuaded to cross the border with the box or its contents. Both towns called BISCHOFFERODE are only a few miles from the U.S. and British Zones.

- 22 -

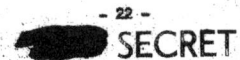

Dokumentenauszug mit dem Hinweis auf die Verbringung von »Geheimsachen« eines Dr. Ludwig.

137

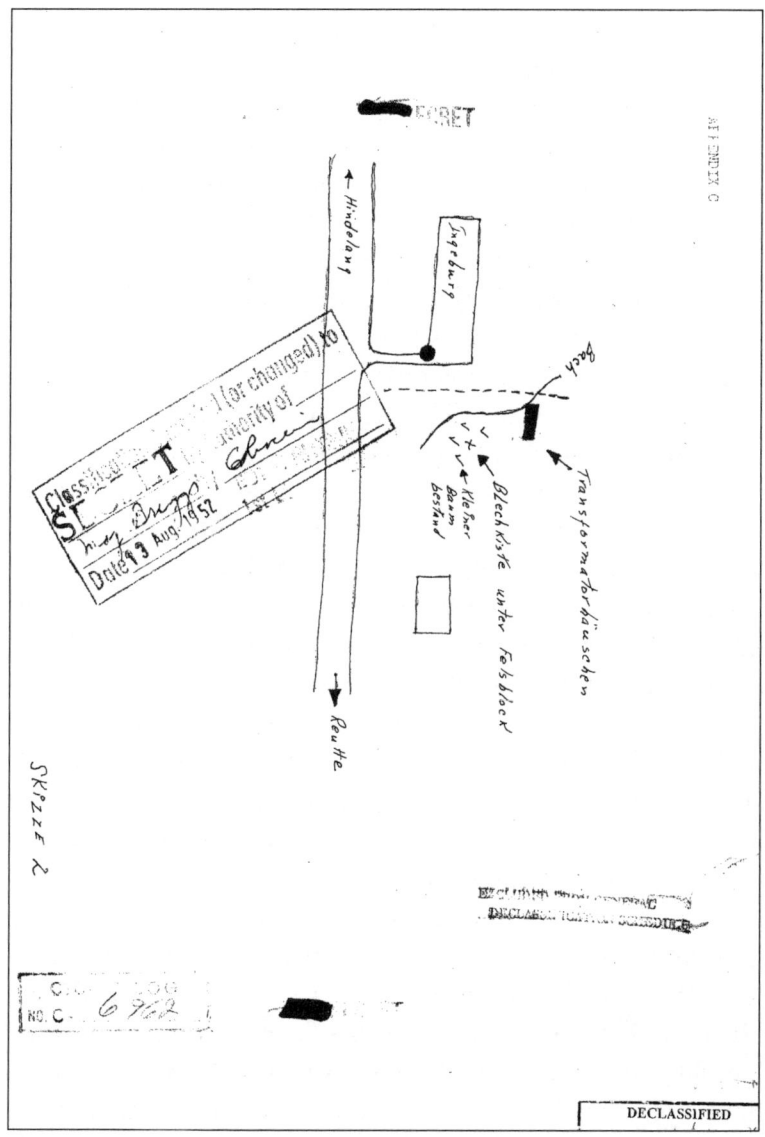

Eine der Skizzen aus dem Bericht, die der Wiederauffindung vergrabener Dokumente dienen sollte.

in Oberjoch und Bad Sachsa, Dr. Hans Kuehne*, bei der
Vergrabung im erstgenannten Ort sowie bei einer der vier
Verbringungen in der zweiten Ortschaft dabei war. Dornberger ging davon aus, dass Dr. Kuehne die Holzkiste, die
man unter seiner Aufsicht in Oberjoch versteckt hatte, auch
ohne Zeichnung wiederfinden könne.

6) Dr. Kuehne und ein gewisser Mr. Gompertz reisten
kurz darauf nach Oberjoch. Dr. Kuehne, der 1945 die mit
den letzten wichtigen Dokumenten versehene Holzkiste des
»Arbeitsstabes Dornberger« in Oberjoch versteckt hatte, erinnerte sich noch an die Stelle, wo diese unter die Erde
gelangt war. Das Problem: Sie war verschwunden! Gompertz
begann daraufhin, das gesamte Gelände sehr sorgfältig zu
untersuchen, er ließ keinen Stein unberührt und konnte
deshalb nach einer Weile an der ursprünglichen Versteck-
stelle bzw. in ihrer unmittelbaren Nähe noch etwa ein Drittel der Papiere, die sich einst in der Kiste befunden hatten,
unter einigen Steinen liegend finden. Gompertz hatte außerdem einen Metalldetektor mitgebracht, und mit dessen
Hilfe fand er schließlich auch die aus Metall bestehende
Zigarettenkiste Dornbergers. Diese lag allerdings nicht mehr
unter dem vom deutschen General angegebenen Baumstumpf, sondern in seiner Nähe unter einem Stein. Die Amerikaner waren nun im Besitz des »Schlüssels«, aber es gab
ein Problem: Auch hier fehlte ein guter Teil des ursprünglichen Inhalts.** Dornberger sagte dazu, dass die Zigarettenkiste im Jahre 1945, als sie versteckt wurde, bis zum Rand
gefüllt war. Nun, im Jahre 1947, war sie aber nur noch etwa
halb voll! Die Amerikaner konnten, als sie die Zigarettenkiste untersuchten, dennoch begeistert feststellen, dass die
Lokalisierungszeichnungen für die vier Bad-Sachsa-Verste-

* Siehe Absatz 9, Seite 12.
** Siehe Absatz 25, Seite 16.

cke in ihr verblieben waren.* Die Begeisterung hielt allerdings nicht lange an, denn bei einem Besuch der entsprechenden Vergrabungsstellen konnte man einige Tage später nur vier leere Löcher finden! (Die persönlichen Papiere Wernher von Brauns, die sich entweder in der Zigarettenkiste oder in der Oberjocher Holzkiste hätten befinden müssen, blieben im Übrigen verschwunden.)

7) Analysiert man das Geschehen und betrachtet die in diesem Katz-und-Maus-Spiel handelnden deutschen Personen, so muss man feststellen, dass vom Prinzip her nur drei Männer etwas Genaues zum Verbleib der nicht gefundenen, hochgeheimen Papiere hätten sagen können: a) General Dornberger, der den »Schlüssel«, die metallische Zigarettenkiste, unter den Baumstumpf in Oberjoch gelegt hatte; b) Wernher von Braun und c) Oberstleutnant Herbert Axster.** In diesem Zusammenhang muss noch ergänzend erwähnt werden, dass die Amerikaner ursprünglich davon ausgingen, dass nur der deutsche Raketengeneral und Axster die ungefähren Plätze der Verstecke in Bad Sachsa kannten.***

8) Wer glaubt, dass sich die Amerikaner mit diesem Ergebnis zufriedengegeben hätten, irrt allerdings. Sie organisierten eine dritte Reise im Rahmen des *Project Abstract*, deren Teilnehmer Major Marechal, Leutnant Robiczek, Tilley und Dr. Kuehne am 17. September 1947 nochmals nach Oberjoch fuhren. Es ging ihnen dabei hauptsächlich darum, das bereits sehr gründlich durchsuchte Gelände nochmals genau zu durchzukämmen sowie bestimmte Informationen, die man zwischenzeitlich von Wernher von Braun erhalten hatte, zu überprüfen.

---

* Siehe Absatz 30, Seite 18 und 19.
** Siehe Absatz 27, Seite 18.
*** Siehe Absatz 30, Seite 19.

9) Von Braun war seinen US-Vernehmern lange Zeit immer mit demselben Geschwätz begegnet. Noch im März 1947 erzählte er beispielsweise einem Dr. Marchant und dem ohnehin beim Vehör anwesenden Tilley* munter, dass er nur die V-2-Dokumente von Bleicherode kenne.** Über Dokumentenverstecke in Oberbayern oder Bad Sachsa, erklärte er weiter, wisse er rein gar nichts. – Erst die hier beschriebenen, ab Mai 1947 gemachten neuen Entdeckungen zwangen ihn schließlich, zuzugeben, dass er bei diesem Thema furchtbar gelogen hatte.*** Er gab nun zu Protokoll, dass es sogar eine zweite metallische Kiste in Oberjoch gegeben habe****, und lieferte daraufhin seinem Vernehmer Seashore am 23. Juli eine Zeichnung, sodass die Amerikaner in die Lage versetzt würden, diese Kiste schnell zu finden. Doch diese Zeichnung stellte sich am 17. September 1947 vor Ort in Oberjoch als völlig unbrauchbar heraus.***** Die Zeichnung war genau genommen von so schlechter Qualität, dass man seitens der Amerikaner vermutete, von Braun habe mit voller Absicht versucht, seine Vernehmer erneut zu täuschen.******

10) General Dornberger erklärte daraufhin, dass von Braun von Anfang an hinsichtlich der Existenz der verschiedenen Verstecke und der Metallkiste Bescheid gewusst habe. Er besitze sogar Kopien von den Zeichnungen, die er (Dorn-

---

* Siehe Absatz 35, Seite 21.
** Er meinte hier wahrscheinlich die 14 bis 15 Tonnen Papier, die die Deutschen in der Georg-Friedrich-Grube in Dörnten versteckt hatten und die letztendlich den Amerikanern übergeben wurden. Aber auch bei diesen Unterlagen ging es offensichtlich um mehr als nur um harmlose V-2-Dokumente. Vergleiche Bericht B, Absatz 10 wie auch Bericht C, Absätze 1 und 2.
*** Siehe Absätze 19 und 32 auf den Seiten 14 und 19.
**** Siehe Absatz 12, Seite 13.
***** Siehe Absatz 25 b–e, Seite 16.
****** Vergleiche Absatz 27, Seite17.

berger) in die metallische Zigarettenkiste legte, und habe ihm einige davon im Mai 1945 in Garmisch selbst gezeigt.

Dornberger erklärte weiter, dass er angesichts dieses Sachverhalts sehr verblüfft gewesen sei, denn es sollte gar keine Kopien der Zeichnungen, die in der Zigarettenkiste lagen, geben!

11) Dasselbe, was für Wernher von Braun gilt, scheint auch auf Oberstleutnant Herbert Axster zuzutreffen. Tilley vermutete, dass von Braun und Axster* zusammenarbeiteten und gemeinsam die verschwundenen Dokumenten den amerikanischen Behörden vorenthielten.**

12) Die Amerikaner hatten nach einigem Hin und Her nunmehr den definitiven Beweis vorliegen, dass Leute wie von Braun, Axter*** oder auch Brée**** nicht die Wahrheit sagten, wenn sie vernommen wurden. Tilley brachte seine diesbezügliche Enttäuschung ganz deutlich zum Ausdruck, wenn er beispielsweise in Absatz 36 schrieb:»It is apparent that much time, effort and money has been wasted on searches based on Von Braun's and Axster's camouflage talk and perhaps decoy location sketches.« Und in Absatz 38 formulierte er:»We are not [Unterstreichung im Original] dealing here with people who are anxious to tell us all they know about documents and instruments cachés.«

Tilleys abschließendes Urteil in Bezug auf die Deutschen war denn auch, wen wundert's, ein vernichtendes*****, dem bei genauer Betrachtung der Faktensituation kaum widersprochen werden kann. Er stellte fest:

---

* Dr. Kuehne war, soweit er sich erinnern konnte, davon überzeugt, ihm eine Skizze vom Oberjocher Dokumentenversteck gegeben zu haben. Siehe dazu die Absätze 9 und 33 auf den Seiten 12 und 20.
** Vergleiche Absatz 33, Seite 20.
*** Siehe zum Beispiel die Absätze 35, 36 und 38 auf den Seiten 20 bis 22.
**** Siehe Absatz 10, Seite 12.
***** Siehe Absatz 35, Seite 20 und 21.

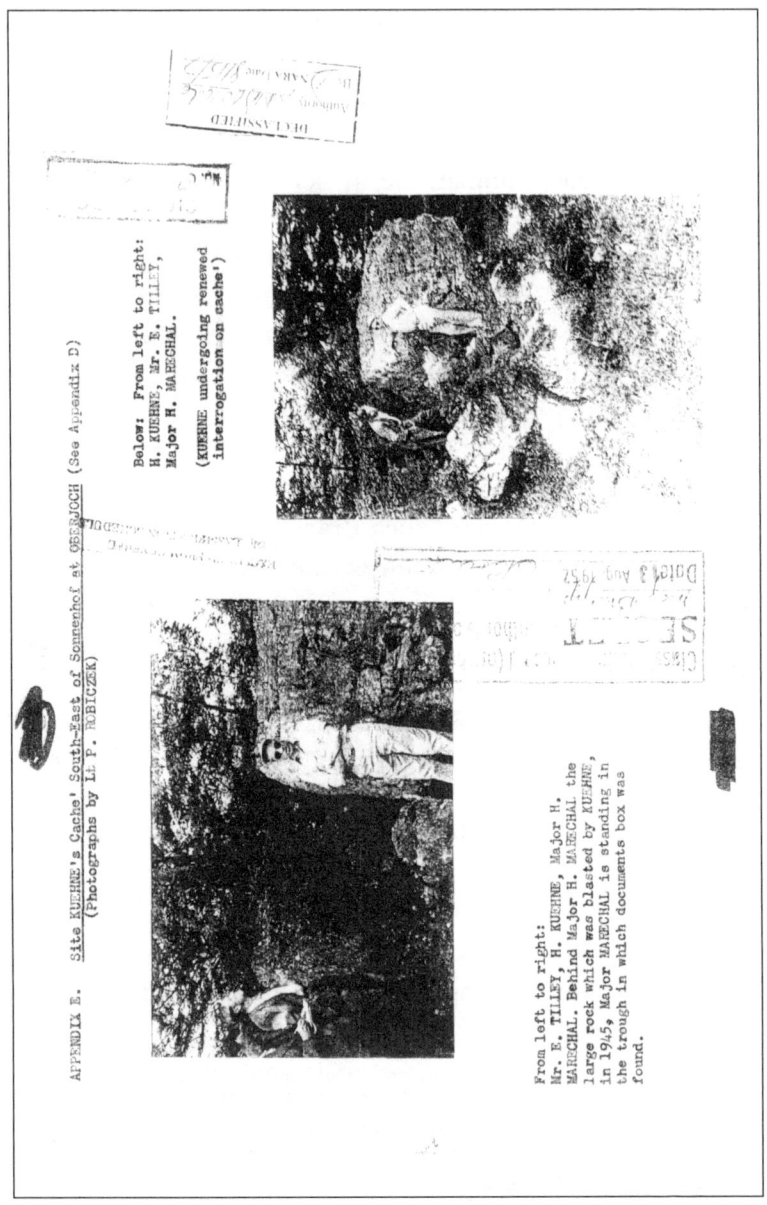

Diese und die gegenüberliegende Seite: die Vor-Ort-Suche nach Verstecken durch die Amerikaner. Sie war,

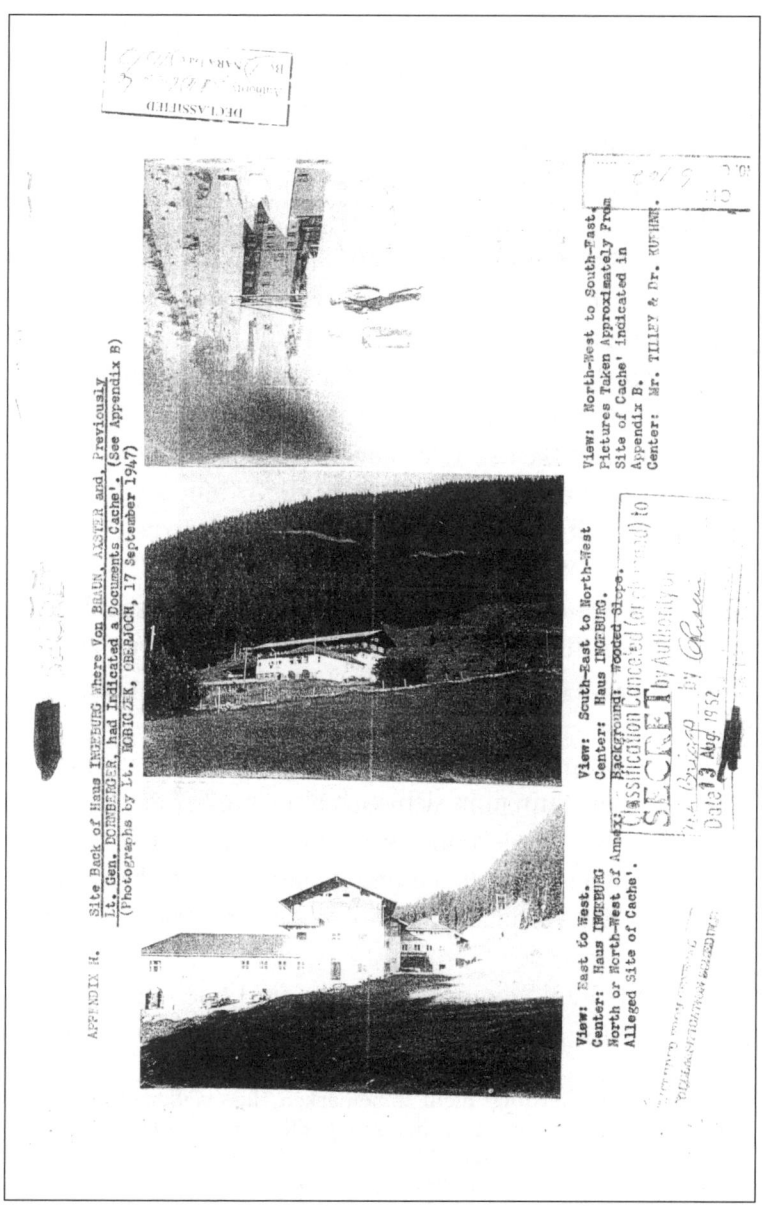

wie sich schließlich herausstellte, nur zum Teil von Erfolg gekrönt.

a) Von Braun und Axster haben immer wieder gelogen, wenn sie bis Mitte 1947 behaupteten, es habe nur die V-2-Dokumente von Bleicherode gegeben und sonst nichts.

b) Von Braun und Axster wissen ohne Zweifel, wer die Zigarettenkiste von Dornberger gefunden und teilweise entleert hat.

c) Von Braun und Axster müssen ebenso wissen, was mit den zwei Dritteln verschwundener Dokumente aus der Oberjocher Dokumentenkiste geschehen ist.

d) Und das Entscheidende: Sie müssen darüber hinaus über Informationen verfügen, was mit der großen Menge an wichtigen Bad-Sachsa-Unterlagen passiert ist. Ihr Verhalten steht in starkem Gegensatz zu der offenen und hilfreichen Mitarbeit von Dornberger und anderen, die eigentlich nicht für die USA arbeiten.*

e) Von Braun und Axster sind also definitiv schuldig, in der Zeit bis Juli [1947] nicht offen und ehrlich für ihren amerikanischen Arbeitgeber (die US-Regierung) tätig gewesen zu sein.

Tilleys Empfehlungen, wie weiter mit den Deutschen zu verfahren sei, kann man sich auch ohne große Fantasie leicht vorstellen. Sie werden auf den Seiten 21 bis 30 des Berichtes C formuliert, die auch einen genau durchdachten Fragebogen für die Vernehmung von Axster und von Braun enthalten:

a) Die beiden genannten Herren und auch andere müssen nochmals über die Einlagerung von Dokumenten in Bad

---

* Tilley scheint allerdings nicht zu bemerken, dass vielleicht gerade aus diesem Grund Leute wie Dornberger so »hilfsbereit« waren. Er könnte sich von allen verlassen gefühlt haben, und seinen Hals hatte er nur zwischenzeitlich, aber nicht endgültig gerettet (die Engländer wollten ihn wegen des V-2-Einsatzes gegen Großbritannien vor Gericht bringen). Eine Arbeit für die amerikanische Regierung hätte unter diesen Umständen so viel wie eine Lebensversicherung bedeutet.

Sachsa und in der Alpenfestung sowie über die Transporte nach Verona befragt werden. Solche Befragungen sollen nun bald aber in den Vereinigten Staaten stattfinden.

b) Von spezieller Bedeutung sind hierbei die Verbindung mit der Atom- und Raketenforschung in der Tucheler Heide und das Schicksal der verschwundenen Kisten von Verona. Von Braun scheint bisher besonders wenig über das Thema Tucheler Heide gesagt zu haben und ließ sogar seinen engen Mitarbeiter Karl Otto Fleischer völlig im Dunkeln hinsichtlich dieser streng geheimen Forschungsstelle.* Von Braun hat aber indirekt zugegeben, dass dort wichtige Arbeiten durchgeführt wurden, als er die Namen und Dienstgrade seiner Vertreter enthüllte (Oberstleutnante Schulz, Boergemann und Bauschinger).

c) Vor und während der Vernehmungen darf es in keinen Fall Kontakt zwischen den betroffenen deutschen Spezialisten geben, denn sonst werden sie ihre Aussagen gegenseitig abstimmen.

Zum Schluss noch einige letzte Anmerkungen bezüglich des Berichtes C:

I) Tilley erklärt deutlich, dass nur die V-2-Dokumente aus der Gegend von Bleicherode mithilfe Fleischers und anderer vollständig übergeben wurden (gemeint sind diejenigen Dokumente, die in Dörnten lagerten). In allen anderen Fällen habe man entweder gar nichts oder nur die unwichtigen Dinge dem Feind überlassen.**

II) Tilley interessiert sich in dem Bericht*** für einige Technologien und Entwicklungsstellen, von denen er gern wissen möchte, ob sich die Bad-Sachsa-Dokumente mit ih-

---

* Fleischer ist der Mann, der den Amerikanern die 14 bis 15 Tonnen umfassenden Dokumente in Dörnten übergab.
** Siehe Absatz 20, Seite 15, wie auch Absatz »m«, Seite 27.
*** In Absatz »o« auf Seite 27.

nen befassten bzw. von hier stammten. Genannt werden beispielsweise die »Kontrollgeräte für die V-2«, das »Radar für die Fritz-X« sowie der »Arbeitsstab Dornberger«, Brées RLM-Stelle und »Halders Flak-E-Abteilung«*. Brée wurde, wie man sich erinnern wird, bereits in Bericht A erwähnt, und er taucht auch hier auf.** Tilley ist an seinen Aktivitäten für E9 im RLM sehr interessiert, und er vermutet, dass Brée zumindest teilweise verantwortlich für das Verschwinden der Bad-Sachsa-Dokumente sein könnte. Darüber hinaus hat Brée in der letzten langen Vernehmung erneut und zum wiederholten Male »vergessen«, die Existenz dieser Unterlagen zu erwähnen.

III) Tilley erklärt erneut, dass nach den Aussagen aller Zeugen davon auszugehen sei, dass sich SS-Obergruppenführer Dr.-Ing. Hans Kammler nun bei den Russen aufhalte und mit diesen zusammenarbeite.***

IV) Tilley betont, dass man Axster und von Braun auch in Bezug auf das Material von Dr. Ludwig befragen muss. Eine Kiste mit geheimen Dingen bzw. Unterlagen dieses Doktors wurden von einer gewissen Lucie Ludwig (vermutlich seine

---

* Von dieser Gruppe liegen keine weiteren Informationen vor, und auch die Autoren dieses Buches haben bisher noch nichts von ihr gehört.
** Siehe dazu Absatz 10, Seite 12.
*** Siehe Absatz 20, Seite 15. In den »Rittermann-Briefen« wird behauptet, dass Kammler den Krieg überlebte und sich bis zum Anfang der 1970er-Jahre in der ČSSR aufhielt, wo er von Russen und Amerikanern gleichermaßen beobachtet wurde. Er soll dann auf russisches Territorium verbracht und dort erschossen worden sein, weil den Russen auffiel, dass Kammler selbst nach Jahrzehnten noch ein geheimes Netz von alten Kameraden anleitete. In den letzten Jahren sind neue Hinweise aufgetaucht, die dafür sprechen, dass diese Hypothese den Tatsachen nahekommen könnte. Tilley war ebenso auf der richtigen Spur, wenn er von einem Überleben des SS-Obergruppenführers ausging, allerdings war er als Person zu unwichtig, als dass er seitens anderer US-amerikanischer Institutionen in Bezug auf die Tatsachen eine Einweihung hätte erfahren dürfen.

Frau) abgeholt. Sonst scheint man aber über diese Person nichts zu wissen. Es muss daher geklärt werden, wer er ist und wo er, ebenso wie seine Frau, verblieb. Seine Arbeiten scheinen besonders geheim gewesen zu sein und könnten deshalb große Bedeutung für die Alliierten haben.

V) Ganz zum Schluss interessiert sich Tilley noch für streng geheime Dokumente aus einer Artillerieschule, die in der Nähe von Ballenstedt lag. Dornberger erklärte im Mai 1947 zwar, dass es sich dabei um fast wertlose Dinge handelte, doch die Amerikaner erhielten einen Brief des ehemaligen Kommandanten dieser Schule, der an Dornberger gerichtet war und in dem die »Vergrabung von Geheime-Kommandosache-Material« bestätigt wurde. Das Schreiben enthielt weitere Informationen, denen zufolge geheime Ausrüstungen zerstört und wichtige Dokumente in zwei Behältern und einer metallischen Kiste vergraben worden seien (die genaue Stelle der Verbringung wurde genannt). Die Amerikaner scheinen die entsprechenden Zeichnungen oder Skizzen der Verstecke zu haben. Merkwürdigerweise korrespondiert die Nummerierung des Briefes und der Zeichnungen (2-1 bis 2-5) mit der Nummer auf dem Zettel des Ludwig-Material (2-6)! Es scheint, dass auch der ach so »hilfsbereite« General Dornberger nicht alle Verstecke und Dokumente den Amerikanern verraten wollte!

Kommentare zu Bericht D vom 25. Oktober 1947
Zum Schluss wollen wir uns mit Bericht D auseinandersetzen, der Informationen über die Vernehmungen von Generalmajor Josef Rossmann, Oberst Edgar Petersen und Prior Vater Maurus Rath von Kloster-Andechs enthält. Tilley leitete diese Vernehmungen ebenfalls, und die drei genannten Personen standen alle im Verdacht, etwas zu den Themen »Tucheler Heide« und Verlagerungen sagen zu können.

1) Das Wichtigste ist die Aussage von General Rossmann. Er war im Jahre 1944 oft in der Tucheler Heide. Auch hinsichtlich seiner Person ist zu bemerken, dass er sich eher ausweichend äußerte. Er meinte beispielsweise, dass dort, soweit er wisse, nur »wichtige Testarbeiten an der V-2« realisiert worden seien. Allerdings habe man ihn, so erklärte er weiter, über viele Aspekte/Dinge der Raketenforschung im Unklaren gelassen. Aber von Braun und Dornberger, so General Rossmann weiter, seien ebenfalls oft dort gewesen, und es seien gerade diese beide Herren gewesen, die über alles Bescheid wussten.* – Rossmann gibt unmittelbar danach einen interessanten Kommentar ab, der zeigt, dass er doch nicht wenig wusste, wie er zuerst behauptete. Er meinte nämlich, dass alle Dokumente über die Tucheler Heide nach Peenemünde-Ost gegangen seien und dort seinem Nachfolger an der Spitze von Wa. Pruef. X (HWA), Oberstleutnant Halder, übergeben wurden! Halder habe diese Unterlagen wahrscheinlich mitgenommen, erklärte Rossmann weiter, und sie müssten bei ihm gewesen sein, als er sich im April 1945 in der Nähe von Oberammergau befand. (Dieser Halder ist natürlich derselbe Halder, für den sich Tilley bereits in Bericht C wegen seiner Arbeit an der sogenannten »Flak E« interessiert hatte.)

2) Tilley bringt hinsichtlich dieser Angelegenheit noch einige ergänzende Informationen ins Spiel.** Es scheint, dass gegen Kriegsende ein neues kombiniertes »Wehrmachtswaffenamt« geschaffen wurde, das unter der Leitung

---

* Siehe Absatz 20, Seite 15. Hier zeigt sich die typische deutsche Strategie der damaligen Zeit erneut: »Nein, nein, mein lieber Herr, ich habe keine Ahnung [was für Rossmann überhaupt nicht zutrifft, wie er selbst indirekt, aber sehr deutlich zugibt]. Doch Herr X und/oder Y müssen die entsprechenden Informationen haben, die sie suchen, denn die sind ja dabei gewesen.«
** Siehe Absatz 9, Seite 5.

eines gewissen Generals Buhle stand. Dieses kombinierte Waffenamt gründete seine eigene »Amtsgruppe Raketen«, die für alle Raketenprojekte zuständig war, die es gab. Diese Amtsgruppe, die eigentlich viel zu spät kam, um noch irgendetwas Wichtiges selbst zu entwickeln, hatte aber trotzdem bereits eine große Menge der schon vorhandenen Raketendokumente übernommen. Zu der Zeit, als General Rossmann seine Abteilung vom HWA (Wa. Pruef X) mit all seinen Unterlagen Obersteutnant Halder übergab (im April 1945), hatte Buhle in dieser neuen Amtsgruppe schon die wirklich entscheidenden Dokumente gesammelt, die eine künftige Weiterentwicklung der Raketen ermöglichen würden. Und nun kommt das Wichtige: Er befahl Rossmann, diese Dokumente zu verstecken!

3) Rossmann verließ deshalb Anfang April – irgendwann zwischen dem 6. und 8. April 1945 – Bad Sachsa mit diesen extrem wichtigen Unterlagen der neuen »Amtsgruppe Raketen«.* Ein gewisser Major Kuehle, Rossmanns Stabschef (nicht zu verwechseln mit Dr. Hans Kuehne, Dornbergers Sicherheitsoffizier in Oberjoch und Bad Sachsa), brachte seinerseits drei oder vier Kisten mit sorgfältig ausgewählten Dokumenten mittels eines Lkw in Richtung Süden. In Rott, bei Landsberg, trafen sich Rossmann und Kuehle, sahen sich die Dokumente noch einmal an und beschlossen dann ihre Einlagerung. Major Kuehle hat dann wahrscheinlich drei Kisten irgendwo bei Dietramszell vergraben.

Wo sich sein früherer Stabschef befand, wusste Rossmann nicht, aber er versprach Tilley, dass er versuchen werde, ihn zu lokalisieren!

4) Tilleys Empfehlungen am Ende des Berichts D auf Seite 6 sind leicht nachvollziehbar: a) Major Kuehle musste

---

* Siehe Bericht D, Absatz 3, Seite 3.

sofort gefunden und vernommen werden. Gleich danach sollte es eine Reise mit ihm bis nach Ditramszell geben, um die drei Kisten mit hochwichtigen Dokumenten der »Amtsgruppe Raketen« abzuholen. b) Oberstleutnant Halder musste nun endgültig gefunden werden. Die Amerikaner hatten ursprünglich keine Ahnung von dem Umstand (!), dass er der Nachfolger General Rossmanns war und als solcher sämtliche Dokumente von Wa. Pruef X übernommen hatte. Außerdem wurde er wegen seiner Arbeit an der »Flak E« gesucht; bestimmte Flak-E-Dokumente sollen, Dornbergers Befehl folgend, in Bad Sachsa vergraben worden sein. Als Major Marechal und Mr. Gompertz im Juni des Jahres 1947 die entsprechenden Vergrabungsstellen besuchten, fanden sie – wie schon in Bericht C geschildert – nur vier leere Löcher vor. c) General Buhle (»Wehrmachtswaffenamt«) und General Leeb (direkter Vorgesetzter von Rossmann im HWA, nicht zu verwechseln mit seinem älteren Bruder Feldmarschall Ritter von Leeb) sollten auch gefunden und über die Evakuierung von Instrumenten und Dokumenten befragt werden.

Zum Schluss noch einige Anmerkungen allgemeiner Art:

I) Dass sich Rossmann als ahnungsloser Nichtwissender in Bezug auf das Thema »Tucheler Heide« darstellte, ist schon deshalb im höchsten Maße unglaubhaft, wenn man bedenkt, dass er Zugang zu den geheimsten Unterlagen der »Amtsgruppe Raketen« hatte. Selbst wenn Dornberger und von Braun ihn am Anfang im Dunkeln gelassen hätten, muss er am Ende etwas über die Arbeiten dort erfahren haben – diese Amtsgruppe war schließlich für *alle* Raketenprojekte zuständig!

II) Auffällig ist, dass gerade in der Zeit, als der Bericht D verfasst wurde, was Ende Oktober 1947 der Fall war, die Herren von Braun und Dornberger nochmals hinsichtlich der Tucheler-Heide-Dokumente vernommen wurden.* (Die entsprechenden Befragungsberichte wurden unseres Wissens bisher nicht freigegeben.). Tilley fordert nun, dass man sie jetzt – nachdem General Rossmann bestätigt hatte, dass die beiden im Jahre 1944 oft dort waren und über alles Bescheid wussten – endlich auch über ihre dortigen Aktivitäten befragen sollte!

III) Bestimmte Dokumente von Wa. Pruef VIII des HWA befanden sich noch in der Wohnung von General Rossmann in Berlin. Die Existenz dieser Dokumente hatte der General ebenfalls verraten**, und Tilley fühlte instinktiv, dass sie irgendjemand sofort abholen und nach Wiesbaden in die dortige CIC-Zentrale bringen sollte.

(B) *Operation Abstract*: die von-Braun-Befragung

Ein weiteres und zu den Berichten A bis D passendes Dokument*** wurde uns freundlicherweise vom Autor Friedrich Georg, der selbst seit Jahren nach der wahren Dimension deutscher Hochtechnologie forscht, geschickt. Es stammt aus den britischen *National Archives* (früher *Public Record Office*, PRO) in Kew/London, wurde aber nicht von ihm selbst gefunden, sondern von einem anderen Rechercheur »im freundlichen Informationsaustausch« übermittelt.

Das mehrseitige Dokument, das mit »Prof. Dr. Wernher von Braun (Peenemunde: chain of command, missing

---

* Siehe Ende Absatz 13, Seite 6.
** Die Kooperationsbereitschaft Rossmanns erscheint etwas überraschend. Wollte er damit vom eigentlichen Hauptthema, der Tucheler Heide, ablenken?
*** FO (*Foreign Office*) 1031/128. »Prof. Dr. Wernher von Braun (Peenemunde: chain of command, missing documents and material, etc.) and 3 others.« FIAT/»T« Force/SPEC-A 47713 – 8 July 1947.

documents and material, etc.) and 3 others« überschrieben ist und sich mit der Vernehmung des deutschen Raketen-pioniers unter anderem zu vermissten Dokumten befasst, weist ein paar Besonderheiten auf: einige Blätter fehlen völlig, andere tragen den Stempel – genau genommen den sogenannten »declassification ticker« – der amerikanischen Nationalarchive! Weshalb das so ist, lässt sich im Moment nur vermuten: Es kann sein, dass die aus den USA stammenden Papiere tatsächlich der PRO-Akte hinzugefügt wurde, da Amerikaner und Briten in der Vergangenheit oft Berichte miteinander austauschten und Daten abglichen. Die fehlenden Seiten könnte man am einfachsten als Folge eines Fehlers desjenigen Forschers erklären, der das Dokument ursprünglich fand und etwas schlampig mit ihm umging, indem er es nicht komplett fotokopierte. Die fehlenden Seiten können aber auch etwas anderes bedeuten, nämlich, dass sie Informationen beinhalten, die nach wie vor klassifiziert sind.

Wichtig zu wissen ist, dass dieses Dokument in dem bereits behandelten Bericht C erwähnt wurde.* Wir haben somit ein wichtiges Anschlusspapier vorliegen, das nunmehr ebenfalls analysiert werden soll:

1) Wernher von Braun, der sich Anfang März 1947 zu Besuch in Deutschland aufhielt, wurde am 8. des genannten Monats in das Hauptquartier (HQ) von USFET (*US Forces European Theater*) gebracht, um dort von Edmund Tilley und Dr. John H. Marchant befragt zu werden. Die Amerikaner verdächtigten ihn, über Dokumentenverstecke Bescheid zu wissen, von denen er niemals etwas gesagt hatte. Darüber hinaus kursierten Gerüchte, denen zufolge er beabsichtigte, diese noch nicht gefundenen Unterlagen in künftigen Ver-

---

* Siehe Bericht C, Ende des Absatzes 36, Seite 21.

153

handlungen mit der US-Regierung als Trumpfkarte zu benutzen.

Außerdem machte sich innerhalb bestimmter führender Stellen in den USA das Gefühl breit, dass er nicht alle seiner letzten Arbeiten (zum Beispiel an der V-2) für die amerikanische Regierung wiederholen wollte. Er schien zu »mauern«.

2) Das vorliegende Dokument befasst sich also mit derselben Problematik wie die vorher untersuchten, stammt ungefähr aus derselben Zeit und wurde von derselben Person verfasst (Tilley; mindestens die Berichte B, C und D gehen auf ihn zurück, der Verfasser von Bericht A ist unbekannt).

3) Tilley stellt zunächst einmal klar, dass es sich bei dem Gespräch lediglich um eine »sehr freundliche Befragung« handelte, weil von Braun von vielen hohen Offizieren des amerikanischen Heeres und Heerenwaffenamtes sehr geschätzt wurde. Der Wunderknabe aus Deutschland hatte also mächtige Schutzengel, und eine ernsthafte Vernehmung war demnach völlig unmöglich.

4) Auf den Seiten 3 und 4 werden die Dinge erwähnt, die wir allesamt bereits aus Bericht C kennen: a) Dass General Dornberger eine metallische Kiste in Oberjoch mit Skizzen von verschiedenen Verstecken unter einen Baumstumpf gelegt hatte. b) Dass von Braun und Axster dabei waren, als dies geschah. c) Dass ein Mann aus Dornbergers Stab (gemeint ist Dr. Hans Kuehne) mehrere Kisten in Bad Sachsa vergraben hatte. d) Dass von Braun und Axster mit absoluter Sicherheit wissen mussten, dass wertvolle Dokumente in Bad Sachsa und in Oberjoch unter der Erde lagen. e) Dass von Braun dem Raketengeneral Zeichnungen aus der Kiste, die den »Schlüssel« darstellte, zu einem Zeitpunkt zeigte,

* Siehe Absatz 1, Seite 3.

als die Originale unter dem Baumstumpf lagen. f) Dass Wernher von Braun diese Skizzen gar nicht besitzen durfte usw.
5) Von Braun bestritt bei dem »Verhör« am 8. März weiterhin hartnäckig, etwas von unentdeckten Dokumentendepots zu wissen. Es gebe aber deutliche Beweise, dass er nicht die Wahrheit sage, schrieb Tilley: Erstens seien die Aussagen anderer Deutscher, wie die von Dornberger oder Thiry, was ihren Inhalt anbetreffe, sehr glaubwürdig und stimmten untereinander überein. Zweitens habe man Frau Dornberger Zeichnungen mit den Stellen von »Verstecken in Oberbayern« über die Eltern von Brauns zukommen lassen. Diese Skizzen waren im Jahre 1947 angefertigte Kopien, die, wie sein Bruder Sigismund zugab, in einem Brief von Wernher von Braun aus Amerika steckten. Wie wir wissen, hat Wernher von Braun nur wenige Monate nach dieser Befragung zugeben müssen, dass er gelogen hatte und eben doch wusste, dass es noch unentdeckte Dokumentenverstecke gab.
6) Dr. Marchant und Edmund Tilley vernahmen am 23. und 25. März 1947 Hans Waas, den früheren Leiter von Peenemünde-West (Luftwaffe).* Waas gab zu, dass er und Bernhard Hohmann** im September 1946, kurz vor Hoh-

---

* Siehe Absätze 13 bis 15 auf den Seiten 5 und 6.
** Ehemaliger Flugingenieur und Testpilot in Peenemünde-West (geboren 1915 in Philippsthal, gestorben 1984 in Los Angeles). Ab Januar 1947 in den USA, in Wright Field (Ohio), wo er innerhalb kurzer Zeit Leiter der *Flight-Development*-Abteilung wurde. Er wechselte 1957 zur *Aerospace Corporation* und spielte dort zusammen mit einem anderen Experten aus Deutschland, Ernst Letseh, eine wichtige Rolle in den US-Weltraumprojekten *Atlas–Mercury* und *Atlas–Gemini* als Direktor für Sicherheit und Qualität. Die Amerikaner nannten ihn »Ben«, und er taucht hin und wieder in US-Dokumenten als »Ben« Hohmann (oder nur »Hohman«) auf, zum Beispiel in diesen: http://www.aero.org/publications/crosslink/pd.fs/V2N2.html, http://www.aero.org/publications/crosslink/summer2001/01.html und http://www.aero.org/publications/crosslink/winter2003/03.html.

manns Abreise in die USA, eine von insgesamt drei versteckten Kupferröhren ausgegraben hatten. Diese Röhre enthielt zum einen Listen von Instrumenten, die man auf verschiedenen Bauernhöfen in der Nähe von Wesermünde versteckt hatte, und zum anderen Zeichnungen mit genauen Angaben von Vergrabungsstellen dreier Kisten mit Peenemünde-West-Unterlagen.

Hohmann wollte Kopien dieser Zeichnungen anfertigen und in die Vereinigten Staaten mitnehmen, um sich dann dort mit von Braun treffen, der jetzt als eine Art Chef aller deutschen Wissenschaftler in den USA agierte. Es scheint, dass von Braun die Wesermünder Dokumente in seinen Verhandlungen mit der US-Regierung verwenden wollte!

Tilley und Marchant warnten natürlich umgehend die Behörden in Washington, und Hohmann wurde sofort, als er in den Vereinigten Staaten eintraf, einem Verhör unterzogen. Er versuchte in Bezug auf noch nicht gefundene deutsche Dokumente alles zu leugnen und erklärte, dass er nichts davon wisse. Doch die Amerikaner glaubten ihm kein Wort, da sie auf eine nicht weiter bezeichnete Weise erfahren hatten, dass Hohmann bereits etwas über eingelagerte Peenemünde-Instrumente bei Wesermünde berichtet hatte. Zudem hatte Waas den Herren Tilley und Marchant die genauen Positionsangaben der Kupferröhren verraten, sodass die Amerikaner nun die drei wichtigen Wesermünde-Kisten und die Instrumente in ihrem Besitz hatten. Es war also klar, dass Waas die Wahrheit sagte und Hohmann höchstwahr-

---

* Siehe Anfang des Absatz 13, Seite 5. Edmund Tilley drückt hier seine Dankbarkeit für Waas aus: »Without his active help three boxes of documents and lists of instruments from Peenemünde would probably not have been found near Wesermünde.« Darüber hinaus scheint auch Heinrich Weigand beim Verrat des Wesermünder Materials eine Rolle gespielt zu haben: Siehe Anmerkung (»Note«) am Ende von Absatz 22 auf Seite 7.

scheinlich log. Was anschließend mit Hohmann und von Braun im Zusammenhang mit den genannten Ereignissen geschah, erfahren wir leider nicht.

7) Von Braun hatte seine Taktik vorher strikt beibehalten: Er redete und redete und übergoss seine Vernehmer mit einem endlosen Schwall von Worten, allerdings nur dann, wenn es um Dinge ging, die bereits allgemein bekannt waren und die er bereits mehrfach bei verschiedenen Gelegenheiten in den USA erwähnt hatte. Alle wirklich wichtigen Fragen jedoch, die neue technische und wissenschaftliche Informationen oder das Schicksal der verschwundenen Dokumente betrafen, wurden seinerseits nur sehr ausweichend beantwortet, wenn überhaupt. Da von Braun, wie schon erwähnt, mächtige Freunde in den Vereinigten Staaten hatte, war es für Tilley so gut wie unmöglich, den Druck auf sein Gegenüber zu erhöhen. Das Hauptziel des Gesprächs, Informationen über die fehlenden Peenemünder Dokumente und Instrumente zu erhalten, wurde also nicht erreicht. Von Braun bestritt hartnäckig, a) dass er den Alliierten wichtige Informationen vorenthalte und b) etwas von verschwundenen Dokumente wisse. Die zweite Behauptung war sein großer Fehler, denn damit entlarvte er sich letztlich und definitiv selbst als Lügner. Somit war das Gespräch doch nicht ganz umsonst, auch wenn das die US-Vernehmer erst später bemerken sollten.

8) Einige Aussagen, die von Braun machte, dürften aber doch einen gewissen historischen Wert besitzen. Er erzählte beispielsweise, wie SS-Obergruppenführer Hans Kammler zu Beginn des Jahres 1945 die Räumung von Peenemünde-West (Luftwaffe) und -Ost (Heer) befahl. Alle Ausrüstungen, Dokumente und Materialen dieser beiden Plätze wie auch die aus Schlesien, die mit Raketen, Lenkflugkörpern und Gleitbomben zu tun hatten, mussten in die Gegend von

Bad Sachsa/Nordhausen verbracht werden. Zu Beginn des Frühlings 1945 gingen deshalb etwa 12 000 Tonnen Ladung mit Schiffen von Peenemünde bis nach Lübeck; beinahe alles kam dort auch wohlbehalten an. Etwa die Hälfte bis zwei Drittel des Peenemünde-Ost-Materials reiste dann weiter über Magdeburg bis nach Bleicherode und andere im Harz befindliche Ortschaften. Einige besonders wichtige Gerätschaften und Dokumente der HVA waren allerdings schon etwas früher mit Sonderzügen in Bleicherode eingetroffen.*

9) Viele Materialien und Dokumente wurden in der Umgebung von Bleicherode in Bergwerken versteckt, wobei man hier ganz besonders die Dokumente von Goslar erwähnen muss. Von Braun und seine Leute, so heißt es, hätten den Amerikanern geholfen, alle diese Verstecke zu finden.

10) Die Goslaer Unterlagen, die sich jetzt (im Juli 1947) schon seit zwei Jahren in den USA befanden, erklärte Werner von Braun weiter, befassten sich mit den folgenden Entwicklungen**: a) Technische Zeichnungen, Skizzen und Informationen über die Geschichte der Entwicklung der Projekten A-1 bis A-10. b) Dasselbe zu dem Projekt der Rakete »Wasserfall«. c) Daten über die Entwicklung von Starthilfsraketen (drei oder vier Modelle). d) Informationen über die Entwicklung von Antrieben für die Heinkel 112 und 176. e) Alle neuen Projekte.

An dieser Stelle muss natürlich sofort gefragt werden, welche »neuen Projekte« von Braun eigentlich meinte. Was soll es außer den unter den Punkten a) bis d) genannten Entwicklungen noch gegeben haben? Auch die Erwähnung der A-10 ist interessant; wäre hier von Braun auch nur ein

---

* Siehe die Absätze 20 und 21, Seite 7.
** Siehe Absatz 26, Seite 8.

bisschen ausführlicher auf das Thema eingegangen (was er aber ganz allgemein nicht tat), hätten wir wohl einen weiteren Beweis erlangt, dass es sich bei dieser Rakete in keinem Fall nur um ein Reißbrettprojekt handelte.

11) Von Braun meinte danach, das sei alles, was er dazu sagen könne oder wisse. Er bestritt *hartnäckig*, irgendetwas von zum Beispiel anderen Dokumentenverstecken zu wissen. Um seine Aussagen zusammenzufassen: a) Es wurden keine Peenemünde-Ost-Dokumente nach Bad Sachsa oder Oberbayern geschickt. Er selbst habe mit absoluter Sicherheit keine anderen als die bekannten Dokumente gesehen. Er habe auch keine Unterlagen selbst versteckt oder anderen Personen befohlen, dies zu tun.* b) Zu den Peenemünde-West-(Luftwaffe-)Unterlagen könne er natürlich gar nichts sagen; das sei ja nicht sein Thema, und hier sollten die Herren andere Personen wie zum Beispiel Heinrich Weigand befragen.** c) Alle wichtigen Unterlagen seien in den USA angekommen; seine Mitarbeiter in Aberdeen, Maryland, die nun die Dokumente sortierten und studierten (gemeint waren die Herren Tessmann und Huzel), hätten ihm das bestätigt. Nur die Dokumente von bestimmten Projekten, die außerhalb von Peenemünde realisiert wurden, fehlten noch (es werden als Beispiel die Unterlagen der Projekte von Prof. Dr. Herbert Wagner genannt); sonst sei alles schon in den Vereinigten Staaten von Amerika.***

12) Bei den Behauptungen a) und c) handelte es sich mit absoluter Sicherheit um reine Desinformation, bei Punkt b) um eine Schutzbehauptung. Wir meinen, den guten Wernher von Braun frisch bei seinem Lieblingsspiel ertappt zu haben: Märchen erzählen.

---

* Absätze 22, 28 und 29 auf den Seiten 7 und 8.
** Ebenda.
*** Siehe Absatz 27, Seite 8.

Tilley und Marchant wussten natürlich, dass ihnen der deutsche Wunderknabe ein X für ein U vorzumachen versuchte.* Tilley schrieb deshalb**, dass von Braun auch weiterhin die Existenz der Verstecke in Bad Sachsa und Oberjoch, die den Amerikanern bekannt waren, zu leugnen versuche. Es gehe um die letzten Projekte und die Akten vom »Arbeitsstab Dornberger«, also um Dinge, die besonders wertvoll sein dürften.

13) Von Braun bestritt im Weiteren genauso hartnäckig, irgendetwas von nichtkonventionellen Gefechtsköpfen für Raketen zu wissen. Er behauptete: a) Die Anwendung von biologischen, chemischen oder nuklearen Ladungen in der V-2 oder in irgendeiner anderen Rakete sei weder in Bad Sachsa noch in früheren Besprechungen erwähnt worden. Zudem habe er nie von solchen Plänen gehört.*** b) Tilley und Marchant fragten anschließend, ob er bestätigen könne, dass man in Deutschland nie an etwas anderes als die den Amerikanern bekannten (konventionellen) hochexplosiven Gefechtsköpfe gedacht habe. Von Braun zögerte merkwürdigerweise mit einer Antwort, und erst als die Frage ein zweites Mal gestellt wurde, erwähnte er zähneknirschend das Röchling-Geschoss, das zwei Meter dicke Betonwände durchschlagen konnte und erst nach der Durchdringung

---

* Im Juli 1947 (als das hier besprochene Dokument verfasst wurde) lagen den Amerikanern die Aussagen von Dornberger, Kuehne und Waas vor, außerdem hatten sie die halb volle Metallkiste aus der Nähe von »Haus Ingeburg« sowie die Reste der Oberjocher Dokumente in ihren Besitz bringen können. Darüber hinaus waren sie über die leeren Löcher und die verschwundenen Kisten in Bad Sachsa und anderes mehr informiert. Hinsichtlich dieser Dinge ließen die Amerikaner Wernher von Braun im Unklaren, wobei er glaubte, dass sie keine Informationen hätten, weshalb er seine Vernehmer hinters Licht zu führen versuchte.
** Siehe Anmerkung (»Note«) zu Absatz 27, Seite 8.
*** Siehe Absatz 52, Seite 19.

explodierte.* Er hätte dieses Thema, so von Braun weiter, früher nie erwähnt, weil er dazu nicht befragt worden sei.** c) Von Braun reagierte nervös auf eine Frage seiner Vernehmer zu Kernsprengköpfen:»Ich hatte nichts mit Atomenergie zu tun.«*** Erst im weiteren Verlauf der Befragung gab er zu, dass er mit Heisenberg, Weizsäcker, Hahn und von Ardenne im Jahre 1943 über kerntechnische Fragen gesprochen hatte. Es wurde damals angeblich über einen atomaren Antrieb für Raketen diskutiert. Dieses Thema habe er, von Braun, auch noch nicht erwähnt, seitdem er sich in den USA befinde, aber der Grund sei wieder nur der, dass ihn einfach niemand danach gefragt habe.**** d) Zum wiederholten Male erklärte er, dass in Bad Sachsa niemals über chemische, biologische oder nukleare Sprengköpfe für Raketen gesprochen worden sei; nicht einmal diesbezügliche Gerüchte seien ihm bekannt geworden. Zudem interessiere ihn die Atomenergie nur als Antrieb für seine Raketen und niemals als Ladung für einen Sprengkopf.*****

14) Eine Zusammenfassung mit den Ergebnissen des Berichts folgt auf Seiten 21 bis 23. Tilley bewertet darin die Rolle, die die verschiedenen Akteure in der ganzen Geschichte gespielt haben. Wirklich kooperativ waren eigentlich nur Johannes Thiry, Heinrich Weigand und Hans Waas (alle drei von Peenemünde-West), ohne deren Hilfe man die

* Siehe Absatz 64, Seite 19.
** Vergleiche Absatz 69, Seite 20.
*** Siehe Absatz 70, Seite 20.
**** Siehe Absatz 73, Seite 20.
***** Vergleiche Absatz 72, Seite 22. Von Braun weiß zu diesem Zeitpunkt natürlich nicht, dass ein Zeuge, der Gefreite Paul Schulz, Edmund Tilley über die Arbeiten in der Tucheler Heide informiert hat (siehe Bericht A). Außerdem scheint von Braun vergessen zu haben, *dass er selbst* nach seiner Festnahme in Garmisch mit einigen Amerikanern *über Atomenergie* sprach. Vergleiche hierzu Anmerkung (»Note«), Absatz 88, Seite 22 im hier diskutierten Dokument.

Wesermünde-Dokumente nicht gefunden hätte, meint Tilley. Sie gaben ihre Information freiwillig preis, obwohl sie zu dieser Zeit nicht für die amerikanische Regierung arbeiteten.

Ein anderer Fall sei General Dornberger, der immer erklärt habe, dass von Anfang an geplant gewesen sei, alle versteckten Dokumente (so bald wie möglich) nur den Vereinigten Staaten von Amerika zu übergeben. Aber er selbst habe dann zwei Jahre lang geschwiegen und erst im Mai 1947 die Verstecke von Bad Sachsa und Oberjoch verraten. Die Gründe für sein Verhalten seien unklar (seine Gefangenschaft in England könnte eine Rolle gespielt haben), doch die Aussagen, die er anschließend gemacht habe, schienen stets richtig gewesen zu sein.

Außerdem gebe es da noch die Herren Hohmann und Brée. Beide hätten Informationen während einer Zeit verschwiegen, als sie schon Angestellte der US-Regierung waren. Hohmann zum Beispiel wusste von den geheimen Dokumenten in Wesermünde und sagte trotzdem nichts. Vermutlich kooperierte er stattdessen mit von Braun in einem komplizierten Plan, um die Alliierten zu täuschen.

Brée sei ebenfalls jemand, der nicht mit offenen Karten spiele, schreibt Tilley. Dornberger erklärte hinsichtlich dieser Person immer, dass er wahrscheinlich für das Verschwinden der Dokumente in Bad Sachsa und Oberjoch verantwortlich sei. Brée nutze dieselbe Taktik, die auch Wernher von Braun angewendet habe, und rede im Übermaß über die unwichtigen Dinge, während er gleichzeitig die wichtigen Fragen nur ausweichend beantworte.* Außerdem scheine er den Inhalt von bestimmten geheimen Raketendokumenten (die sich nun in amerikanischen Archiven befänden) zusam-

---

* Absatz 81, Seite 21.

162

mengefasst zu haben und wolle diese Informationen einem gewissen Siegert (ein früherer Ingenieur von Peenemünde-West) übergeben, der in der britischen Zone lebe.* Und zum Schluss gebe es da noch Wernher von Braun, der Tilleys Gruppe definitiv bestimmte Informationen verschwiegen habe. Erstens sei es sicher, dass es in Bad Sachsa und Oberjoch wichtige Dokumentendepots gab. Mindestens die müssen ihm bekannt gewesen sein, wie eine Reihe von Zeugen bestätigen (Thiry, Dornberger und sogar Brée). Soll nur er, von Braun, nichts darüber gewusst haben?, fragt Tilley höhnisch. Der US-Vernehmer bemerkt außerdem, dass der Raketenwundermann ein raffinierter und schlauer Lügner sei. Er habe zum Beispiel nicht ein einziges Mal den Namen der Ortschaft erwähnt, wo er und die anderen sich ganz zum Schluss aufhielten, bevor man sich den Amerikanern ergab. Tilley meint natürlich Oberjoch, und der Grund für von Brauns Selbstzensur kann logischerweise nur der sein, dass er unerwünschte Fragen in Bezug auf diesen Platz und seine Umgebung gar nicht provozieren wollte. – Zweitens habe Wernher von Braun nichts über die Röchling-Geschosse gesagt. Und drittens habe er auch seine Überlegungen und mit anderen deutschen Experten geführten Diskussionen zum Thema Atomantrieb für Raketen verschwiegen. Das sei besonders schlimm, da diese Entwicklung von großer Bedeutung für die Zukunft sein könne. In Deutschland habe man – Tilley gibt hier das zum Besten, was ihm von Braun erzählte – nur wegen »Materialknappheit« nicht weiter in diese Richtung gearbeitet. Aber in den USA gebe es ein solches Problem nicht, sodass er, von Braun,

* Man kann sich angesichts des hier Aufgeführten nur wundern, was alles »hinter dem Vorhang« vor sich ging. Noch mehr muss man sich allerdings hinsichtlich der etablierten Geschichtsschreibung wundern, die von diesen Dingen offenbar bis heute nichts weiß.

seine Vorgesetzten in der *US Army* unbedingt auf diese Möglichkeit habe aufmerksam machen müssen. Tilley schreibt dann noch etwas sehr Interessantes, nämlich, dass von Braun sehr wohl die sogenannten »Sprengbaustoffe« kennen dürfte. Und man könne sich unschwer vorstellen, welche Reichweite und Wirkung eine Sprengbaustoff-V-2 mit Atomantrieb erzielen könne, besonders dann, wenn man berücksichtige, dass bei ihrem Einschlag die enorme »Sprengbauladung« die nicht ganz verbrauchten und radioaktiven Stoffe des Nuklearantriebs verteilen würde!* Eine solche Waffe sei von erheblicher Bedeutung; warum habe sie von Braun den amerikanischen Offizieren nicht vorgeschlagen?

An dieser Stelle wollen und müssen wir einige Kommentare einfügen: Wernher von Braun hat die US-Regierung wahrscheinlich doch auf diese Möglichkeit, auf die Bedeutung der Nuklearantriebe und auf noch ganz andere Dinge aufmerksam gemacht. Das Problem ist hierbei allerdings, dass wir kaum einschätzen können, was Tilley wirklich wusste bzw. erfuhr. Bestimmte Geheim(dienst)informationen scheinen ihm definitiv nicht zur Verfügung gestanden zu haben. Ein Beispiel, das zeigt, dass es ein sehr abgeschottetes Wissen auch bei den Alliierten gab, betrifft einen anderen deutschen Spezialisten, Albin Sawatzki. Tilley wollte unbedingt wissen, was mit diesem Mann, den er Savatzky**

---

* Siehe Absatz 87, Seite 22. Tilley scheint sich für dieses Projekt zu begeistern, vergisst dabei aber völlig (oder weiß es einfach nicht besser), dass eine Rakete mit Nuklearantrieb eine enorme Verschwendung für den Fall darstellt, dass sie mit einem konventionellen Gefechtskopf ausgerüstet wird. Eine größere, konventionell betriebene Rakete mit einem Nuklearsprengkopf ergibt hingegen schon eher einen Sinn. Tilley ist dieser Sachverhalt vielleicht einige Tage oder Wochen später auch bewusst geworden.
** Vergleiche Bericht C, Seite 27, Absatz »r«.

nannte, geschehen war. Es fällt auf, dass er keinerlei Informationen darüber hatte, dass dieser Sawatzki schon im April 1945 vom CIC gefangengesetzt worden war.* Das Ganze könnte unter anderem auch damit zu tun haben, dass Major Edmund Tilley (der dann wahrscheinlich 1947 zum Oberstleutnant befördert wurde) nicht als amerikanischer, sondern als britischer Offizier von FIAT (*Field Information Agency, Technical*) fungierte.**

Unabhängig davon aber ist klar und nachvollziehbar, dass FIAT nicht über die große Bedeutung bestimmter US-Geheimdienst- oder Regierungsorganisationen verfügte. Das CIC und die zuständigen Stellen in der US-Regierung wuss-

---

* Der Fall Albin Sawatzki ist besonders interessant, denn bis heute gilt sein Schicksal als (angeblich) nicht geklärt! Im Buch *Mondsüchtig* des Autors R. Eisfeld ist auf Seite 158 zu lesen, dass er »unter unbekannten Umständen im April 1945 im westfälischen Warburg zu Tode kam«. Und die berühmten *Encyclopedia Astronautica* berichtet über ihn Folgendes: »Albin Sawatzki: Rocket engineer. Died April 1945. – Engineer, head of production of the A4 missile, and technical director at Mittelwerk. His family believes that he was captured by the *U.S. Army* near the end of the war, perhaps tortured, and died in custody. There is no record of him being transferred to custody of a higher headquarter and there is no record of him being brought to trial.« (Im Internet unter http://www.astronautix.com/astros/sawatzki.htm einzusehen.) Fakt ist, dass Sawatzki sehr wohl in amerikanische Gefangenschaft geriet und dort verhört wurde. Was danach mit ihm passierte, ist nicht bekannt; entweder wurde er tatsächlich ermordet, oder man gab ihm eine neue Identität und er musste daraufhin für immer in der Anonymität verschwinden. Der Grund für diese Maßnahme könnten seine Kenntnisse in Bezug auf die Kombination von Rakete und Atomsprengkopf gewesen sein. Sawatzki ist im Übrigen die Quelle von Horst Kirfes. Vergleiche dazu Friedrich Georg: *Hitlers Siegeswaffen*, Band 2A, Amun-Verlag, Schleusingen 2003, Seite 70, wie auch Rainer Karlsch: *Hitlers Bombe*, DVA, 2005, Seite 224 und 382.
** Siehe dazu den von Peter J. T. Morris stammenden Beitrag in dem Sammelband *Determinants in the Evolution of the European Chemical Industry, 1900–1939*. Auf Seite 91 schreibt Morris ohne weitere Erklärung: »During interrogation by a British officer, Major Edmund Tiley, Reppe declared ...«

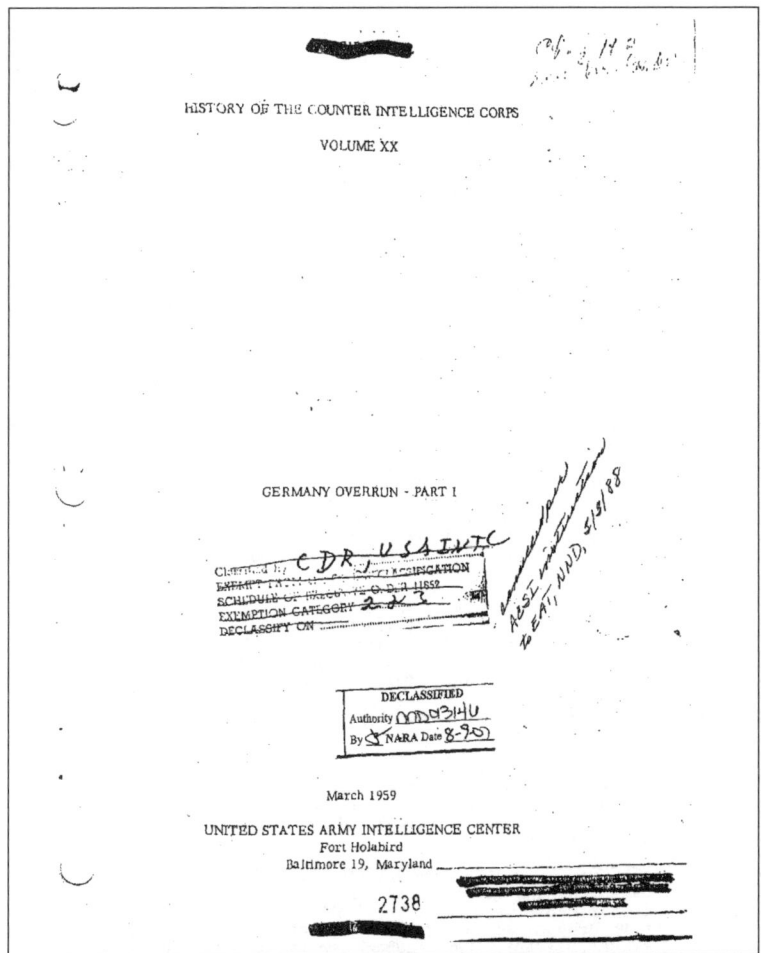

In dieser Dokumentation über das CIC (*Counter Intelligence Corps*) wurde über die Gefangennahme Albin Sawatzkis berichtet.

---

* NARA, *National Archives and Record Administration*: RG 319 (RECORDS of the ARMY STAFF. Records of the Office of the Assistant Chief of Staff, G-2, Intelligence. HISTORY OF THE COUNTER INTELLIGENCE CORPS (CIC), Volume XX (*Germanys Overrun*, Part I), S. 2738. Entry (UD) 151, Box 3.

The Caught Do Some Catching

Although these three agents of the 104th CIC, in their zeal for carrying out the counterintelligence mission, were apprehended, the detachment did some impressive apprehending themselves during April.

The biggest catch of the month was Dr. Albin Sawatzki, reported to have been the inventor of both the V-1 and V-2 rockets. Considered one of the foremost scientists in Nazi Germany, Sawatzki had been summoned early in 1944 to supervise the completion of an underground factory near Nordhausen, in addition to his work on the V missiles. In April 1944, with Himmler, Goering and Goebbels in attendance, a final test of the weapons was conducted at the plant site under Sawatzki's supervision.

Sawatzki was also responsible for the design of the Royal Tiger Tank, and the coordination of production of Junkers airplane engines. The CIC Agents who arrested him described him as "the typical MGM character to play the part"-- slightly stooped, round shouldered, apologetic, and wearing thick-lensed glasses. Because of his technical knowledge and the valuable scientific information he possessed, Sawatzki was evacuated through Corps to be interrogated by Army technical intelligence.55

On 16 April, the 104th CIC Detachment began operations in Halle. Within short order, 429 German soldiers in civilian clothes were arrested. CIC was aided in apprehending these soldiers by use of a sound truck that traversed the main city routes, announcing in German that all members of the Wehrmacht would present themselves at one of four specified screening points or be liable to punishment as spies by American forces.56

Others apprehended by CIC included the police president, the oberburgermeister, five ortagruppenleiters, a member of the Sicherheitsdienst, a Gestapo secretary, 14 Sicherheitzpolizei (SIPO or Security Police) and members of the Gauleiter's staff.

55. 104th Inf Div G2 Periodic Rpt #169, dtd 13 Apr 45 in FUSA
    G2 in Jnl and File, dtd 14 Apr 45 (UNCLASSIFIED),
    (Departmental Records Branch, AGO, Alexandria, Va.).
56. 1st US Army G2 Jnl and File, L-558, dtd 23 Apr 45
    (UNCLASSIFIED), (Departmental Records Branch, AGO,
    Alexandria, Va.).

XX-44

2785

In HISTORY OF THE COUNTER INTELLIGENCE CORPS (CIC), Volume XX (*Germanys Overrun*, Part I) wird auf Seite 2785 in den Absätzen 2 und 3 über Albin Sawatzki berichtet.

ten mit hoher Wahrscheinlichkeit viel mehr als die normalen Offiziere anderer Organisationen.

(C) Schlussbetrachtungen

Die genauere Untersuchung der unter (A) und (B) aufgeführten Dokumente lässt Folgendes erkennen:
1) Die in amerikanischen Besitz gelangten Unterlagen
von Goslar/Dörnten (Georg-Friedrich-Grube) können sich
unmöglich nur mit der A-4 (alias V-2), A-4b und »Wasserfall« befasst haben, wie man heutzutage oft und gern glauben machen will. Es ging in diesen Dokumenten vielmehr
um alle Entwicklungen von der A-1 bis zur A-10 und darüber
hinaus noch um leider nicht näher beschriebene »neue Projekte«. Man kann sich an dieser Stelle eigentlich nur wundern über das, was Wernher von Braun sagte: Was gab es
noch Neueres als die A-9 und die A-10? Galten diese beiden
Raketensysteme bereits als veraltet im Vergleich zu diesen
anderen, neuen Projekten?
2) Der Autor Olaf Przybilski lässt wissen, dass die Vereinigten Staaten bis heute nur einen geringen Teil der etwa
14 bis 15 Tonnen umfassenden Masse an Unterlagen aus der
Georg-Friedrich-Grube an die Bundesrepublik Deutschland
zurückgegeben haben: »Ein Massenbeispiel: Es ist bekannt,
dass die Peenemünder Zeichnungsunterlagen, insgesamt ca.
15 Tonnen mit Behältnissen, die gerade so in einen Raum
mit 80 Kubikmetern passten, vor Kriegsende in der Grube
Georg Friedrich in Dörnten bei Goslar versteckt wurden. Im
September 1988 übergaben die USA über 1500 Originale
davon, vorrangig Forschungsberichte und Pergamentzeich-
nungen, in 17 Kisten verstaut als 462 Kilogramm Luftfracht
an die BRD. Wo verblieben die anderen Tonnen? Wurden

168

Zweit- und Drittexemplare aussortiert? In Summe würde das sicher auch nur die oben genannte Masse vielleicht halbieren. [...]. [...] – es fehlt tonnenweise Papier!«*

Darüber hinaus existiert eine *US-Army*-Website, auf der diese Angelegenheit ebenfalls kurz thematisiert wird (ohne Massenangabe, versteht sich):»Chapter III – Aviation at *Redstone Arsenal* [...]. [...] in September 1988, a MICOM plane flew 1,500 original captured German World War II rocket documents to Washington, DC, for shipment to Germany. They had inadvertently been left in the collection of the *Redstone Scientific Information Center* when other captured documents were initially returned.«**

Aufgrund der Informationen, die aus den besprochenen Dokumenten hervorgehen, ist es nun verständlich, warum die Amerikaner bis heute den Großteil der Unterlagen zurückgehalten haben. Doch damit nicht genug, denn diese Papiere beweisen zudem, dass die Deutschen bei Kriegsende noch andere und viel wichtigere Unterlagen versteckten:

– Verona: Wahrscheinlich vier Kisten mit extrem bedeutsamen Unterlagen über Raketen und Atomforschung.

– Bad Sachsa: Vier Verstecke mit den wichtigsten und besten Dokumenten vom »Arbeitsstab Dornberger«.

– Oberjoch: Eine Kiste mit weiteren Unterlagen vom »Arbeitsstab Dornberger«.

– Mehrere Verstecke (wahrscheinlich gefüllt mit Dokumenten vom selben Arbeitsstab) an anderen Stellen (konkrete Ortschaften werden nicht genannt), von denen eine in der russischen Besatzungszone*** liegen soll.

---

* Olaf Przybilski: *SPURENSUCHE, Band 10: Streng geheim! Das Geheimnis der deutschen Raketen und raketengetriebenen Fluggeräte.* Podzun-Pallas-Verlag, 2002, Seite 7 und 8.
** Siehe im Internet: http://www.redstone.army.mil/history/aviation/airfield/chapter3.html.
*** Bei Holzhausen in Thüringen?

– Ballenstedt: Zwei Behälter und eine metallische Kiste mit streng geheimen Dokumenten (»Geheime-Kommando-sache-Material«).

– Dietramszell: Drei Kisten mit den wichtigsten Unterlagen einer neu geschaffenen »Amtsgruppe Raketen«.

– Wesermünde: Drei Kisten mit Dokumenten, die aus Peenemünde-West stammten.

Nur die in Wesermünder versteckten Dinge (Papiere und Instrumente) befanden sich im Jahre 1947 nachweisbar in amerikanischer Hand. Was ist aber mit all den anderen Unterlagen passiert? Warum haben von Braun, Axster, Brée, Hohmann und andere nichts über die verlagerten Dokumente berichtet? Weshalb haben sie stattdessen sogar gelogen und mit teils unglaublicher Sturheit bis zum bitteren Ende behauptet, sie wüssten nichts von vergrabenen Unterlagen und schon gar nichts von fortgeschrittenen Technologieprojekten?

3) Im Weiteren sollte bedacht werden, dass dieses Spiel mit den oder eher gegen die US-Behörden und den -Geheimdienst CIC selbstverständlich ein *sehr* gefährliches war – besonders unmittelbar nach dem Krieg! Das versteckte Material muss also von *extremer* Wichtigkeit gewesen sein, und man wollte vermutlich nicht gleich alles davon den neuen Herren übergeben. Vielleicht wollte man es auch gar nicht an die Alliierten ausliefern. Unabhängig davon scheint zumindest Wernher von Braun sehr gute Verbindungen zu den US-Machtstrukturen besessen zu haben, was natürlich bedeutet, dass er auch im schlimmsten Fall mit einer gewissen Unterstützung von »oben« hätte rechnen können.

4) Was die Unterlagen von Verona, Bad Sachsa, Oberjoch und Dietramszell betrifft, so gibt es im Prinzip nicht nur eine, sondern eigentlich zwei bzw. drei Möglichkeiten, was mit ihnen geschah: a) Sie befanden sich tatsächlich im Jahre

1947 nicht in den Händen von US-Institutionen und wurden dann erst später oder vielleicht überhaupt nicht gefunden. b) Von Braun und andere hatten sie den Amerikanern ohne zum Beispiel Dornbergers Wissen übergeben. Aber da es in ihnen um streng geheime und weit fortgeschrittene Systeme ging (in jeden Falle nicht um die normale V-2), waren nur die höchsten Militär- und Regierungskreise in den USA darüber informiert (nicht aber Edmund Tilley und seine Leute). c) Denkbar ist auch, dass von Braun seinen neuen amerikanischen Arbeitgebern nicht alle, sondern nur einige ausgewählte geheime Verstecke verriet.

Jede Option hat ihre Vor- und Nachteile, aber insgesamt betrachtet scheint es unmöglich, dass die Deutschen den Amerikanern einfach alles übergaben und sich die Angelegenheit damit erledigte. Demzufolge bleiben die Punkte a) und c) relevant, wobei c) am ehesten zutreffen dürfte, wie der Zwischenfall mit Bernhard Hohmann zeigt.

Sicherlich: Letztlich bleibt es bei zahlreichen Vermutungen. Entscheidend ist allerdings, dass mittels der vorgestellten Dokumente nunmehr bewiesen werden kann, dass in Deutschland bei Kriegsende sehr wichtige Unterlagen versteckt wurden, die sich mit weitaus besseren Raketen als der V-2 befasst haben müssen. Zudem muss die Entwicklung dieser neuen und besseren Modelle so gut wie beendet gewesen sein, denn sonst bliebe unverständlich, weshalb sich die Alliierten so anstrengten, um in den Besitz der entsprechenden Dokumente zu gelangen. Wir haben also nun einen weiteren und deutlichen Hinweis vorliegen, dass die deutsche Raketentechnik in keinem Fall mit der V-2 endete, sondern Folgeprojekte existierten, die uns aus welchen Gründen auch immer bis heute verschwiegen werden. Akzeptiert man diese Feststellung, wird auch nachvollziehbar, weshalb viele aus Deutschland stammende Papiere nach

wie vor klassifiziert und auch die fehlenden Dokumenten-
mengen aus der Georg-Friedrich-Grube in Dörnten bis zum
heutigen Tag den Historikern nicht zur Verfügung gestellt
worden sind.

Unabhängig von dem eben Geschriebenen geht es aber
auch noch um etwas anderes: Bis in die 1980er-Jahre hinein
wurde von zahlreichen Autoren in Übersee, aber auch in
Europa und speziell in Deutschland an der schönen Legende gestrickt, dass Wernher von Braun und seine Experten
eigentlich mit ihren Raketen zum Mond wollten, dabei aber
im Zweiten Weltkrieg (zufälligerweise) gegnerische Städte
trafen. Zudem wurde behauptet, dass die Raketenmänner
nach dem Zusammenbruch des Deutschen Reiches mit großen Hoffnungen in die USA gingen, um dort ihr Wissen zur
Verfügung zu stellen.

Wie es scheint, ist das Ganze wirklich nur ein künstlich
aufgebauter Mythos – erfunden im Auftrag bestimmter Institutionen, die es besser wussten, aber ein Bild der Ereignisse zeichnen wollten, das wenig Fläche für Angriffe und
kritische Fragen bot.

Mittlerweile wissen wir es besser: Die Raketen dienten in
allererster Linie als Waffen, und diejenigen, die sie entwickelten, hätten sich bedeutend mehr Fragen hinsichtlich
ihrer wahren Ziele gefallen lassen sollen. Darüber hinaus
wurde zwischenzeitlich deutlich, dass Wernher von Braun
und andere keineswegs mit ihren neuen Herrn offen umgingen, sondern diese gern im Trüben fischen ließen. Die Gründe hierfür können nur vermutet werden. Vielleicht glaubten
die Deutschen gar, ihre neuen Herren *benutzen* zu können,
um weitreichende Zielsetzungen zu verwirklichen. Betrachtet man die Geschichte beispielsweise der US-Raumfahrt,
dann muss man feststellen, dass ihnen genau das wohl auch
gelang.

»Besser einem Rechtschaffenen gefallen als tausend Schlechten.«

Friedrich I.

Die deutschen Geheimwaffen der zweiten Generation

Das nachfolgende Interview mit dem Autor Thomas Mehner sollte ursprünglich ab Juni 2010 in einer deutschsprachigen Zeitschrift, die sich mit militärischen und (zeit-)geschichtlichen Themen befasst, als Mehrteiler veröffentlicht werden. Da sich die betreffende Redaktion letztlich jedoch anders entschied, nahm der Interviewte die Option auf Nutzung des Gespräches für eigene Zwecke wahr.

Interviewer (IN): Herr Mehner, Sie sind unseren Lesern kein Unbekannter, wenn auch das, was Sie in Ihren, in Zusammenarbeit mit anderen, Autoren entstandenen Publikationen behaupten, von vielen skeptisch betrachtet wird. Sie gehen davon aus, dass Nazideutschland bei Ende des Krieges 1945 unmittelbar davor stand, Atomwaffen einzusetzen?

Th. Mehner (TM): Ja. Meines Erachtens stand das Deutsche Reich kurz davor, frontverwendungstaugliche Atomwaffen gegen die Anglo-Amerikaner und möglicherweise auch Russen zum Einsatz zu bringen. Von mir über die Jahre hinweg ausgewertete US-Dokumente, die sowohl von der Luftwaffe als auch von der Armee, der Marine und den Geheimdiensten stammen, bestätigen diese Vermutung vollauf. Ihnen ist zu entnehmen, dass der Einsatz »binnen sechs Monaten« erfolgt wäre, wobei es auch *konkretere* und vor allem auf *frühere* Zeiträume datierte Zahlenangaben gibt. In einem Fall, der sich auf zwei Presseberichte bezieht, wurde zum Beispiel vom 6. August 1945 gesprochen.

IN: Das ist doch das Datum, an dem die japanische Stadt Hiroshima durch eine US-amerikanische Atombombe zerstört wurde ...

TM: Richtig.

IN: Haben Sie dafür eine Erklärung?

TM: Offen gestanden, nein. Die Person, die dieses Einsatzdatum nannte, war Herbert Agar – seines Zeichens Berater des amerikanischen Botschafters in London. Es lässt sich einwandfrei nachweisen, dass Agar diese Information *vor* dem Test der den Amerikanern zugeschriebenen Atombombe im Juli 1945 und natürlich erst recht *vor* dem Einsatz zweier dieser Waffen gegen Japan öffentlich machte. Auf welche Quelle sich Agar dabei bezog, ist noch offen.

IN: Hat er dieses Datum erfunden?

TM: Das glaube ich nicht. Im diplomatischen Dienst existieren gewisse Regeln, an die sich auch Agar halten musste. Entweder wurde dieses Datum, so meine Vermutung, in deutschen Unterlagen gefunden, oder aber die Alliierten haben diesen Einsatztermin durch Verhöre verantwortlicher Deutscher erfahren.

IN: Unter dem Licht dieser neuen Information betrachtet, wird die Angelegenheit aber doch ziemlich unheimlich.

TM: Glauben Sie mir, als ich zum ersten Mal davon hörte, konnte ich es zunächst kaum glauben. Dann aber kamen die Beweise in Form von Meldungen in einer britischen und einer amerikanischen Zeitung. Beide Zeitungsartikel, das ist mir wichtig, lagen zeitlich *vor* dem amerikanischen *Trinity*-Atomwaffentest in der Wüste von Alamogordo. Ich betone nochmals: *vor dem Test* ...

IN: Sie haben diese Berichte?

TM: Selbstverständlich. Hier (er zeigt sie). Sie werden in einem demnächst erscheinenden Buch unter genauer Angabe der Quellen veröffentlicht werden.

IN: Was, denken Sie, wird danach geschehen?

TM: Nichts.

IN: Das ist doch aber eine Angelegenheit, die die zeitgeschichtliche Forschung brennend interessieren müsste. Oder etwa nicht?

TM: Gewiss. Das Problem ist nur, dass sich diese von Ihnen genannte zeitgeschichtliche Forschung meist nur mit eher unproblematischen Nebenkriegsschauplätzen befasst, die wichtigen und interessanten Dinge aber ignoriert. Vor allem dann, wenn die ehemaligen Alliierten – vielleicht mit Ausnahme der Russen – ins Zwielicht geraten könnten.

IN: Es gibt aber doch Historiker, die auch »heiße Eisen« aufgreifen. Tun Sie diesen nicht unrecht?

TM: Nein. Ich weiß aus Erfahrung, dass sich bestimmte Historiker natürlich auch für dieses Thema interessieren. Aber sie sind extrem vorsichtig, wenn es darum geht, die Siegergeschichtsschreibung auf Wahrhaftigkeit zu prüfen. Man könnte ja mit gegenteiligen Informationen im Kreis der Kollegen anecken oder gar als Revisionist gebrandmarkt werden. Die wissenschaftliche Reputation ist schneller dahin, als man glaubt – und das ist dann tödlich. Dabei hätten die Historiker aber längst erkennen müssen, dass man in Bezug auf das, was Russen, Amerikaner, Briten und Franzosen als »geschichtliche Wahrheiten« lehrten, vorsichtig sein muss. Ich erinnere in diesem Zusammenhang an den Fall Katyn, wo Tausende polnische Offiziere und Intellektuelle erschossen wurden. Man hat das Ganze den Deutschen in die Schuhe geschoben, doch Jahrzehnte später stellte sich heraus, dass diese nichts damit zu tun hatten. Das Verbrechen war vom sowjetischen NKWD begangen worden. Angesichts eines solchen Falles halte ich es für wichtig und legitim, auch andere Darstellungen zu hinterfragen.

IN: Zurück zum eigentlichen Thema. Können Sie unseren Lesern vielleicht etwas zum Stand der Dinge mitteilen?

TM: Das in wenigen Sätzen zu tun ist nicht möglich. Ich will das auch begründen: Im Laufe der Jahre hat sich gezeigt, dass die deutschen Atomwaffen nicht alles sind, was einer Erklärung harrt. Es hat in ihrem Umfeld und darüber hinaus noch mehr existiert, das untersucht werden müsste. Allerdings wird das Gesamtthema dann so komplex, dass einzelne Rechercheure damit überfordert sind und sich daher auf Einzelaspekte konzentrieren müssen.

IN: Ich verstehe. Dann nehme ich die Frage zurück. Können Sie uns vielleicht kurz aufzeigen, woran in Nazideutschland noch geforscht wurde?

TM: Gern. Ich muss aber vorausschicken, dass manches davon ungeheuerlich klingt. Angesichts des Umstandes, dass heute die meisten Menschen, und ich nehme da Ihre Leser nicht aus, immer noch an die Geschichtsschreibung der Sieger glauben und daher auch in punco deutsche Atomwaffe skeptisch bleiben, ist vielleicht schnell das Ende der Fahnenstange, das heißt der Vorstellbarkeit, erreicht.

IN: Versuchen Sie es bitte trotzdem.

TM: Gut, beginnen wir bei den bekannten Dingen: der, wie sie die Westalliierten nannten, Robot-Bombe V-1 und der Rakete Aggregat-4 alias V-2. Die beiden Vergeltungswaffen gelangten im Krieg noch zum Einsatz. Die Nachfolger beider Waffensysteme befanden sich laut den Unterlagen, die in amerikanischen Archiven gefunden werden konnten, aber bereits in Entwicklung bzw. als Protypen schon im Test. Der V-2 sollten die V-3 und die V-4 folgen, beides leistungsgesteigerte, mehrstufige und auch mit einem größeren Durchmesser versehene Raketen, die aller Wahrscheinlichkeit nach einen nuklearen Sprengsatz befördern sollten. Sie waren, das geht aus den US-Protokollen eindeutig hervor, mit einer Radiosteuerung ausgerüstet, die sie mit einer relativ geringen Abweichung ins Ziel bringen sollte.

Bei den Nachfolgeprojekten gibt es leider, was die Bezeichnungen der einzelnen Waffensysteme angeht, ein ziemliches Durcheinander. So wird beispielsweise in einem CIOS-Dokument der Nachfolger des Marschflugkörpers V-1 als V-2 bezeichnet – was möglicherweise deutscherseits Absicht war, um Außenstehende zu verwirren, vielleicht aber auch auf andere Gründe zurückzuführen ist.

Wie ich also feststellte: Die V-1 wie auch die V-2 hatten Nachfolger. Was die Atomwaffen anbetrifft, so gehe ich heute davon aus, dass es mindestens zwei Generationen von ihnen gab. Die Erste wurde um das Jahr 1943 fertig und aus reinen Kernspaltungsbomben gebildet. Die zweite Generation basierte bereits auf dem Spaltungs-/Fusions- bzw. ausschließlich auf dem Fusionsprinzip, wie es seit Jahrzehnten die Wasserstoffbomben tun. Darüber hinaus arbeitete man auch an einer Art Atomgranate für den Einsatz auf dem militärischen Gefechtsfeld – und am »Atommotor«, also einem Reaktor, für Antriebszwecke. Der Atommotor war vor allem für den Einsatz in U-Booten interessant.

IN: All das wird aber von heutigen Historikern und Physikern bestritten. Von Letzteren vor allem auch deshalb, weil es heißt, Deutschland habe niemals genügend angereichertes Material auch nur für eine Bombe herstellen können.

TM: Ich weiß. Dieses Bestreiten resultiert aber in vielen Fällen aus der Tatsache, dass sich die Experten nicht mit diesem speziellen Thema auseinandergesetzt haben. Zudem darf nicht vergessen werden, dass insbesondere die Amerikaner nach dem Krieg genug Zeit hatten – da sie das Wissen kontrollierten –, eine Geschichte zu entwerfen, die von der Öffentlichkeit geglaubt wurde.

Und was die Angelegenheit mit dem hoch angereicherten atomwaffenfähigen Material betrifft, so sind die damit zusammenhängenden Argumente nur zum Teil stichhaltig. Zeitzeugen berichteten, dass Material sehr wohl angereichert wurde, dass die benötigten Produkte teilweise aus der Schweiz kamen, dass man ab einem bestimmten Zeitpunkt andere Verfahren als die allgemein diskutierten nutzte usw. usf. Ich gebe Ihnen nur ein Beispiel: Jahrelang hat man behauptet, dass Plutonium für eine Bombe nur durch Erbrüten in einem Reaktor gewonnen werden könne. Das ist allerdings nur die halbe Wahrheit, denn man kann es auch durch Bestrahlung erzeugen.

IN: Was war noch in Entwicklung?

TM: Weitere Projekte betrafen nuklear betriebene U-Boote, düsengetriebene Langstreckenbomber, neuartige Jagdflugzeuge, scheibenförmige Flugkörper wie auch ein System, das als Sänger-Bomber bekannt geworden ist und, wenn Sie so wollen, ein früher Vorgänger des amerikanischen *Space Shuttles* war. Nicht zu vergessen: Es gab, soweit das erkennbar ist, auch bereits weitreichende Planungen für eine im Erdumlauf befindliche Station, den Flug zum Mond und dergleichen mehr. Und zum Schluss muss noch die sogenannte postatomare Technologie erwähnt werden, die beispielsweise durch das Projekt *Die Glocke* repräsentiert wurde. Nicht vergessen werden dürfen auch Forschungen zur Unsichtbarmachung von Objekten, die von einem speziellen Lichtforschungsinstitut betrieben wurden, und solche, die Zeit- und Dimensionsreisen betrafen, wobei bis jetzt nicht ganz klar ist, ob es sich um theoretische Betrachtungen oder auch schon um praktische Untersuchungen handelte.

IN: Wie weit waren die konventionellen Projekte fortgeschritten? Können Sie etwas dazu sagen?

TM: Die V-3- und V-4-Langstreckenraketen hatte ich ja bereits erwähnt. Meines Erachtens müssen bereits Prototypen hiervon existiert haben, und es wurden wohl auch schon Vorserienmodelle getestet. Der Sänger-Bomber wurde von den US-Beuteteams als Prototyp lokalisiert, ein hoher US-Offizier gab später diese Tatsache auch unumwunden zu, meinte allerdings, dass nicht geklärt werden konnte, ob das Gerät jemals geflogen sei. Was die zukunftsweisenden Projekte betrifft, die mit Raumflügen in Zusammenhang stehen, so kann ich mich nur vorsichtig dazu äußern.

```
                         c.  Future.
                             1.  Long Range Bombers.
                             2.  Single-Engine Fighters and
                                 Ground Attack.
                             3.  Twin-Engine Fighters.
                             4.  Reconnaissance.
                             5.  Conclusion.

Part      IV    -   Flak.
                         a.  Present Status of Flak as Defense
                             against Bombardment.
                         b.  Potentialities and Prospects.
                         c.  Enemy Capabilities.

Part      V     -   Passive Defense.
                         a.  Smoke Screens.
                         b.  Camouflage.
                         c.  Protective Construction.
                         d.  Underground Factories.
                         e.  Dispersal.

Part      VI    -   Other Weapons.
                         a.  V-2.
                             1.  Present Status.
                             2.  1945 Potential.
                         b.  V-1.
                             1.  Present Status
                             2.  1945 Potential.
                         c.  "Phoo" Bombs.
                         d.  Magnetic Wave.
                         e.  Gases.
                         f.  Atomic Bomb.

Part      VII   -   U-Boats.
```

In *The Commanders Intelligence Digest* tauchten im Januar 1945 einige den Amerikanern offensichtlich besonders wichtig erscheinende deutsche Waffenentwicklungen auf, darunter die Atombombe.

---

* *National Archives and Record Administration* (NARA), College Park, Maryland: *The Commanders Intelligence Digest* (19. January 1945). RG 319. *Records of the Army Staff, Records of the Assistant Chief of Staff, G-2 (Intelligence). Formerly Top Secret Intelligence Documents, 1943–1959.* (Special Distribution [SD] and Top Secret Control [TSC]). Entry (UD) 1041, Box 27, Folder: 925497.

In den vergangenen Jahren sind vermehrt Hinweise aufgetaucht, die es möglich erscheinen lassen, dass Deutsche bereits Ende 1944 in die Erdumlaufbahn gestartet sind.

IN: Unglaublich!

TM: Sie sagen es. Ich denke, dass wir in den kommenden Jahren manche dieser Hinweise werden präzisieren können. Schon jetzt kann aber gesagt werden, dass der Flug in die Umlaufbahn eine ganz logische Folge des Einsatzes größerer Raketen gewesen wäre. Es gibt bei allen Erfindungen eine militärische und eine zivile Komponente. Im Übrigen möchte ich darauf verweisen, dass mittlerweile Dokumente gefunden wurden, die darauf hinweisen, dass die Deutschen an Weltraumwaffen gearbeitet haben.

IN: Können Sie dazu etwas Konkretes sagen?

TM: Nur so viel: Die Amerikaner haben nach dem Krieg eigene Spezialisten mit der Auswertung der von den Deutschen erbeuteten Unterlagen betraut. Diese haben die vorliegenden Informationen analysiert und Berichte geschrieben. Letztere wurden zwar mittlerweile aus den Archiven entfernt, das heißt, erneut der Geheimhaltung unterstellt, doch blieben die Inhaltsverzeichnisse bestimmter Dokumentensammlungen zurück, aus denen bestimmte Dinge hervorgehen. Und, bitteschön, wie passen Weltraumwaffen in die offizielle Geschichtsschreibung, die doch nur die V-1 und V-2 anerkennen will? Da klafft ganz offensichtlich eine gewaltige Lücke.

IN: Woran liegt es, dass nur nach und nach diese Informationen nach außen sickern?

TM: Das Hauptproblem besteht darin, dass wir nicht über die Dokumente verfügen, das heißt, dass in Deutschland nur eher unbedeutende Unterlagen zu finden sind, während das, was interessant ist, nach wie vor bei den früheren Alliierten in den Archiven ruht, ja, teilweise sogar gesperrt ist.

IN: Es bleibt also noch viel zu tun ...

TM: Allerdings. Ich muss jedoch betonen, dass in den vergangenen Jahren schon eine ganze Menge interessantes Material gefunden werden konnte, das meine Position bestätigt. Dieses Material dokumentiert ganz klar, dass die bisher vertretenen Auffassungen zur deutschen Hochtechnologie unvollständig, teilweise sogar völlig falsch sind. Das Interessanteste wurde weggelassen oder unterschlagen, sodass es bisher unmöglich war, eine vollständige und richtige Bewertungen all dessen, was damals geschah, vorzunehmen. Erst wenn die klassifizierten Berichte komplett freigegeben worden sind, kann man versuchen, ein der Wahrheit nahekommendes Geschichtsbild zu entwerfen.

IN: Ich muss nun noch einmal wegen der postatomaren Technologieentwicklungen nachfragen. Glauben Sie wirklich, dass diese vorhanden waren?

TM: Das ist keine Frage des Glaubens. Das Projekt *Die Glocke* hat es gegeben, es existieren mittlerweile zu viele Indizien dafür. Was andere Entwicklungen betrifft, so muss man abwarten, was die Zukunft bringt. Im Übrigen aber würde die Existenz einer nachnuklearen Technologie verständlich werden lassen, warum die früheren Alliierten bereits die deutsche Atomphysik in ihrer Bedeutung herunterspielten. Würde sich nämlich herausstellen, dass das Deut-

sche Reich über Atomwaffen verfügte, und das schon seit
dem Jahre 1943, dann würde automatisch die Frage auftauchen, was danach kam. Was wurde in den zwei verbleiben-
den Jahren bis zum Zusammenbruch Deutschlands an Projekten in Angriff genommen? Man muss meines Erachtens
sogar noch einen Schritt weiter gehen: Wenn es diese neue
Technologie gab, sie aber nicht vollumfänglich identifiziert
und geborgen werden konnte, haben einige nicht deutsche
Personen ein ganz gewaltiges Problem.

IN: Wie meinen Sie das?

TM: Ganz einfach: Deutschland wurde zwar militärisch besiegt, nicht aber logistisch, denn das, was die Beuteteams
der Alliierten in die Hände bekamen, war, wenn man die
Dinge exakt analysiert, nur von sekundärer Bedeutung –
auch wenn es für Briten, Franzosen, Russen und Amerikaner als das Nonplusultra erschien. Das Primäre, das den
deutschen Verantwortlichen, die die Verlagerungen organisierten, wichtig war, lag versteckt, gut getarnt und tief unter
der Erde – und so dürfte es bis heute geblieben sein.

IN: Eine provozierende Hypothese ...

TM: Nein, das finde ich gar nicht. In meinen Augen ist der
Zweite Weltkrieg noch immer nicht zu Ende, da bis heute
noch nach Dingen gesucht wird, die aus dieser Zeit stammen und für bestimmte nicht deutsche Personen und Organisationen von großer Bedeutung zu sein scheinen. Es existieren einige Technologien bzw. daraus resultierende Entwicklungen, von denen sie andeutungsweise wissen, derer
sie aber bis heute nicht habhaft werden konnten. Das klingt
zwar unglaublich, doch es gibt Anhaltspunkte dafür.

IN: Ich möchte eine für mich realitätsbezogenere Frage stellen: Wenn die deutschen Atomwaffen vorhanden waren, weshalb hat man sie dann nicht eingesetzt?

TM: Diese Frage wird mir oft gestellt. Aus Hitlers Umfeld war bekannt, dass der »Führer« den Einsatz einer solchen Waffe ablehnte, da sie eine neue Dimension der Vernichtung darstellte und die Alliierten mit hoher Wahrscheinlichkeit bewogen hätte, die angedrohten Giftgaseinsätze wahr werden zu lassen. Als dann das Deutsche Reich in den Untergang steuerte und zur Rettung die Atomwaffen hätten eingesetzt werden müssen, war die Situation schon so kompliziert, dass die Verantwortlichen keine gemeinsame Linie finden konnten. (Hitler hat, auch wenn das niemand glauben möchte, über den Einsatz dieser Waffe nicht allein entschieden.) Zudem wurde wohl Verrat in einer Dimension geübt, der kaum vorstellbar ist. Die Amerikaner, Briten, Franzosen und Russen rückten nun auf das Reichsterritorium vor bzw. hatten dieses bereits zu erobern begonnen. Wäre in einem solchen Falle eine Atomwaffe eingesetzt worden, dann hätte eine solche Aktion möglicherweise genau das Gegenteil dessen bewirkt, was geplant war. Von den Vergeltungsmaßnahmen des gegnerischen Militärs an Deutschen, vor allem Zivilisten, ganz zu schweigen. Ein Atomwaffeneinsatz wäre – das ist aber nur meine unmaßgebliche Meinung – dann sinnvoll gewesen, wenn die geplanten Vergeltungsmaßnahmen in Form eines großflächigen Giftgaseinsatzes gegen Deutschland hätten unterbunden werden können oder wenn genügend Kernwaffen vorhanden gewesen wären, um einen gezielten Enthauptungsschlag zu führen, der alle westlichen Großstädte in Schutt und Asche gelegt hätte. Ich habe über dieses Thema auch mit Physikern gesprochen. Die meinten: Zwei oder drei Atomwaffen auf die großen Zentren der Alliierten – und diese hätten die Waffen gestreckt. Ich sehe das allerdings etwas anders, zumindest in Bezug auf die US-Amerikaner. Die hätten nach einer deutschen Atomwaffendetonation auf ihrem Territorium nicht sofort klein beigegeben, auch noch nicht nach der zweiten. Nach der dritten hätten sie angefangen nachzudenken, nach der vierten hätte sie das nackte Ensetzen gepackt, und nach der fünften wären sie wahrscheinlich sturmreif geschossen worden.

IN: Und die Briten?

TM: Da wäre wohl der japanische Effekt zu verzeichnen gewesen: Zwei Bomben hätten das Land niedergerungen.

IN: Gut, dann wäre die Westfront zusammengebrochen. Aber es gab ja auch noch die Ostfront, und da wurde teilweise viel härter gekämpft.

TM: Ob man dort Kernwaffen eingesetzt hätte, weiß ich nicht. In den langen Jahren der Recherche habe ich nichts Diesbezügliches gehört. Das Hauptziel der nuklearen Planspiele waren immer die USA. Eine Person, die an diesen damaligen Planungen nicht ganz unbeteiligt war, berichtete einem Mitrechercheur, dass man für die Russen etwas Besonderes parat gehabt hätte, etwas, das Stalin in die Knie gezwungen hätte. Der Einsatz dieses Mittels an der Front hätte den russischen Vormarsch auf einer Tiefe von mindestens 100 Kilometern zum Stillstand gebracht.

IN: Was war das?

TM: Ich kann nur spekulieren: Giftgas.

IN: Falls das, was Sie berichten, nur zu 50 Prozent stimmen sollte, können wir alle unserem Schöpfer danken, dass diese Waffen nicht zum Einsatz gelangten.

TM: Sie sagen es. Die Folgen wären enorm gewesen, und es hätte Millionen weiterer, vor allem unschuldiger, Opfer gegeben. Wobei: Zwei Atomwaffen gelangten ja doch noch zum Einsatz, sie zerstörten die japanischen Städte Hiroshima und Nagasaki, töteten entweder sofort oder im Laufe der Zeit Hunderttausende. Ihr Abwurf schädigte das Erbgut von Millionen Menschen, und die Langzeitfolgen sind noch gar nicht abzusehen, da sich erst kürzlich herausgestellt hat, dass radioaktive Strahlung weitaus gefährlicher ist, als man bisher glaubte. Genau genommen müssten alle diesbezüglichen Grenzwerte jetzt nochmals abgesenkt werden.

IN: Haben die Amerikaner skrupellos gehandelt?

TM: Von mir bekommen Sie auf diese Frage ein ganz klares »Ja«, wobei ich im selben Atemzug sagen muss, dass es in den USA auch einige hochrangige Offiziere gab, die erklärten, dass, wenn diese Waffe eingesetzt würde, sie ihr Offizierspatent zurückgeben würden – was sie dann auch taten. Die US-Clique allerdings, die den Einsatz der »Bombe« befürwortete, wollte einen Test der neuen Waffe am lebenden Objekt. Und das Schlimmste: Ein Versuch war ihnen nicht genug, denn wie wir alle wissen, wurde auch noch Nagasaki atomisiert. Das ist nicht nur skrupellos, das ist im höchsten Maße verbrecherisch und ohne Beispiel, wenn man bedenkt, dass *innerhalb von Sekunden* Zehntausende zu Tode kamen. Die Verantwortlichen hätten alle auf den elektrischen Stuhl gehört. Ich hoffe, dass eine künftige Generation diese Personen moralisch ächtet und ebenso auf den Müllhaufen der Geschichte befördert, wie das bereits mit den verantwortlichen Deutschen geschehen ist. Der große Gandhi hat einmal gesagt, dass in Dresden und Hiroshima Hitler mit Hitler bekämpft wurde. Diese Aussage ist völlig korrekt, sollte aber meines Erachtens noch um die Städte Hamburg und Nagasaki erweitert werden. Analysiert man Gandhis Aussage, kann also keine Rede davon sein, die Verantwortlichen in London oder Washington hätten moralischer gehandelt als ihre Gegner, nein, sie waren, was ihre Methodik der Kriegsführung, insbesondere die Taktik der Luftkriegsführung gegen Zivilisten betrifft, um keinen Deut besser. Ich betone es noch einmal: Sie hätten allesamt auf den elektrischen Stuhl oder – in Großbritannien – an den Strang gehört, denn ihre Handlungen entsprangen dem Hass gegen die Deutschen und waren nicht durch internationale Rechtsbestimmungen gedeckt. (Churchill war ja wegen seiner Deutschenfeindlichkeit allerorten bekannt.)

IN: Sie sind ja nicht der Erste, der das forderte.

TM: Das ist richtig, es hat da viel prominentere Persönlichkeiten gegeben.

IN: Ist es aber nicht so, Herr Mehner, dass, wenn Nazideutschland an der Atomwaffe arbeitete und sie einzusetzen gedachte, die Briten und Amerikaner nicht auch jegliches moralische Recht hatten, diesen Einsatz zu unterbinden – und sei es eben durch die Flächenbombardements?

TM: Sie führen mich nicht aufs Glatteis. Diese Diskussion ist mir oft begegnet, und auch die Amerikaner haben sie ja benutzt, um den Einsatz der beiden Atombomben gegen

Gandhi: »In Dresden und Hiroshima wurde Hitler mit Hitler bekämpft.«

Japan zu begründen getreu dem Motto: Wir haben damit das Leben von Hunderttausenden unserer eigenen Jungs gerettet. Das mag sein. Und es mag auch sein, dass die Anglo-Amerikaner durch ihre Bomberflotten alles am Boden zerstörten, was infrastrukturmäßig irgendwie mit der deutschen Atomwaffe in Verbindung gebracht werden konnte. Worum es bei dieser ganzen Problematik geht, ist doch, dass es Menschen gibt, die sich für moralisch hochstehender halten als andere, aber, wenn es eng wird, bereit sind, jedes noch so grausame Verbrechen zu begehen. Das ist das Abscheuliche.

IN: Die Nazis waren aber für ihre Grausamkeit bekannt.

TM: Natürlich. Aber haben Sie mal – und da scheint mir eine gewisse Geschichtsvergessenheit insbesondere in Europa präsent zu sein – die Inder gefragt, was sie von den Briten halten, die einst in ihrem Land als Herrenrasse auftraten und Aufständische sogar vor Kanonenrohre banden, um sie auf diese grausame und unmenschliche Art und Weise zu töten?

IN: Die Deutschen haben aber den Holocaust an den Juden organisiert.

TM: Was wollen Sie damit sagen? Sie möchten mich wohl jetzt nicht nur aufs Eis führen, sondern mich auf ein dort hineingeschlages Loch zusteuern lassen? Glauben Sie mir, das wird nicht gelingen. Der Holocaust ist das eine, das An-die-Macht-Bringen Hitlers, das auch durch Briten und Amerikaner finanziell unterstützt wurde, das andere. Diese Leute wussten doch alle, was Hitler plante, denn er hatte es in seinem Buch *Mein Kampf* doch unmissverständlich ausgedrückt. Die Verbrechen, die geschehen sind, haben ihre Ursachen meines Erachtens im *System*, von dem wir heute immer noch beherrscht werden und das dafür den Nährboden geboten hat – und immer noch bietet. In einer friedlichen Gesellschaft ist so etwas unmöglich.

IN: Höre ich da Gesellschaftskritik?

TM: Natürlich. Denn das System ist von seinem Wesen her immer noch dasselbe: hoch aggressiv, imperial und expansionistisch eingestellt. Schauen Sie doch einmal die USA an. Die einst freieste Nation der Erde ist zu einem Moloch verkommen, der im Auftrag seiner Finanzelite souveräne Nationen ohne Kriegserklärung überfällt, Hunderttausende, ja, gar Millionen tötet und nach außen hin so tut, als sei man dabei, »Demokratie und Rechtsstaatlichkeit« zu verteidigen. Wer das nicht sieht, muss entweder politisch völlig desinteressiert sein oder unter Drogen stehen. Eine andere Erklärung gibt es nicht. Und noch etwas: Es wird ja gern behauptet, die Atomwaffen hätten im 20. Jahrhundert den Frieden bewahrt. Das ist eine zumindest in Teilen falsche Behauptung, denn die Atomwaffen besitzenden Nationen haben sie meist als Drohmittel benutzt, um schwächere Staaten niederzuhalten oder anzugreifen. Seit 1945 ging das Schlachten weiter, es gab immer wieder Kriege, Interventionen, Konflikte, bei denen seither ebenfalls Millionen Menschen ihr Leben verloren haben. Die Schauplätze haben sich nur in andere Teile der Welt verlagert, es gab viele Stellvertreter- oder auch unerklärte Kriege. Weiser ist die Menschheit nicht geworden, höchstens noch brutaler und ignoranter, und ich fürchte, dass ein wirklich großer Konflikt noch bevorsteht, der zwischen den USA und China. Der Dritte Weltkrieg ist wohl kaum zu vermeiden.

IN: Sie leben in Thüringen, das bei Kriegsende von amerikanischen Truppen erobert wurde. Sofern ich den Inhalt der Bücher, die Sie mitverfasst haben, richtig verstanden habe, gehen Sie davon aus, dass dort eine Art unterirdische Technologiezone existiert, eine Art Silicon Valley unter der Erde, die bereits vor dem Jahre 1939, also dem Beginn des Krieges, eingerichtet wurde.

TM: Ja, korrekt. Wobei zu betonen ist, dass der Ausbau dieser Technologiezone bis zum Kriegsende weiterlief und sie eine von mehreren derartigen Systemen war, wenn wahrscheinlich auch die wichtigste. Die deutschen Atomwaffen wurden – das sei gesagt, um Missverständnisse zu vermeiden – an verschiedenen Standorten des damaligen Deutschen Reiches – in Thüringen, im Harz, im Reichsprotektorat Böhmen/Mähren, in der Ostmark und anderswo – entwickelt und sollten bei Kriegsende in den norddeutschen Raum verlagert werden, was aber nur teilweise gelang. Eines der noch ungeklärten Probleme betrifft die Frage, wo, das heißt in welchen Untergrundanlagen, die Anreicherung/Produktion des benötigten Bombenmaterials erfolgte. Aus naheliegenden Gründen galt mein besonderes Interesse dabei den Ereignissen bei Kriegsende in Thüringen im Allgemeinen und der Frage, weshalb die Amerikaner das Gebiet eroberten, obwohl es den Russen zugesprochen worden war, im Speziellen. Ich lese Ihnen gern einmal in Auszügen vor, was ich vor einiger Zeit in einem Artikel geschrieben habe – sofern Sie einverstanden sind.

IN: Gern.

TM: »Die Dritte US-Armee unter General Patton, die ursprünglich nach Berlin vorrücken wollte, um dort Hitler festzusetzen, änderte ihren ursprünglichen Kurs, um nach Ohrdruf zu marschieren. Patton vermerkte damals, dass das die einzige verbliebene Chance sei, um sich in diesem Krieg noch mit Ruhm zu bekleckern. Bei Arnstadt sollte Hitler ein neues Führerhauptquartier beziehen, so die Meldungen des amerikanischen Militärgeheimdienstes G-2.

Mittlerweile ist klar, dass die Amerikaner bei ihrer Suche nach dem ›Führer‹ etwas ganz anderes, wichtigeres fanden – worum es ihnen wohl auch in Wirklichkeit gegangen sein dürfte: Technologie. Den zugänglichen Unterlagen einzelner US-Kampfverbände ist zu entnehmen, dass sie zuvorderst nach sogenannten ›technology targets‹ suchten, also nach Technologiezielen. Aus dem Gebiet wurden Lkw-weise Dokumente sowie zahlreiche deutsche Wissenschaftler und Techniker mitsamt ihren Familien und Laboreinrichtungen abtransportiert. Bemerkenswert ist, dass der Vorstoß amerikanischer Truppen auf Thüringen in seiner Gesamtheit bisher nicht aufgearbeitet worden ist. Thüringen war immerhin den Russen als Besatzungszone zugesprochen worden, was wollten dann die US-Truppen zuerst hier? Nun, es galt wohl den Russen die beste Beute des Krieges direkt vor der Nase wegzuschnappen: die deutschen Atombomben.

Schon gar nicht aufgearbeitet wurde die Frage nach der von deutscher Seite tatsächlich eingesetzten Zahl der Häftlinge, von denen viele zu Tode kamen. Zeitzeugen sprachen von etwa 55 000 bis 65 000 Menschen, die hier unter teils entsetzlichen Bedingungen arbeiten mussten, die offiziellen Zahlen liegen bei etwa 12 000 bis 16 000. Scheinbar sind bestimmte Kräfte bereit, die einstige Existenz von Menschen zu vergessen, wenn es um den Schutz hochbrisanter Geheimnisse geht.

Nach dem Krieg machte die Legende vom ›letzten Führerhauptquartier‹ (FHQu) in Thüringen die Runde. Tausende

KZ-Häftlinge, die aus dem Konzentrationslager Buchenwald bei Weimar stammten, sollten in die Kalkhänge des Truppenübungsplatzes Ohrdruf – im Bereich Jonastal – dieses FHQu in Form einer Stollenanlage hineintreiben. Bis heute glauben viele ›Jonastal-Enthusiasten‹, dass das alles gewesen sei. Sie haben nicht begriffen, dass es sich dabei um eine reine Ablenkungs(bau)maßnahme handelte, die dazu diente, die Arbeiten an anderen, in der Nähe gelegenen unterirdischen Entwicklungs- und Produktionseinrichtungen zu schützen. In diesen streng geheimen und viele Meter unter Grund liegenden Installationen wurde an den Geheimwaffen der zweiten Generation gearbeitet, unter anderem an der deutschen Atomwaffe und einem Trägersystem, das diese in die Vereinigten Staaten transportieren sollte. Zeitzeugen behaupteten, die Amerikaner (vielmehr deren Spezialeinheiten) hätten zwei oder drei einsatzbereite Atombomben erbeutet und in höchster Eile abtransportiert. Diese Informationen wurden später durch andere mit der Aufklärung derartiger Vorgänge befasste Personen bestätigt. Diesen Informationen zufolge gab es insgesamt vier Untergrundanlagen um Arnstadt, in denen Segmente der deutschen Atomwaffen hergestellt wurden. In einer weiteren erfolgte die Endmontage. Schenkt man den Berichten, die in sich logisch sind, Glauben, so wurden allerdings nicht alle Bomben gefunden – *mindestens* (!) eine liegt noch vor Ort, wobei bestimmte Institutionen seit dem Anfang der 1990er-Jahre fieberhaft bemüht sind, an diese Hinterlassenschaft(en) heranzukommen, was ihnen aber offensichtlich nicht gelingt. Das würde zumindest erklären, warum die bundesrepublikanischen Behörden sich in Bezug auf dieses Thema bedeckt halten und nach außen hin ein absolutes Null-Interesse zeigen, was für sich genommen höchst verdächtig wirkt.

194

In all den Jahren der Recherche gab es in Bezug auf die vorgetragenen Behauptungen Kritik und teils heftige und unsachliche Angriffe. Märchen, Lügen, Verschwörungstheorien – diese Begriffe fassen grob zusammen, was anderen Rechercheuren und mir vorgeworfen wurde. Nun, es steht jedermann frei, Fakten zur Kenntnis zu nehmen oder sie zu ignorieren. Auf die US-Propaganda hereinzufallen ist allerdings ein unverzeihlicher Fehler und zeugt von der gerade hierzulande weit verbreiteten Unfähigkeit, hinter die Kulissen zu schauen. Was man in Schule und Ausbildung gelernt hat, gilt bis zum Grab – so lautet die Meinung vieler Menschen. Doch eines steht fest: Es gibt Hunderte von Widersprüchen bzw. der Lehrmeinung entgegenstehenden Fakten, die bei einer stimmigen Geschichtsschreibung nicht existieren dürften. Sehr wohl aber auftreten müssen, wenn das Ganze reine Propaganda ist. Ein Beispiel: Die US-Geheimdienste interessierten sich unmittelbar nach dem Krieg für bestimmte ehemalige deutsche Atomwissenschaftler, die in die Sowjetunion gegangen waren. Einem vorliegenden Dokument* ist zu entnehmen, dass sich darunter Experten wie beispielsweise Prof. Dr. Josef Schintlmeister befanden, dem die Identifizierung und Isolierung (!!!) von Transuranen bis hin zum Element Nummer 104 gelungen war. Übrigens: Russen und Amerikaner wollen das Element 104 Mitte bzw. Ende der 1960er-Jahre als ›Erste‹ hergestellt haben – mit mindestens 20 Jahren Verspätung!«

IN: Darf ich Sie an dieser Stelle unterbrechen?

* *National Archives and Record Administration* (NARA), College Park, Maryland: RG 319. *Records of the Army Staff, Records of the Office of the Assistant Chief of Staff, G-2 (Intelligence). SECURITY CLASSIFIED INTELLIGENCE AND INVESTIGATIVE DOSSIERS, 1939–1976.* Impersonal File. Entry 134A, Box 31, Folder: 02/006 430, »Immigration of Austrian Scientists to Soviet Zone«.

TM: Ja, aber ich war ohnehin fertig.

IN: Haben Sie das Dokument zu Schintlmeister und den Transuranen vorliegen?

TM: Natürlich (zeigt den gesamten Bericht).

IN: Ich habe bisher weder vom Großteil der hier aufgeführten Wissenschaftlern gehört noch von ihren Leistungen. Aber sind die Informationen dieses Papiers auch zuverlässig?

TM: Ja, durchaus. Sowohl für die Information an sich als auch für die Quelle dieser wurde eine hohe Zuverlässigkeitseinstufung vergeben.

IN: Angenommen, dieser Zwei-Dekaden-Vorsprung existierte im Speziellen in Bezug auf die Isolierung von Transuran-Elementen, was heißt das für den Stand der deutschen Atomforschung im Allgemeinen?

TM: Dass diese ihrer Zeit auch weit voraus gewesen sein muss. Zur Isolierung des Elementes 104 benötigt man spezielle Verfahren und Anlagen, die Russen und Amerikaner offensichtlich erst in den 1960er-Jahren so weit entwickelt hatten, dass sie Rutherfordium isolieren konnten. Im Umkehrschluss bedeutet dies natürlich, dass, wenn jemand überhaupt die Atomwaffe entwickeln konnte, es die Deutschen gewesen sind.

IN: Das klingt durchaus logisch. Mir scheint, dass Sie zumindest in Bezug auf Ihre These, dass die Geschichtsschreibung und Wissenschaftsgeschichte unvollständig sind, recht haben. Und nicht nur Sie vertreten ja diese Auffassung.

Gegenüberliegende Seite: In einem US-Geheimdokument, das sich mit den nach dem Krieg in die Sowjetunion »übersiedelten« österreichischen Wissenschaftlern befasste, wurden deren Leistungen beschrieben, um abschätzen zu können, a) wie wichtig die ehemaligen deutschen wissenschaftlichen Experten waren und b) welche Gefahr von ihnen hinsichtlich des Sachverhalts ausging, dass sie ihr Wissen an die Russen weitergeben könnten. Über Prof. Dr. Josef Schintlmeister ließ das Papier unter anderem verlautbaren, dass ihm während des Krieges die erfolgreiche *Isolierung* (!) von Transuranen gelungen sei – bis hin zu Element 104!!!

Diese Information ist natürlich eine wissenschaftliche Sensation, wenn man berücksichtigt, dass das Element 104, das heute die Bezeichnung Rutherfordium trägt, offiziell erst 1964* durch Russen bzw. 1969** durch Amerikaner erzeugt werden konnte!*** Kleinste Mengen seines stabilsten Isotops (Rutherfordium-267) mit einer Halbwertszeit von 80 Minuten wurden noch später isoliert. Schintlmeister und Co. hatten demnach 1945 gegenüber der Nachkriegsforschung bereits einen Vorsprung von etwa 20 Jahren erarbeitet!

Offiziellerseits wird bis heute behauptet, Prof. Dr. Schintlmeister habe nur das erste Transuran-Element Neptunium (Ordnungszahl 93) nachweisen, aber nicht isolieren können ... Das aufgefundene Dokument zeigt, dass diese Behauptung eine Lüge ist.

---

* Zur Entdeckung des Elementes 104 durch die Russen im Jahre 1964 siehe zum Beispiel: http://periodic.lanl.gov/elements/104.html.
** Den Amerikanern gelang die Isolierung erst Jahre nach den Russen. Siehe dazu: http://periodic.lanl.gov/elements/104.html.
**** Informationen zu den Mitgliedern der Entdeckerteams finden sich unter: http://elements.vanderkrogt.net/element.php?sym=Rf.

SCHINTLMEISTER, Dr Josef Peter - USSR. Born 15 June 1908. Nuclear physicist, listed on National Scientific Intelligence Requirements - Nuclear Energy - USSR, 25 July 1947. Reportedly anti-communist and had requested that he be brought into contact with British. Released as Chief of Physics Institute because of NSDAP membership. Formerly associated with GUNTH, STEINER, MATTAUCH, CURLIUS and JENTSCHKE. During war, succeeded in isolating transuranen 104. In summer of 1945, subject with other members of Radium Institute, fled to Thumersbach. In 1945 he accepted Soviet employment and was taken to Moscow. In September 1945 is reportedly contacted JOLIOT CURIE on problems of extracting plutonium. Censorship intercept indicated subject is currently interested in lithium hydride bombs, originally begun with STEINER.

SCHMID, Ing Karl - Kärntnerstrasse 59, Graz (last address). Inventor of process for electrolysis of liquids which was sold to British Navy in 1934. In 1937 he was ordered to build nitroglycerin plant at Blumau, Austria by Austrian Government. In 1939 took directorship of Spiritus Industry AG in Vienna. Believed he supervised removal of machinery and explosives. Also with Abwehr. During 1946 and 1945, supervised construction of ammunition plant

Quelle des Dokuments: *National Archives and Record Administration* (NARA), College Park, Maryland: RG 319. *Records of the Army Staff, Records of the Office of the Assistant Chief of Staff, G-2 (Intelligence). SECURITY CLASSIFIED INTELLIGENCE AND INVESTIGATIVE DOSSIERS, 1939–1976.* Impersonal File. Entry 134A, Box 31, Folder: 02/006 430, »Immigration of Austrian Scientists to Soviet Zone«.

TM: Exakt. Bei der Suche nach der Wahrheit braucht man nicht nur Ausdauer, sondern mitunter auch etwas Glück. Ein Glücksfall besonderer Art trat vor zwei Jahren ein: Der Zeitzeuge Peter Brüchmann, Sohn eines an den deutschen Geheimprojekten indirekt beteiligten Wehrmachtsoffiziers, meldete sich mit seinem Buch *Top Secret: Amerikas verschwiegener Triumph – Die Erbeutung der deutschen Atomwaffen 1945* zu Wort und bestätigte aufgrund persönlicher Erinnerungen und Erfahrungen wie auch der seines Vaters, dass in Thüringen drei deutsche Uranbomben von US-Spezialeinheiten erbeutet worden waren. Der Vorstoß der Dritten US-Armee war also kein Zufall, sondern diente – wie auch ich schon früher vermutet hatte – einzig dem Ziel, in den Besitz der deutschen einsatzbereiten Atomwaffen zu gelangen. Wobei wir allerdings nicht genau wissen, was noch alles in ihre Hände fiel.

IN: Herr Brüchmann sagt aber auch, dass die Erbeutung der drei Atombomben ein Bravourstück der Amerikaner gewesen sei.

TM: Ich sehe das etwas anders, weil ich Hinweise darauf habe, dass da noch andere Interessen im Spiel waren, die man als deutschen Verrat bezeichnen muss. In den vergangenen Jahren wurden wir immer mal wieder darauf hingewiesen, dass, bevor der Krieg sein offizielles Ende fand, in Untertageanlagen sowohl in Thüringen als auch in einer anderen Gegend Deutschlands englisch bzw. amerikanisch sprechende Personen mit leitenden SS-Offizieren zusammen gesehen wurden, wie sie die dort laufenden Arbeiten inspizierten. Die damals untertage tätigen Ingenieure und Wissenschaftler wunderten sich ob dieses Sachverhaltes, den sie lebenslang, was seine Bedeutung betrifft, nicht oder nur schwer verstanden haben. Das ist aber noch nicht alles: Auch die Briten hatten einen nicht gerade unbedeutenden Anteil an der Erbeutung der Atomwaffen, hier besonders eine kleine Gruppe, die die Bezeichnung 30 AU (*30 Assault Unit*) trug und unter dem Kommando von Ian Fleming stand.

IN: Ian Fleming – der Name kommt mir bekannt vor, ohne dass ich aber im Augenblick wüsste, wo ich ihn einordnen soll ...

TM: Ian Fleming war der Erfinder der Romanfigur James Bond alias Geheimagent 007 im Geheimdienst Seiner Majestät, der britischen Königin. Was bisher kaum jemand wusste: Fleming war mit seiner Gruppe ab einem bestimmten Zeitpunkt ebenso wie das amerikanische *Alsos*-Unternehmen hinter der deutschen Atomwaffentechnologie her und kam dabei bis nach Thüringen, genauer gesagt bis in das Gebiet von Arnstadt und Ohrdruf. Es kann gut sein, dass er noch vor den Amerikanern an ganz entscheidende Dinge gelangte, über die er allerdings nach dem Krieg niemals sprechen durfte.

IN: Weshalb vermuten Sie das?

TM: Es gibt Leute, die seit Jahren an diesem Thema arbeiten. Ich kann aus verschiedenen Gründen hier nur so viel sagen, dass Flemings Truppe in einigen der thüringischen Untertageanlagen war, die angeblich gar nicht existieren. Ich glaube, einige gut informierte Briten haben sich jahrzehntelang prächtig darüber amüsiert, wie dumm die Deutschen hinsichtlich der entscheidenden Elemente der Geschichte des Zweiten Weltkrieges geblieben sind.

IN: Ein zweifelsohne spannendes Thema, wenn sich die Tatsachen so verhalten, wie Sie es behaupten. Bemerkenswert ist zudem, dass es Menschen gibt, die frei darüber berichten, dass beispielsweise der Vater mit den geheimen deutschen Atomforschungen zu tun hatte.

TM: Ja, es ist wichtig, mit diesen Dingen endlich an die Öffentlichkeit zu gehen, auch wenn die Masse der Menschen weder begreift, worum es eigentlich geht, noch die Massenmedien darüber berichten. Die Wahrheit kommt dennoch immer ans Licht.

IN: Haben Sie eine Antwort auf die Frage, weshalb die Amerikaner – wenn dem wirklich so gewesen ist, wie Sie, Herr Brüchmann oder andere behaupten – nicht zugeben wollten, woher die Atomwaffen oder Teile davon kamen?

TM: Diese Frage erscheint mir als wichtigste überhaupt. Hätte man unmittelbar nach dem Kriegsende im Jahre 1945 zugegeben, dass deutsche Beutebomben benutzt wurden, um den Zweiten Weltkrieg im Pazifikraum zu beenden, wer würde heute noch darüber sprechen, nachdem mehr als 60 Jahre vergangen sind? Sicherlich, es hätte zu Anfang einige irritierte Nachfragen gegeben, aber diese wären nach ein paar Jahren verstummt. Vielleicht gibt es ein von manchen Zeitgenossen vermutetes »dunkles Geheimnis« in Form einer bis heute nicht offensichtlich gewordenen Zusammenarbeit deutscher Personen oder Organisationen mit den Amerikanern? Man bedenke in diesem Zusammenhang, dass General Patton, der die Dritte US-Armee, die nach Thüringen kam, befehligte, der Idee, zusammen mit der SS bzw. deutschen Truppen gegen die Russen zu kämpfen, durchaus etwas Positives abgewinnen konnte.

Wie immer man diese Frage auch beantworten mag, es steht fest, dass es hinsichtlich vieler Dinge, die mit der Eroberung Thüringens und dem, was man dort fand, zusammenhängen, eine Geheimhaltung gibt, die so massiver Art ist, dass man sogar bereit war, einen Großteil der eingesetzten Häftlinge, von denen viele zu Tode kamen, zu vergessen. Und diese Geheimhaltung wird nicht nur von US-amerikanischen Dienststellen betrieben, sondern parallel dazu auch von britischen Einrichtungen. Mittlerweile konnten beispielsweise die Namen von zehn deutschen Wissenschaftlern und/oder SS-Offizieren zusammentragen werden, deren Personalunterlagen und Befragungsprotokolle mit der unglaublichen Sperrfrist von 100 Jahren versehen sind. Was ist sechs Jahrzehnte nach dem Ende des Zweiten Weltkrieges immer noch so wichtig, dramatisch oder ungeheuerlich, dass man es den angeblich mündigen Bürgern nicht offenbaren will? Weshalb sollen wir weitere 40 Jahre warten? Ist diese Geheimhaltung nicht ein Beweis dafür, dass Demokratie und Rechtsstaatlichkeit von denen, die sie eigentlich schützen sollten, missbraucht werden? Ist diese Geheimhaltung nicht auch ein weiterer Beweis dafür, dass die ehemaligen Alliierten weiterhin eine gegen Deutschland gerichtete Politik betreiben, indem der deutsche Bürger bestimmte Informationen, die seine eigene Geschichte betreffen, nicht erfahren darf? Und was ist das für eine seltsame Art von Geschichtsschreibung, deren Vertreter, also die Historiker, nicht danach fragen, was die früheren Feinde ihnen vorenthalten, um zu einigermaßen exakten Bewertungen zu gelangen? Der ganze Zustand ist nicht nur im höchsten Maße paradox, sondern untragbar.

IN: Herr Mehner, Sie sind ja dafür bekannt, dass Sie kein Blatt vor den Mund nehmen, wenn es darum geht, auch noch etwas anderes zu kritisieren – und zwar den Technologietransfer durch Briten, Franzosen, Russen und vor allem die Amerikaner. Wozu das Ganze, wo doch mehr als sechs Jahrzehnte vergangen sind?

TM: Nun, was ich da tue, hat schon einen tieferen Sinn. Ich gebe Ihnen ein einfaches Beispiel. Die Vereinigten Staaten von Amerika haben zu Zeiten von George W. Bush mehrere andere Nationen angemahnt, stärker gegen Urheberrechtsverletzungen vorzugehen, weil beispielsweise chinesische Unternehmen Raubkopien amerikanischer CDs oder DVDs herstellten. Sollten diese angemahnten Staaten der Aufforderung nicht nachkommen, so hieß es seinerzeit, würden Sanktionen folgen.

Die Urheberrechtsverletzungen sind das eine, die Drohungen der USA das andere. Ich frage mich, wie sich die Vereinigten Staaten heute hinstellen und erklären wollen, was Recht und Ordnung ist, wo sie doch im Zweiten Weltkrieg das gesamte deutsche Patentarchiv stahlen und auch sonst alles unternahmen, um entgegen schon damals bestehender rechtlicher Regelungen an das Wissen der deutschen Gehirne zu gelangen. Wer so etwas tut, hat keinerlei Recht, auch 100 Jahre später nicht, andere Nationen anzumahnen oder gar, wie geschehen, unter Druck zu setzen. Stattdessen sollten sich die USA bzw. deren Vertreter in Zurückhaltung üben und den Mund halten. Das stünde ihnen wesentlich besser zu Gesicht.

Und noch etwas: Den Begriff »Technologietransfer« sollten Sie schleunigst vergessen. Was damals geschah, war Unrecht: Es wurde geraubt, gestohlen, geplündert, und es gab Befehle, dass diejenigen Deutschen, die nicht kooperativ waren, getötet werden konnten. Woher, glauben Sie, kommt in den James-Bond-Filmen die Formulierung »Lizenz zum Töten«? Es ist die Beschreibung der Vollmacht, die 30 AU unter Ian Fleming ebenfalls besaß. Die Amerikaner haben bei Kriegsende das Wort »Transfer« auch nur höchst selten benutzt, sie sprachen in den Dokumenten immer von »Evakuierung«. Der Begriff bedeutet aber, dass das, was in Sicherheit gebracht wurde, eigentlich hätte zurückgegeben werden müssen. Darauf wartet Deutschland in den allermeisten Fällen heute noch.

IN: Was meinen Sie zu der Behauptung, der Aufstieg der USA nach dem Zweiten Weltkrieg zur Weltmacht sei durch das »transferierte« deutsche Wissen und dessen Nutzung erfolgt?

TM: Diese Behauptung ist durchaus korrekt. Sie können hinsehen, wo sie wollen, der sogenannte technologische Fortschritt der USA, aber auch der anderer Nationen, basiert zu einem großen Teil grundlagenmäßig auf den Erfindungen der 1930er- und 1940er-Jahre in Deutschland. Düsengetriebene Flugzeuge, die Raketentechnik usw. sprechen da eine ganz klare Sprache. Darüber hinaus sind auch die Nukleartechnologie und die Mikroelektronik nach meinem Dafürhalten, man verzeihe mir die Formulierung, nicht auf amerikanischem Mist gewachsen, auch wenn das oft und gern behauptet wird.

IN: Glauben Sie, dass durch die Alliiertenstreitkräfte auch postnukleare Technologien in Deutschland erbeutet werden konnten?

TM: Davon gehe ich aus, wobei ich eine Einschränkung vornehmen muss: 1) Mit absoluter Sicherheit wurde nicht alles entdeckt und 2) das, was erbeutet wurde, nicht unbe-

Die Vertreter der heutigen Geschichtswissenschaft behaupten, dass die Vergeltungswaffe 2 (V-2, alias A-4) den höchsten Stand deutscher Raketentechnik im Zweiten Weltkrieg repräsentierte. US-Geheimdienstdokumente zeigen jedoch auf, dass diese Auffassung falsch ist: Sie berichten über die V-3 und V-4. Der führende Kopf der deutschen Raketentechnik, Wernher von Braun, wusste offensichtlich weitaus mehr, als er gegenüber den Amerikanern anfangs zu Protokoll gab.

dingt verstanden. Letzteres gilt umso mehr, als es den Amerikanern auch nicht gelang, zu jeder Technologie die passenden deutschen Fachleute in ihren Einflussbereich zu bringen. Einige von denen hatten sich, mehr oder weniger freiwillig, bereits nach Russland begeben.

IN: Nun gibt es aber andere Autoren, die behaupten, dass die USA bereits über postatomare Technologien, zum Beispiel im Bereich der Antriebssysteme, verfügen. Kann man derartige Aussagen für bare Münze nehmen?

TM: Nur zum Teil, und auch das nur mit erheblichen Einschränkungen. Bereits wenige Jahre nach dem Krieg, in den 1950er-Jahren, war das Thema des so bezeichneten »Antigravitationsantriebes« Gegenstand zahlreicher Veröffentlichungen in amerikanischen Zeitungen und Zeitschriften. Die betreffenden Autoren behaupteten damals, man stehe vor einem großen technologischen und wissenschaftlichen Durchbruch. Es muss also durchaus einige ermutigende Aspekte gegeben haben, die solche Darstellungen rechtfertigten. Die Frage ist allerdings, ob dieser Durchbruch dann in der Folge auch tatsächlich gelang. Falls ja, dann wohl nur in Bezug auf einige eng definierte militärische Anwendungen, denn im Großen und Ganzen hörte man weder in Bereich der Militärtechnik noch in dem der zivilen Nutzanwendungen etwas davon. Wäre eine breite Nutzung dieser Technologie erfolgt, hätte es mehr Informationen gegeben, viel mehr.

IN: Die USA haben eine große, streng geheime Luftwaffenbasis mit der Bezeichnung *Area 51*. Könnten dort solche Versuche zum Antigravitationsantrieb, wie wir ihn einmal nennen wollen, stattfinden?

TM: Hier gilt es zu differenzieren. Die Basis existiert, und es werden dort zweifelsohne neuartige und recht exotisch erscheinende Antriebssysteme für Militärflugzeuge getestet, die vielleicht Geschwindigkeiten von Mach 4 bis Mach 8 zulassen. Ob das Ganze aber etwas mit einem Antigravitationsantrieb zu tun hat, darf doch eher bezweifelt werden.

IN: Weshalb?

TM: Das Vorhandensein eines solchen Antriebes würde auch in anderen militärischen Bereichen zu einer wahren Revolution im Bereich der Innovationen geführt haben. Das ist aber nicht zu erkennen. Stattdessen führen die amerikanischen Militärs oft das als Neuigkeit vor, was in den 1940er-Jahren in Deutschland patentiert wurde: Laserwaffen, Superbomben, mit großer Geschwindigkeit im Grenzbereich zwischen Luft- und Weltraum operierende Flugzeuge ...

IN: Aber die Amerikaner betreiben doch zahlreiche Schwarze Projekte. Könnte es da nicht sein, dass sich unter diesen ein solcher Antrieb befindet?

TM: Können könnte es schon. Aber wie gesagt, ich persönlich glaube nicht, dass ihnen der schon in den 1950er-Jahren angekündigte »große Durchbruch« auf breiter Front gelungen ist. Dazu bedarf es nämlich nicht nur der technologischen Komponente, sondern auch der bewusstseinsmäßigen.

IN: Moment mal, wollen Sie, wenn man das jetzt alles zu Ende denkt, allen Ernstes behaupten, die Amerikaner hätten heute weniger Bewusstsein als die Deutschen in den 1930er- und 1940er-Jahren?

TM: Auf diese Frage habe ich gewartet. Die damalige Zeit, das ist uns dutzendfach berichtet worden, wurde von vielen Ingenieuren und Wissenschaftlern als Aufbruch in etwas Neues, in eine neue Ära betrachtet. Ich will an dieser Stelle einmal außen vor lassen, wie diese neue Ära heute bewertet wird. Fakt ist: In Zeiten eines gesellschaftlichen Wandels ändert sich auch das menschliche Bewusstsein, sodass anschließend auf allen möglichen infrage kommenden Gebieten manches möglich ist, was vorher einfach nicht realisierbar war. Ob dieser Prozess positiv oder negativ zu bewerten ist, steht auf einem anderen Blatt, denn man darf nicht vergessen, dass neben dem propagierten Aufbruch in ein neues Zeitalter auch massiver Druck seitens der politisch Verantwortlichen ausgeübt wurde.

Bei den Amerikanern kann ich nirgends eine Bewusstseinsveränderung erkennen, obwohl diese ja dort dringend nötig wäre. In nicht einmal 100 Jahren durchlaufen sie stattdessen zum zweiten Mal eine massive Wirtschafts- und Finanzkrise, ohne daraus auch nur irgendetwas zu lernen. Ich erkenne dort nur Stagnation, die letztlich den Untergang herbeiführen wird. Die Weltmacht Nummer eins befindet sich auf dem absteigenden Ast.

IN: Eine provokante Hypothese.

TM: Was ist daran provokant? Zu diesem Schluss sind schon vor Jahren viele Analytiker gelangt.

IN: Freut Sie das etwa?

TM: Das möchten Sie gern wissen, oder?

IN: Ja, selbstverständlich.

TM: Ich sehe das Ganze mit tiefer innerer Befriedigung. Ich verabscheue Imperien, und ich mag auch keine Großreiche. Die Geschichte beweist eindrucksvoll, dass diese alle ihr Ende finden, manchmal schneller als gedacht. Und das ist gut so, denn mit ihnen war stets die massive Unterdrückung anderer, freiheitsliebender Kräfte verbunden.

IN: Wechseln wir das Thema. Sie waren ja immer recht aktiv, was die Öffentlichkeitsarbeit auch unabhängig von den Publikationen anging. Werden Sie diese fortsetzen? Wie man hört, haben Sie ja einen großen Anhängerkreis.

TM: Letzteres kann ich nicht beurteilen, und Ersteres bleibt abzuwarten. Nur so viel: Was meine Person anbetrifft, so habe ich es in den vergangenen zwei, drei Jahren etwas ruhiger angehen lassen. Ich kann zum einen über Arbeitsmangel nicht klagen, sodass ich gar keinen Grund sehe, mir noch mehr Stress aufzubürden als unbedingt nötig, und zum anderen gibt es andere Dinge, die mir ebenfalls wichtig sind und die ich nicht vernachlässigen will. Das heißt nicht, dass ich die Recherchen aufgebe, sondern es heißt nur, dass ich künftig nicht mehr beliebig verfügbar bin.

IN: Überlassen Sie mit einem solchen Quasi-»Rückzug« nicht aber Ihren Kritikern das Feld? Immerhin waren bei öffentlichen Veranstaltungen in früheren Jahren meist jede Menge Leute zugegen, um das, was Sie an Neuigkeiten herausgefunden hatten, zu hören.

TM: Ich agiere nicht auf einem Schlachtfeld, von dem ich mich eventuell zurückziehen könnte – auch wenn das manche glauben. Davon abgesehen ziehe ich mich auch nicht zurück. Zudem: Die Skeptiker und Gegner mögen ruhig das tun, was sie tun, deshalb wird das, was sie im Internet, in Vorträgen oder sonstigen Veranstaltungen von sich geben, auch nicht richtiger. Im Übrigen waren die von mir realisierten Öffentlichkeitsveranstaltungen in allererster Linie ein Versuch meinerseits, festzustellen, ob es eine *wirkliche* Resonanz auf das Thema geben würde.

IN: Hat es diese gegeben?

TM: Nur zu einem bestimmten Teil. Viele Menschen von heute sehen das Ganze offensichtlich als nette Unterhaltung an, frei nach dem Motto: Das ist alles ist zwar ganz interessant und spannend, aber lange her, uns interessieren jedoch nur Gegenwart und Zukunft. Man hört sich das Thema an, denkt kurz darüber nach – und eine Woche später ist alles vergessen. Dass das, was bis zur Kapitulation der deutschen Streitkräfte im Mai 1945 geschehen ist, aber einerseits immer noch Auswirkungen auf den heutigen Zustand Deutschlands hat, verstehen die Menschen oft nicht. Ihnen fehlen die Informationen, um Zusammenhänge herzustellen. Interessant ist aber, dass sie andererseits an allem herumnörgeln, jedoch nicht nach den Ursachen des derzeitigen Zustandes suchen. Mittels einer solchen nicht analytischen Methodik wird man nicht weiterkommen. Deutschland ist auch deshalb auf dem Weg in die Versenkung, wenn man sich nicht langsam eines Besseren besinnt.

IN: Welche Lehren ziehen Sie persönlich aus dem Ganzen?

TM: Dass ich in Bezug auf das, was Sie mit dem Begriff »Öffentlichkeitsarbeit« umschreiben, nurmehr bedingt zur Verfügung stehe – wie ich schon betonte. Früher habe ich viele Gelegenheiten wahrgenommen, das »Thema« unters

Volk zu bringen, heute gehe ich viel differenzierter vor. Meine Anhänger, die ja genau genommen unsere Anhänger sind, werden auch weiterhin von uns bzw. mir hören. Ich für mich muss allerdings nicht auf jeder Hochzeit tanzen.

IN: Demnach müssen also jetzt all jene, die zum Beispiel auf einen neuen Vortrag gewartet haben, auf einen solchen verzichten?

TM: Das habe ich nicht gesagt. Ich behalte mir aber vor, meine Entscheidung von Fall zu Fall zu treffen.

IN: Höre ich da vielleicht in gewisser Weise etwas Enttäuschung oder Resignation heraus?

TM: Nein. Ich habe bereits an anderer Stelle gesagt, dass ich von den meisten Menschen hierzulande nichts erwartete, weil ich weiß, wie sie »ticken«. Sie können alles überall in der Welt tun, nur nicht in Deutschland – und schon gar nicht in Thüringen. Jedes noch so interessante Thema wird hierzulande von inkompetenten Schwätzern niederdiskutiert oder durch systemnahe »Experten« zur Strecke gebracht, jede noch so wichtige Innovation kaputtgemacht durch eine maßlos agierende Bürokratie und in Mengen vorhandene Bedenkenträger. Wenn es um die deutsche Geschichte geht, wird – überspitzt formuliert – alles auf die zwölf Jahre Nationalsozialismus fokussiert und stets und ständig der Betroffenheitsmodus aktiviert. Wer kann, packt angesichts solch krankhafter Zustände die Koffer und verschwindet. Ich beobachte das schon lange und bin mir der damit verbundenen Tatsachen durchaus bewusst. Somit kann weder von Resignation noch von Enttäuschung die Rede sein. Im Übrigen ist es doch so, dass, wenn Sie merken, dass die Botschaft nicht rüberkommt bzw. auf fruchtbaren Boden fällt, Sie nicht weiter in der Verantwortung stehen. Mir ist es letztendlich egal, ob diejenigen, die beispielsweise in den betroffenen Arealen wohnen, die von mir vertretenen Thesen akzeptieren oder nicht. Darum geht es nämlich auch gar nicht. Es geht darum, dass da etwas im Boden steckt, was dort nicht hingehört – und alle ignorieren es, indem sie meinen, es sei ja in Wirklichkeit gar nicht da und Herr Mehner verbreite vielleicht nur Mythen und Legenden. Von mir aus sollen das alle glauben bis zu dem Tag, der sie zur Besinnung bringen wird.

IN: Kann die Ignoranz damit zusammenhängen, dass die von Ihnen geschilderten Sachverhalte gern als »Verschwörungstheorien« bezeichnet werden?

TM: Ja, offensichtlich ist das so. Und solchen »Verschwörungstheorien« möchte natürlich der aufgeklärte Zeitgenosse von heute nicht folgen, der meist doch bemüht ist, sich dem herrschenden Zeitgeist zu unterwerfen. Dabei wird aber völlig vergessen, dass es in einer Gesellschaft, in der es wirkliche Meinungsfreiheit gibt – was in Deutschland eindeutig nicht der Fall ist –, auch zum guten Ton gehört, *andere* Meinungen zu akzeptieren, auch wenn sie ungewohnt oder politisch unkorrekt erscheinen mögen. Hierzulande aber ist es mittlerweile so wie in der verblichenen DDR: Es gibt politisch korrekte, vom Staat gern gesehene und auch aktiv geförderte Auffassungen. All jene aber, die dieser offiziellen Sicht der Dinge widersprechen und ihre eigene, abweichende Meinung artikulieren, sind sofort »Spinner«, »Rechte«, »Verschwörungstheoretiker« und dergleichen mehr und werden durch die Medien, die die Funktion des Großinquisitors übernommen haben, öffentlichkeitswirksam hingerichtet. Das ist auch der Grund dafür, dass es keine wirkliche Diskussion über viele Probleme in Deutschland gibt, sondern nur eine ideologisch geführte Beurteilung.

IN: Vielleicht liegt es aber auch daran, dass noch nichts gefunden wurde, was Ihre Thesen, um einmal den Begriff zu verwenden, »industriearchäologisch« untermauert.

TM: Gut, das ist zugegebenermaßen ein Problem. Dabei darf allerdings nicht vergessen werden, dass das Aufspüren streng geheimer und gut getarnter Anlagen des Dritten Reiches durch Privatpersonen keineswegs einfach ist, denn sie verfügen nicht wie die im staatlichen Auftrag agierenden Amerikaner und Russen sowie das einstige Ministerium für Staatssicherheit der DDR über deren Möglichkeiten. Als privater Rechercheur müssen Sie a) darüber hinaus wissen, wo sich Untergrundanlagen im Gelände befinden, und b) die Möglichkeit für deren Aufwältigung bekommen. Eine Gruppe von Enthusiasten und meine Wenigkeit haben in der vergangenen Jahren Hinweise erhalten, wo einige der gesuchten Systeme liegen, und innerhalb der infrage kommenden Gebiete Bodenradaruntersuchungen vornehmen lassen. Diese lieferten positive Ergebnisse, konnten sich aber nur auf einzelne Standorte konzentrieren, weil die Untersuchungen selbst ziemlich teuer sind. Anschließend ging es daran, beispielsweise durch Bohrungen die Radarortungen zu bestätigen. Aber so einfach, wie sich das anhört, war es nicht. In einem konkreten Fall, der viel Geld gekostet hat, gab ich einen Hinweis, an welcher Stelle zu bohren sei. Der Eigentümer des Geländes aber versagte für den von der Behörde vorgegebenen Zeitraum das Betreten seines Feldes und verwies »auf den kommenden Sommer«. Um die Bohrgenehmigung aber nicht verfallen zu lassen (was künftige Sondierungsanträge erschwert hätte), musste bzw. konnte nunmehr also nur noch in der Nähe des ursprünglich geplanten Punktes eine Bohrung niedergebracht werden. Selbstverständlich sorgte das Ganze für öffentliche Aufmerksamkeit, und als durch Pressemeldungen bekannt wurde, dass es sich erst einmal um eine erste Bohrung handeln würde, der nach dem Winter weitere folgen sollten, reagierte eine andere Behörde als die, die die Genehmigung erteilt hatte, und verbot sämtliche weitere Aktivitäten mit der Begründung, dass es sich bei dem Gebiet um eine Trinkwasserschutzzone 2 handeln würde, in der solche Maßnahmen generell untersagt seien. Interessanterweise war die Hochstufung zur Zone 2 genau in dem Monat erfolgt, in dem wir den Antrag gestellt hatten. Noch seltsamer: Wir erhielten eine Kopie der Karte, die die Ausdehnung der Trinkwasserschutzzone zeigt. Und was soll ich Ihnen sagen? Es gibt eine etwa 90-prozentige Überdeckung des Wasserschutzgebietes mit jenem Areal, das die uns bekannten Untergrundsysteme

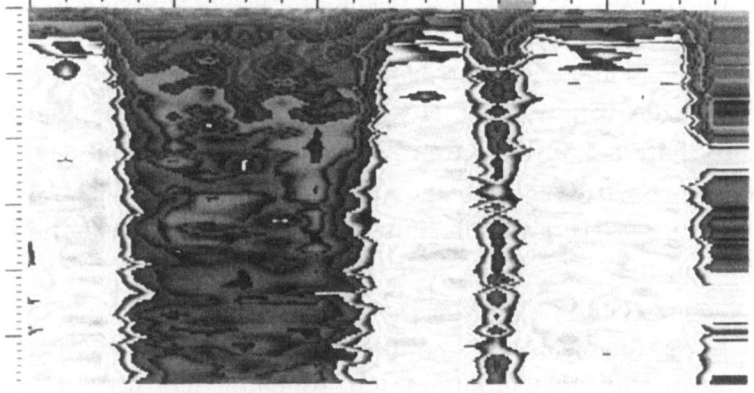

Durchgeführte Bodenradarmessungen belegten mehrfach, dass unter von Zeitzeugen genannten Stellen tatsächlich Hohlräume vorhanden sind. Nur Zufall?

im Gebiet westlich von Arnstadt enthält. Richtig kurios und peinlich wurde es aber, als sich außerdem herausstellte, dass innerhalb der Zone eine heute nicht mehr betriebene Müllhalde liegt, die aus DDR-Zeiten stammt und laut einem mir vorliegenden Gutachten äußerst problematische Stoffe enthält, die heute gar nicht mehr auf solchen Deponien gelagert werden dürfen. Ich kann das alles hier natürlich nur in knappen Sätzen zusammenfassend darstellen, aber bis Ende des kommenden Jahres wird das Ganze in ausführlicher Form in einem Buch, das noch ganz andere Dinge aufzeigen wird, zu lesen sein.

IN: Zwei Fragen, erstens: Ist das, was Sie im Zusammenhang mit der Trinkwasserschutzzone berichtet haben, Zufall? Und zweitens: Dürfen wir schon etwas mehr über den Inhalt des 2011 erscheinenden Werkes erfahren?

TM: Zur ersten Frage: Vielleicht, vielleicht auch nicht. Das lässt sich schwer beurteilen. Es kommt noch ein weiterer Punkt hinzu: Überall in Deutschland, wo Trinkwasserschutzzonen existieren, die Schiefergebirgs- bzw. Kalksteinregionen beinhalten, ist man bemüht, diese zu beseitigen, das heißt, die vom Wasser aus solchen Gebieten abhängigen Ortschaften künftig durch eine Fernwasserversorgung zu beliefern. Im Falle Arnstadt passiert genau das Gegenteil: Die dortige Trinkwasserschutzzone erhält sogar eine höhere Bedeutung.

Zur zweiten Frage: Das Buch wird sich mit all dem befassen, was die Existenz einer unterirdischen Hochtechnologiezone in Thüringen dokumentiert. Im Laufe der Jahre ist viel Material zusammengetragen worden, das durchaus einige Überraschungen bereithält. Nach der Veröffentlichung des Buches ist dann jeder Interessierte imstande, konkret vor

Ort allein oder mit anderen zusammen nach dem zu suchen, was angeblich gar nicht vorhanden ist. Und das Führerhauptquartier ist dabei, dies muss ich besonders betonen, eher nebensächlich.

IN: Das klingt vielversprechend. Und was ist mit den Schatzsuchern, die Sie ja stets als Begründung angeführt haben, wenn es darum ging, bestimmte konkretere Daten zurückzuhalten?

TM: Manchmal ist es nötig, die Vorgehensweise zu ändern. Der Zeitpunkt ist nun gekommen. Ich habe nichts gegen diese Leute, die ja eigenverantwortlich handeln. Es sind alles erwachsene Menschen, die wissen, was sie tun. Zudem: Wenn überall »gemauert« wird, sehe ich mich in der Pflicht, den Druck im Kessel zu erhöhen oder – noch besser – erhöhen zu lassen.

IN: Was, Herr Mehner, denken Sie, muss geschehen, um das von Ihnen bearbeitete Thema einer Aufklärung zuzuführen?

TM: Ich sage es Ihnen ganz ehrlich: Eine Änderung wird es erst dann geben, wenn a) etwas Entscheidendes gefunden wird oder diejenigen, die nach wie vor auf den Beweisen sitzen, damit endlich an die Öffentlichkeit gehen, b) ein kleiner oder großer Unfall einige Zeitgenossen ins Jenseits befördert, sodass man das Problem nicht mehr verniedlichen bzw. ignorieren kann, oder c) der politische Kurs, der in diesem Land gesteuert wird, eine deutliche Änderung erfährt. Solange man sich hinsichtlich Punkt c) den Amerikanern unterwirft, solange alles, was gegen die Auffassungen der Establishment-Historiker spricht, als abwegig, revisionistisch oder unglaubhaft bezeichnet wird, wird es keine Lösung des Problems geben. Es reicht nicht aus, die zu Tode Gekommenen zu betrauern und jedes halbe Jahr irgendwo einen Kranz niederzulegen, nein, man muss aufklären, was *hinter* dem Mechanismus vieler Konzentrationslager gesteckt hat. Die Geheimwaffenproduktion war ein wesentlicher Aspekt des Ganzen. In Bezug auf die V-2 wird das auch zugegeben, aber alles andere wird geflissenlich ignoriert.

IN: Gehen Sie da nicht etwas zu weit, zumindest in Bezug auf Punkt c?

TM: Nein, keineswegs. Das nämlich ist genau das Problem. Erst wenn in Deutschland deutsche Politik für das deutsche Volk gemacht wird, die der (geschichtlichen) Wahrheit verpflichtet ist und keinerlei falsche Rücksichten auf die Interessen unseres großen »Verbündeten« nimmt, wird Bewegung in die Sache kommen, denn dass so rein gar nichts passiert, hat ja vor allem politische Gründe.

IN: Glauben Sie das wirklich? Liegt es nicht doch eher am Geld?

TM: Nun machen Sie aber mal einen Punkt. Mir muss niemand mehr mit dem Argument kommen, es sei kein Geld für derartige Untersuchungen da. Den Banken hat man es in der Finanzkrise gleich zugwaggonweise in den weit aufgerissenen Rachen gekippt. Da kommt es doch auf zehn, 20 oder auch 50 Millionen Euro gar nicht an, im Gegenteil. Es handelt sich um gut investiertes Geld, denn die entsprechenden Explorationen sind billig im Vergleich zu dem, was uns allen an Kosten blühen kann und wird, wenn in unterirdischen Bereichen etwas von dem Nuklearmaterial reagiert und sich einen Weg nach außen bahnt, was andere und ich dort vermuten.

IN: Die Banken gelten aber auch als systemrelevant.

TM: Wenn es einen GAU, einen Größten Anzunehmenden Unfall (nuklearer Art), in Thüringen gibt, ist der auch systemrelevant, weil danach die Regierung abtreten muss – oder das ganze System von den atom- bzw. kernkraftkritischen Deutschen auf den Müllhaufen der Geschichte befördert wird. Was, glauben Sie, wird passieren, wenn Tschernobyl 2 in Deutschland auftritt? Die Folgen sind irreparabel, und es dürfte jede Menge Fragen nach dem »Warum« geben. In diesem Moment fällt das ganze Lügengebäude in sich zusammen. Die Atomkraftgegner besorgen dann den Rest.

IN: Wird es zu dieser in Ihren Augen notwendigen Änderung kommen?

TM: Ja, ich denke schon. Die Menschen fangen ganz langsam an, über bestimmte Sachverhalte nachzudenken, und wollen sich nicht mehr von »denen da oben« und den Vertretern willfähriger Massenmedien für dumm verkaufen lassen. Unsere politische Kaste, weit mehr abgehoben als die, die einst die DDR regierte, hat keinen Kontakt zur Basis und wird abdanken müssen, wenn sie so weitermacht wie bisher. Ich vermute sogar, dass in Deutschland, wo man rein gar nichts aus dem Scheitern der ersten Demokratie in Form der Weimarer Republik gelernt hat, auch dieses Mal die demokratische Karre gegen die Wand fährt und anschließend eine Diktatur das Ruder übernehmen wird, besser gesagt übernehmen *muss*. Falls das geschieht, sind die Ursachen dafür aber einzig und allein in der volksfernen und mit schweren Fehlern behafteten Politik der heutigen Parteien zu suchen, die allesamt keine Vision hatten und haben.

IN: Harte Worte, Herr Mehner.

TM: Sie haben mich gefragt – ich habe geantwortet.

IN: Kommen wir auf ein anderes Thema zu sprechen: die Zeitzeugenberichte. Diverse Kritiker halten diese ja für frei erfunden.

TM: Ich weiß, aber das ist nicht von Bedeutung. Zum einen besitze ich in vielen Fällen die Originale, zum anderen konnte im Laufe der vergangenen Jahre noch einiges an Material zusammentragen werden, was diese vollauf bestätigt. In dem Buch *Die Atombombe und das Dritte Reich* hatten wir beispielsweise ein Befragungsprotokoll eines Beteiligten, Heinz Wachsmut, vorgestellt, das – wie andere auch – von manchen Historikern als Erfindung bezeichnet wird. Wachsmut musste nach dem Test einer kleinen Atomwaffe auf dem Truppenübungsplatz Ohrdruf Anfang März 1945 am darauffolgenden Tag die Leichen bergen. Wenn das Ganze eine reine Erfindung ist, wie erklärt sich dann aber, dass sich Personen bei uns meldeten, die den Herrn persönlich kannten und uns erzählten, dass er immer wieder über seine Erlebnisse berichtet habe? Freilich, niemand wollte ihm zu DDR-Zeiten Glauben schenken, denn das, was er offenbarte, klang einfach zu abenteuerlich, erinnerten doch die Einzelheiten seines Berichtes irgendwie an den Einsatz einer kleinen Atomwaffe. Ungeachtet dessen hat der Berliner Wirtschaftshistoriker Dr. Rainer Karlsch russische Geheimdienstdokumente gefunden, die den Test einer solchen klei-

nen Atomwaffe auf dem Truppenübungsplatz Ohrdruf im
März 1945 bestätigen. Und einer meiner Recherchepartner
hat Material erhalten, das in einer künftigen Veröffentlichung zu lesen sein wird: Ein Verwandter General Gehlens
(Stichwort: Fremde Heere Ost) bestätigte den Test ebenfalls. Der Bruder des Generals war nämlich aus bestimmten
Gründen höchstpersönlich in der Nähe, als der kleine nukleare Sprengsatz gezündet wurde. Und auch der General
selbst hat kurz vor seinem Tod den Test auf dem Übungs-
platz erwähnt und hinzugefügt, was dort genau erprobt wurde. Interessanterweise entspricht der dabei verwendete Begriff genau dem, den ich auch oft benutze.

IN: Beachtlich. Haben Sie in dieser Hinsicht noch mehr zu
bieten?

TM: Sicher doch. Wobei ich sagen muss, dass einige Zeugen
der Detonation noch leben, aber – man muss es so deutlich
ausdrücken – einfach zu feige sind, sich zu äußern. Wir
hatten beispielsweise über einen im Gebiet tätigen Heimatforscher einen Hinweis auf eine alte Dame erhalten, die als
junges Mädchen aufgrund der Tätigkeit ihrer Eltern, die mit
dem Truppenübungsplatz Ohrdruf zu tun hatte, genau mit-
bekam, was geschah. Das Haus stand nicht weit vom Ort des
Geschehens entfernt – relativ betrachtet. Einige Tage vor
dem Test kamen Offiziere, die darauf hinwiesen, dass bald
etwas Ungewöhnliches geschehen werde, und einige Empfehlungen gaben, was zu tun sei, wenn dieses Ereignis ein-
trete. Der Rest ist bekannt. Nun hat die Dame ihr Erlebnis
dem Heimatforscher weitergegeben, und der meinte sofort,
es wäre doch besser, wenn sie mit Herrn Mehner über das
Ganze sprechen würde. An dem Tag, an dem ich zu dem
geplanten Treffen fuhr, war dann aber alles anders. Die

Frau hatte dem mir bekannten »Verbindungsmann« eine schriftliche Botschaft in den Briefkasten gesteckt, in der sie sich sinngemäß äußerte, sie wolle in dieser Sache nicht weiter befragt werden. Und sie wolle auch nichts mit »diesem Herrn Mehner« zu tun haben.

IN: Haben Sie das Papier vorliegen und wissen Sie, wer die Dame ist?

TM: Natürlich.

IN: Wollen Sie den Namen veröffentlichen?

TM: Darüber wird noch zu entscheiden sein. Vorher werden die Anwälte etwas dazu sagen müssen.

IN: Ich verstehe. Haben Sie oft mit solchen Problemen zu kämpfen?

TM: Ja. Es ist tatsächlich so: Wer etwas Genaues weiß, hat Bedenken oder gar Angst. Wer nichts weiß, berichtet über meist unwichtige Randerscheinungen. Diese Einschätzung gilt zwar nicht für 100 Prozent aller Fälle, aber gewiss für die meisten. Bemerkenswert ist, dass die Personen, die etwas wissen, meist nur ihre eigene Sicherheit im Auge haben und selten bereit sind, mit bestätigenden Aussagen an die Öffentlichkeit zu gehen. Sie beteiligen sich damit direkt an der Vertuschung der Wahrheit.

IN: Woher kommt diese Angst?

TM: Zum einen hat man es in Deutschland fertiggebracht, dass all das, was in der Zeit von 1933 bis 1945 geschehen ist, als etwas Unmögliches, Barbarisches, Antizivilisatorisches gebrandmarkt werden konnte, mit Ausnahme vielleicht des deutschen Widerstandes und seiner Aktivitäten. Alle, die diese Zeit mitmachten, aber den Nationalsozialisten nicht aktiv Paroli boten, fühlten sich nach 1945 als Mitläufer schuldig und verspüren, so sie noch leben, selbst nach 65 Jahren Jahren kaum Lust, sich öffentlich zu äußern. Sagt man nämlich etwas »Falsches«, etwas politisch nicht Korrektes, so wird man in Deutschland schnell als »Nazi« tituliert. Dieser Zustand, der jeder gesunden Diskussionskultur entgegensteht, hat verhindert, dass auch zu dem von mir untersuchten Thema wichtige Informationen offenbar wurden. Stattdessen sind viele Menschen mit dem, was sie wussten, begraben worden.

Was die Ängste bestimmter Zeitzeugen anbetrifft, so kann ich aus meiner Sicht hierzu nur das Folgende sagen: Es gibt Menschen, die unter einer Art Phantomangst leiden, das heißt, dass die Ursache ihrer übermäßigen Vorsicht nicht zu identifizieren ist. Es ist einfach ein Gefühl, dass etwas geschehen könnte, wenn sie sich äußern. Andere sind bereits bedroht worden, teils von hier in Deutschland lebenden Personen, teils von solchen, die hier nicht beheimatet sind. Und dann gibt es Zeitzeugen, die aufgrund ihrer früheren Stellung durchaus zu Recht Angst haben, weil sie ja noch Jahre nach dem Krieg erlebten, was die Alliierten mit jenen taten, die sie als Wissensträger identifizieren konnten, die aber nicht zur Kooperation bereit waren. Darüber hinaus gibt es auch Nachfolgeorganisationen, die nicht ganz unproblematisch erscheinen.

IN: ... Nachfolgeorganisationen – von was?

TM: Der SS, dem SD. Oder anderer Strukturen.

IN: Meinen Sie das ernst? Deren Mitglieder sind doch längst tot bzw. uralt?

TM: Ob ich das ernst meine, steht hier gar nicht zur Debatte. Auch das Alter ist egal, denn die betreffenden Personen haben ja schließlich Kinder und Kindeskinder, die zum Teil in ihre Fußstapfen getreten sind. Ich kann an dieser Stelle nur das wiedergeben, was anderen und mir immer wieder berichtet wurde und was ich durchaus für glaubhaft halte. Und bedenken Sie bitte, dass sich nur diejenigen Zeitzeugen offenbart haben, die als Wissenschaftler oder Techniker der damaligen Zeit arbeiteten. Diese wollten – was menschlich verständlich ist –, dass ihre Leistungen anerkannt werden – unabhängig vom damals in Deutschland herrschenden politischen System des Nationalsozialismus. Diejenigen allerdings, die für die Sicherheit der Geheimprojekte zuständig waren, haben sich – bis auf die eine sprichwörtliche Ausnahme – nie dazu hinreißen lassen, irgendetwas preiszugeben. Sie band nicht nur der Eid, sondern die weltanschauliche Überzeugung.

IN: Seltsam, denn das Geheimnis ist doch nunmehr gar kein Geheimnis mehr.

TM: Das ist genau der Punkt. Warum etwas geheim halten, wenn es schon alle Welt weiß? Aber, und nun muss man einmal weiterdenken, möglicherweise ist das nukleare Geheimnis gar nicht wichtig. Eventuell gibt es etwas, was der Atomwaffentechnologie weit überlegen ist und den eigentlichen Grund der großen Geheimniskrämerei darstellt.

IN: Sie meinen die postnuklearen Projekte, über die ja schon gesprochen worden ist?

TM: Ja, genau. Alles andere ergibt keinerlei Sinn, da der sogenannte technologische Fortschritt nach dem Krieg die Atomwaffen ins Bewusstsein der Menschen gerückt hat. Und was wollen »Nachfolger« daran noch geheim halten? Nein, es muss etwas anderes sein, etwas, was die Atomwaffen technologiemäßig in den Schatten stellt.

IN: Wissen oder ahnen Sie, worum es geht?

TM: Ich kann es mir zumindest denken.

IN: Wollen Sie uns etwas dazu sagen?

TM: Nein, ich will stattdessen auf das hinweisen, was eine Physikerin – und nicht nur sie – schon vor Jahren berichtete: Wissenschaft und Forschung waren in vielen, aber nicht in allen Bereichen in Deutschland bei Kriegsende so weit fortgeschritten, dass man sich seitens der Verantwortlichen im Dritten Reich rechtzeitig Gedanken darüber machte, wie das Ganze in Sicherheit gebracht werden könne. Man hat die Erfindungen, die wirklich wichtig waren, tief unter die Erde gelegt, oder man hat sie außer Landes geschafft – etwa nach Argentinien. Dort wurde die Technologie nach einigen anfänglichen, mit der Verlagerung verbundenen Problemen weiterentwickelt. Die Amerikaner sprachen davon, dass die Deutschen auf einigen Gebieten einen Vorsprung von 50 oder mehr Jahren erreicht hatten. Man stelle sich nun einmal vor, dieser Vorsprung wäre genutzt, also nicht nur aufgegriffen, sondern gezielt fortentwickelt worden. Was geschieht dann? Nun, es kommt zu einem exponenziellen Wissenszuwachs, das heißt, das Wissen nimmt rapide zu, steigt enorm an. Jeder, der nicht auf diesem Stand ist, hat das Nachsehen. Egal was er tut, er wird den Vorsprung niemals einholen können, er kann ihm bestenfalls zu folgen versuchen.

IN: Wollen Sie damit sagen, »die« haben nach dem Krieg weitergemacht?

TM: Offensichtlich ja. Oder würden Sie sich eine solche Chance entgegen lassen? Es gibt durchaus ernst zu nehmende Hinweise von Zeitzeugen, darüber hinaus aber auch handfestere Dinge, die das nahelegen. Eine Physikerin berichtete, dass der mittlerweile gegenüber Amerikanern, Russen und Chinesen erarbeitete technologisch-wissenschaftliche Fortschritt – sofern man dies zeitlich überhaupt abschätzen könne – etwa 200 Jahre betragen würde.

IN: Das kann ich nicht glauben.

TM: Ich zwar auch nicht, zumindest nicht in vollem Umfang, aber wenn dem so wäre, würde das manches erklären.

IN: Was denn beispielsweise?

TM: Die Existenz der NSA – und die Verleugnung bestimmter Phänomene, die so gar nicht in das Weltbild des heutigen Zeitgeistes passen wollen.

IN: Meinen Sie, die Amerikaner haben diese Geheimdienstorganisation deshalb geschaffen, damit sie alle Kommunikationsverbindungen unter Kontrolle haben, um den Nachfolgern auf der Spur zu bleiben?

TM: Was ich meine, ist absolut nebensächlich. Und den Rest haben Sie gerade selbst formuliert.

IN: Das ist keine Antwort auf meine Frage.

TM: Die NSA hat zweifellos die Aufgabe, zum einen die globale US-Dominanz zu garantieren, indem man alle Kommunikationsverbindungen belauscht, damit man gegen die USA gerichtete Initiativen im Vorfeld feststellen kann. Darüber hinaus hört man rund um die Uhr Freund und Feind ab, um Wirtschaftsspionage zu betreiben. Niemand ist davor sicher ...

IN: Also auch die »Nachfolger« nicht?

TM: Sie haben mich unterbrochen ... Zum anderen sucht die NSA tatsächlich nach ihnen. Diese können aber nicht belauscht werden, weil sie aufgrund der weiterentwickelten Technologie jedem irdischen Geheimdienst überlegen sind, eben auch auf dem Gebiet der Kommunikation. Man kann vielleicht Spuren von ihnen entdecken, aber man hat sie nicht unter Kontrolle.

IN: Welche Pläne haben diese »Nachfolger«?

TM: Eine Beantwortung dieser Frage würde den Horizont der meisten Menschen bei Weitem übersteigen. Ich kann hier nicht, bildlich gesprochen, über die Zahlen 3 und 4 sprechen, wenn die Menschen draußen noch nicht einmal die Existenz der Zahlen 1 und 2 akzeptiert haben.

IN: Ich sehe schon, es ergibt wohl nicht viel Sinn, Sie weiter zu diesem speziellen Thema zu befragen.

TM: Nein, es ist in der Tat sinnlos − schon allein deshalb, weil 95 Prozent der Menschen von heute das für Realität

halten, was ihnen in Schule, Berufsausbildung und Studium
gelehrt wurde. Die wenigsten hinterfragen diese »Weishei-
ten«, die in vielen Fällen nichts weiter sind als Gehirnwäsche. Kommt dann jemand daher und erklärt ihnen, dass es
auch noch andere Dinge hinter dem Horizont gibt, dann
schütteln sie ungläubig den Kopf. Das ist aber nicht mein
Problem, denn wenn man erstmal tiefere Einblicke erhalten
hat in das, was hinter der Bühne tatsächlich läuft, dann
kann man nur noch mitleidsvoll lächeln und sich fragen,
was eigentlich noch geschehen muss, damit die Leute endlich aufwachen.

Ich gebe Ihnen ein Beispiel, das sicherlich all Ihre Leser
nachvollziehen können: die gegenwärtige Finanz- und Wirtschaftskrise. Die wenigsten Wirtschafts- und Finanz-»Experten« haben diese im Vorfeld wahrgenommen bzw. vor-
ausgesehen, obwohl es allerdeutlichste Hinweise auf den
bevorstehenden Absturz gab. Diese »Fachleute« glaubten
stattdessen an den Wahn vom ewigen Wachstum. Mit ihnen
im Boot saßen selbstverständlich die Politiker, die dasselbe
Spiel spielten. Angesichts dieser Tatsachen und des zu beobachtenden Unvermögens der Verantwortlichen, zu begreifen, wie der Hase läuft, darf man doch die Frage stellen, was
dieses ganze heutige Spezialistentum wert ist. In meinen
Augen taugt es keinen Schuss Pulver – und sollte anderem,
Besserem Platz machen. Stattdessen aber beobachtet man
jetzt leider erneut, dass sich so gut wie nichts ändern wird.
Hier ein paar kosmetische Reparaturen, dort ein paar unbedeutende Veränderungen. Im Großen und Ganzen bleibt
alles, wie es war. Ich vergleiche unser Wirtschafts- und
Finanzsystem deshalb mit einer immer wieder reanimierten
Leiche. Man weiß schon seit dem Ende der 1920er-Jahre,
dass sie (hirn-)tot ist, gibt aber die Bemühungen nicht auf,
sie »am Leben« zu erhalten. Wenn etwas sinnlos ist, dann

dieses Unterfangen. Ich will damit sagen: Wenn wir so weitermachen wie bisher, wird es zur Katastrophe kommen *müssen*, denn all das heute zu beobachtende Handeln der Menschen dient einzig und allein dem Zweck, »die Leiche am Leben zu erhalten«. Für alles andere haben sie kein Ohr, keine Zeit, kein Verständnis. Und genau aus diesem Grund ist jegliche Information, die über das hinausgeht, was ich bereits gesagt habe, im Moment noch sinnlos. Vielleicht ändert sich dieser Zustand, doch ist das derzeit nur schwer vorhersagbar.

IN: Sind Sie da nicht sehr hart in Ihrem Urteil? Es gibt doch überall Menschen, die guten Willens sind.

TM: Es freut mich für Sie, wenn Sie solche Zeitgenossen kennen sollten. In dem speziellen Sektor, in dem ich tätig bin, sind diese aber nur äußerst selten anzutreffen; es handelt sich wahrscheinlich um die vielgerühmten Ausnahmen von der Regel. Glücklicherweise kenne ich einige dieser Ausnahmen, denn sonst hätte ich dieses Land schon längst verlassen. Was ich sonst so in der mehr als zehnjährigen Phase der Recherche an Menschen kennenlernen durfte oder musste, spottet teilweise jeglicher Beschreibung und wäre eine eigene Publikation wert. Ich will das hier aber nicht weiter vertiefen, sondern nur so umschreiben: Gottes Tierreich ist groß.

IN: Herr Mehner, wenn Sie nichts sagen wollen ..., vielleicht möchten Sie ja etwas andeuten?

TM: Sie sind in Ihrer Vorgehensweise ziemlich spitzfindig. Nun gut, ich gebe ein einziges, kleines Beispiel: Es wurde eine Substanz mit einer ungeheuren Energiedichte entwickelt. Würde man sie für friedliche Zwecke nutzen, könnten wir binnen zweier oder dreier Jahrzehnte die gesamte Erdöl-, Erdgas- und wohl auch Nuklearwirtschaft entsorgen und bräuchten auch die landschaftsverschandelnde Windkrafttechnik nicht mehr, von der ja insbesondere die sogenannten Grünen glauben, sie sei das Nonplusultra. Die Natur bietet für jegliches Problem eine effiziente Lösung. Um diese zu erkennen, muss man allerdings bisweilen ausgetretene Pfade verlassen und sich nach Alternativen umsehen, die durchaus existent sind. Leider sind die Menschen aber nach 1945, bis auf wenige Ausnahme, nicht in der Lage gewesen, diese zu erkennen, weil sie durch den Dogmatismus des Lehrwissens wie mit Brettern vernagelt sind. Sie denken nur in eine Richtung – in die falsche.

IN: Sollte man ihnen dann nicht aber sagen, welche die richtige Richtung ist?

TM: Nein, bevor in den Köpfen nicht endlich der Geist aufzutauen beginnt und erkannt wird, dass sich ganz allgemein etwas ändern muss, ergibt eine Neuorientierung wenig Sinn. Das finanzielle, wirtschaftliche und politische System, von dem heute viele glauben, es würde funktionieren, ist reinster und brutaler Chaos-Kapitalismus und hat nichts mit der oft beschworenen sozialen Marktwirtschaft zu tun. Die Macht übt nicht der Souverän, das Volk, aus, sondern jene, die alle paar Jahre dafür sorgen, dass wir in die nächste Krise schlittern – die sogenannte »Elite« aus Konzernchefs, Finanzoligarchen und ihren Steigbügelhaltern, die sich Politiker nennen. Vom Raubbau an der Natur sowie von der Versklavung und dem Massenmord an unseren Mitgeschöpfen, der eine ungeheure Dimension erreicht hat, ganz zu schweigen. Was hier auf Erden existiert, ist keine Zivilisation, sondern eine sich mit dem Begriff »Kultur« tarnende Barbarei, die sich aber glücklicherweise eines schönen Tages selbst abschaffen wird.

IN: Damit wir am Ende dieses Interviews nicht ganz so negativ enden, zum Schluss noch eine Frage, die die Zukunft auch Ihrer Arbeit betrifft: Glauben Sie, dass man in den kommenden zehn Jahren in der Lage sein wird, etwas von dem zu finden, dessen Existenz andere Autoren und Sie behauptet haben? Schließlich gibt es doch ermutigende Ansatzpunkte, die weiterverfolgt werden können.

TM: Was Dokumente betrifft, so sprechen ja bereits die bis heute gefundenen eine ziemlich eindeutige Sprache – und bestätigen meine Auffassungen zu mindestens 80 Prozent. Was noch fehlt, sind Papiere, Blaupausen, Fotos und Filme von dem, was angeblich nie existierte, dann aber wahrscheinlich durch die Amerikaner über Japan zum Einsatz gebracht wurde. Leider sind noch viele Details zum Einsatz der angeblich amerikanischen Atomwaffen über Hiroshima und Nagasaki klassifiziert, sodass es schwer werden dürfte, an dieses Material heranzukommen – es sei denn, es existiert irgendwo ein – mir selbstverständlich bis dato – unbekanntes Informationsleck. Denkbar ist auch, dass die sogenannten Gralshüter, also diejenigen, die bestimmte Informationen besitzen, sie ererbt haben oder darüber wachen, in den kommenden zehn Jahren damit an die Öffentlichkeit gehen und aufzeigen, wie es wirklich war. Das ist aber reine Spekulation, denn diesbezügliche Fragen unsererseits (ich spreche hier im Namen aller Mitrechercheure) wurden von Zeitzeugen in der Vergangenheit niemals konkret beantwortet. Oft hieß es nur, dass uns das alles gar nichts angehe und wir viel zu unwichtig seien, als dass man über dieses

Thema mit uns zu reden gedenke. Meine Kollegen und ich haben das des Öfteren zur Kenntnis nehmen müssen und, da will ich ganz ehrlich sein, dann manchmal an Götz von Berlichingen gedacht. Niemand soll glauben, dass es mit den Herren (und Damen) Zeitzeugen leicht gewesen sei, nein, die »Arbeit« war oft schwierig und man musste sich mitunter Dinge sagen lassen, die viele dazu bewogen hätten, die Flinte ins Korn zu werfen. Interessant ist in diesem Zusammenhang Folgendes: Insbesondere meine Wenigkeit wurde immer mal wieder aufgefordert, in der Öffentlichkeit doch etwas mehr kundzutun von dem, was ich weiß. Ich fand diese Aufforderung insofern erstaunlich, als diejenigen, die diese artikulierten, für gewöhnlich selbst übervorsichtig agieren. Da ich keine Marionette bin, nicht einmal im Ansatz an irgendwelchen Fäden hänge, werde ich allerdings nur das tun, was ich selbst für richtig halte. Ich bin, und das will ich abschließend nochmals deutlich sagen, niemandem zu irgendetwas verpflichtet. Was ich tue, tue ich freiwillig – und dann, wann es mir gefällt. Darüber hinaus bleibt abzuwarten, was die Aktivitäten anderer Personen, die bisher im Dunkeln geblieben sind, an Ergebnissen erbringen werden. Manche arbeiten seit Jahren an dem Thema, haben sich aber von der Öffentlichkeit ferngehalten.

Damit zurück zur eigentlichen Frage. Ob man in der kommenden Dekade etwas Handfestes, das heißt bis dato unbekannte Untertageeinrichtungen, wird finden oder gar technologische Artefakte wird bergen können, ist angesichts mangelnder Unterstützung sowie der politischen Umstände in Deutschland und vor allem der heutigen Bündnisverpflichtungen fraglich. Die Ergebnisse könnten nämlich die USA kompromittieren. Aber bekanntermaßen stirbt die Hoffnung zuletzt. Fakt ist jedenfalls, dass einige interessante Stellen in Thüringen existieren, die bereits durch entsprechende zerstörungsfreie Explorationstechnik vorerkundet worden sind und die es wert wären, nunmehr bohr- oder grabungstechnisch untersucht zu werden – was allerdings, zumindest im Falle von Bohrungen, viel Geld kostet, das im Moment niemand hat. Vielleicht legt sich aber auch manches von dem, was wir suchen, in den kommenden zehn Jahren selbst offen, sodass man eines nicht allzu fernen Tages behörderlicher- bzw. staatlicherseits gezwungen sein wird, sich schneller bewegen zu müssen als gedacht. Nämlich dann, wenn etwas von dem, was nicht existiert, aus dem Ruder läuft.

IN: Herr Mehner, ich danke Ihnen für dieses Gespräch.

»*Unsere Gesellschaft wird von Verrückten geführt, für verrückte Ziele. Ich glaube, wir werden von Wahnsinnigen gelenkt, zu einem wahnsinnigen Ende, und ich glaube, ich werde als Wahnsinniger eingesperrt, weil ich das sage. Das ist das Wahnsinnige daran.*«

John Lennon

Anhang: Systemanalyse

von Thomas Mehner

Beschäftigt man sich über die Jahre hinweg mit der Frage der Existenz der deutschen Atomwaffe, so erkennt man nicht nur, dass dieses Problem mit einer Vielzahl anderer technologischer, wissenschaftlicher und vor allem zeitgeschichtlicher Themen verwoben ist, sondern dass es auch eine massive Geheimhaltung aufseiten der Alliierten verursachte, die bis zum heutigen Tag anhält und eigentlich bei einer stimmigen Geschichtsschreibung, wie sie uns von den Establishment-Historikern präsentiert wird, keinerlei Sinn ergibt.

In einer *wahrhaft* freiheitlich-demokratischen Gesellschaft, so sollte man meinen, dürften weder Lügen noch Geheimnisse auf Dauer einen Platz finden. In unserem heutigen Gesellschaftssystem ist die Lüge jedoch mittlerweile systemimmanent geworden, und es ist deshalb notwendig, das Spezialthema der deutschen Atombombe bzw. der sogenannten deutschen Wunderwaffen einmal in einen größeren Kontext zu stellen, das heißt die Frage zu betrachten, wieso gelogen wird und wem diese Lügen dienen.

Die Antwort darauf ist einfacher Natur: Einen Nutzen tragen all jene davon, denen diese Lügen einerseits zum Machterhalt dienen und andererseits verhindern, dass erkennbar wird, dass sie keine moralischen Skrupel kannten, als es darum ging, die Technologie und die Waffen des damaligen »Reichs des Bösen« für ihre Zwecke zu nutzen. Die Anzahl dieser Menschen ist nicht hoch; es handelt sich um eine kleine, sich selbst »elitär« nennende Minderheit, die über die große Mehrheit herrscht und seit dem Anbeginn des Kapitalismus bemüht ist, ihre Macht auszubauen. Sie schreckte zu keiner Zeit davor zurück, Freund und Feind zu finanzieren, Kriege zu provozieren und, wenn nötig, Millionen Menschenleben aufs Spiel zu setzen. Freilich: Vordergründig agierten immer die Vertreter beliebiger politischer Strömungen. Doch diese waren kaum mehr als Marionetten an den Fäden der Finanzgewaltigen, die aus allem, was sie taten, einen enormen Profit zogen.

Bis zum heutigen Tag ist leider die Rolle dieser »Eliten« in der Geschichtsschreibung viel zu wenig betrachtet und vor allem *beachtet* worden, was dazu führte, dass sie mittlerweile über dem Gesetz stehen, wie die aktuelle Finanz- und Wirtschaftskrise beweist. Obwohl die Schäden, den diese »Eliten« anrichteten, in die Billionen gehen, wurden sie kaum bestraft. Während Otto Normalverbraucher beim Diebstahl von Kleinigkeiten bereits die ganze Macht des Gesetzes zu spüren bekommt, durften viele von denen, die Hunderte Millionen oder gar Milliarden verspekulierten, unangetastet auf ihren Stühlen sitzen bleiben oder wurden mit Millionenabfindungen weggelobt. Wenn es noch eines Beweises bedurft hätte, dass das allerorten zu vernehmende Gerede von Demokratie und Rechtsstaatlichkeit im Prinzip nur Phrasendrescherei ist, so wurde dieser mittlerweile geliefert ... Die Masse muss nun für die Gier einiger weniger Individuen büßen, die sämtliche Maßstäbe verloren haben.

Im Übrigen waren es auch gerade diese »Eliten«, vor allem die Finanzoligarchen unter ihnen, die am Zweiten Weltkrieg verdienten. Völlig amoralisch agierend, finanzierten sie Hitler und seine Wiederaufrüstung auf der einen Seite, während sie auf der anderen Seite freudig Kredite auch für die Gegenseite bereitstellten. Nach dem Krieg, der Millionen Menschen das Leben kostete und ein zerstörtes Europa hinterließ, den »Eliten« jedoch Milliardengewinne

bescherte, verdienten sie schon wieder, diesmal am Wieder-
aufbau der zerstörten Infrastruktur. Sie hatten immer ihre
Hände im Spiel.

»Krebsschaden« US-Finanzoligarchie: Privatbanken, Kriege und das in Sicht kommende Ende der amerikanischen Hegemonie

*»Die wenigen, die das System verstehen, werden so sehr
an seinen Profiten interessiert oder so abhängig sein von
der Gunst des Systems, dass aus deren Reihen nie eine
Opposition hervorgehen wird. Die große Masse der Leute
aber, mental unfähig zu begreifen, wird ihre Last ohne
Murren tragen, vielleicht sogar ohne zu mutmaßen,
dass das System ihren Interessen feindlich ist.«*
— Gebrüder Rothschild, 1863

Die Finanz- und Wirtschaftskrise der Jahre 2008 bis 2010
dokumentierte es erneut: Das von vielen »Experten« hoch
gelobte westliche Finanzsystem, das seinen Ursprung in
Großbritannien und den USA hat, ist nicht in der Lage,
stabile Verhältnisse zu garantieren. Stattdessen werden immer wieder Spekulationsblasen geschaffen, die mit schöner
Regelmäßigkeit platzen und die Realwirtschaft mit in den
Abgrund ziehen – und das mittlerweile weltweit. Es ist daher höchste Zeit, die Ursache des Krebsgeschwürs zu isolieren und auszutrocknen: eine kleine Clique privater Banker,
die – global operierend – heute vorwiegend von der Wall
Street aus und mittels der amerikanischen Notenbank
Federal Reserve agiert.

Es mutet schon beinahe lächerlich an, wenn man sieht,
wie in den Vereinigten Staaten von Amerika, aber auch

hierzulande an dem bisherigen Finanz- und Bankensystem festgehalten wird, das in nicht einmal 100 Jahren zwei gewaltige Finanzkrisen ausgelöst hat. Überall in der westlichen Welt wird propagiert, dass es keine Alternativen zu dem gegenwärtigen Bankenmodell gebe, dass der Staat der schlechtere Banker sei und dass der Bankrott von Großbanken das gesamte System mit in den Abgrund führen würde. Man kann darüber streiten, ob unsere Damen und Herren Politiker wie auch unsere Mediengewaltigen nur uninformiert sind oder ob es sich bei ihnen um Steigbügelhalter der Finanzbranche handelt. Ich tippe auf Letzteres. Fakt ist: Es gibt sehr wohl Alternativen, wobei diese nicht beinhalten, dass man gleich den Kapitalismus über Bord werfen und durch einen wie auch immer gearteten Sozialismus ersetzen muss. Ganz im Gegenteil: Das ihn so aggressiv machende Krebsgeschwür, das es auszumerzen gilt, sind die großen Privatbanken, die als Staatsfinanzierer und Kapitalgeber auftreten und dafür, dass sie Geld aus dem tatsächlichen finanziellen Nichts schöpfen, Zinsen und Zinseszinsen kassieren. In den USA übernahm im Jahre 1913, von der Öffentlichkeit kaum wahrgenommen, der sogenannte *Money Trust* (eine Gruppe einflussreicher Geld-»adliger«) die Kontrolle über die Nation, als es ihm gelang, eine private Notenbank, die *Federal Reserve*, zu installieren, die in Zukunft die Geldschöpfung für den Staat übernehmen sollte. Damit war der Keim des Untergangs geboren, der »Körper« USA vom Krebs infiziert worden.

Was in der heutigen Politik- und Finanzwelt schiefläuft, muss nicht lang und breit erklärt werden, denn es ist ziemlich einfach zu verstehen. Es hat allein mit der Geldschöpfung zu tun. Kein Geringerer als der US-Präsident Abraham Lincoln meinte in den 1860er-Jahren dazu: »Die Macht der Geldschöpfung ist gesetzlich geregelt, und aus-

237

schließlich die nationale Regierung sollte das Monopol besitzen, Geld in Umlauf zu bringen. Eine Regierung, die die Macht besitzt, Geld zu schöpfen und in Umlauf zu setzen sowie Kredit als Geld zu gewähren, und die außerdem sowohl Geld als auch Kredit durch Besteuerung und andere Maßnahmen wieder aus dem Verkehr ziehen kann, braucht kein Geld mit Zinsen zu borgen und sollte dies auch nicht tun, um die Arbeit der Regierung und öffentliche Unternehmungen zu finanzieren.« Lincoln weiter: »Die Regierung sollte alle Mittel an Geld und Kredit schöpfen, ausgeben und in Umlauf bringen, das nötig ist, um der Ausgabekraft der Regierung und der Kaufkraft der Konsumenten Genüge zu tun. Das Privileg, Geld schöpfen und in Umlauf bringen zu können, ist nicht das höchste Vorrecht einer Regierung, aber es bietet einer Regierung die größte Chance zur politischen Gestaltung. Wenn man diese Prinzipien beachtet, dann wird der lang gehegte Wunsch nach einem einheitlichen Medium erfüllt. Den Steuerzahlern werden enorme Summen an Zinsen, Nachlässen und Wechselgebühren erspart. Die Finanzierung aller öffentlichen Maßnahmen, der Erhalt einer stabilen Regierung und ihrer ordnungsgemäßen Arbeitsweise sowie das Gebaren des Finanzministeriums werden zu Fragen der praktischen Verwaltung. Die Menschen können und werden eine Währung erhalten, die so sicher ist wie ihre eigene Regierung. Das Geld ist nicht mehr Herr, sondern wird zum Diener der Menschheit.«

Lincoln hatte völlig verstanden, was ein freiheitliches System, in der das Geld nur Diener des Volkes, aber nicht Herrscher über die Menschen sein sollte, tun musste, um unheilvolle Einflüsse zu unterbinden. Möglicherweise musste er deshalb sterben, weil er den Interessen des Money Trusts im Wege stand. Denn der wollte an der Geldschöpfung und an der Kreditvergabe verdienen und darüber hinaus seine langfristigen Pläne zur Kontrolle der gesamten Welt durchsetzen, die genau genommen nichts anderes waren als eine moderne Form der Sklaverei, die, wenn man die Dinge exakt betrachtet, bis zum heutigen Tag anhält. Der dritte Präsident der USA, Thomas Jefferson, erklärte 1809, was passieren würde, wenn die Kontrolle über die amerikanische Währung Privatbankiers überlassen würde: »Ich bin davon überzeugt, dass die Bankinstitute eine größere Bedrohung für unsere freiheitliche Ordnung darstellen als stehende Armeen ... Sollte das amerikanische Volk je zulassen, dass private Banken erst durch Inflation, dann durch Deflation die Kontrolle über die amerikanische Währung erobern, dann werden die Banken und die in ihrem Umfeld entstehenden Unternehmen ... die Menschen all ihres Reichtums berauben, bis ihre Kinder eines Tages auf dem Kontinent, den ihre Väter erobert haben, ohne ein Dach über dem Kopf aufwachen ... Die Macht, Geld in Umlauf zu bringen, muss den Banken entrissen und an das Volk zurückgegeben werden, dem sie von Rechts wegen zusteht.«

Jeffersons unglaublich visionäre und wahre Worte – die jetzt all jene Amerikaner, die kein Dach mehr über dem Kopf haben, kürzlich aber noch zum Mittelstand gehörten, bestens nachvollziehen können – blieben leider unberücksichtigt, die Katastrophe nahm in den USA spätestens ab dem Jahre 1913 ihren Lauf – mit schrecklichen Folgen für die Welt, die bis heute ebenfalls anhalten. Wie anhand der aktuellen Krise gezeigt werden kann, hatte Jefferson den sprichwörtlichen Nagel auf den Kopf getroffen und damit den Weg gewiesen, was das Volk tun muss, um sich aus der Umklammerung der Finanz-Plutokraten zu befreien. Es gibt also sehr wohl Alternativen, um zu verhindern, dass sich »Blutsauger« am Lebenssaft eines Volkes bzw. aller Völker gütlich tun.

Bekanntermaßen ist es so, dass Wahrheiten meist einfacher Natur sind. Wenn also des Volkes Wille in den vermeintlichen Demokratien des Westens wirklich eine Rolle spielen sollte (was immer mehr Menschen in Zweifel ziehen), dann sollten sich unsere verantwortlichen Politiker jetzt endlich einmal dazu äußern, wie sie das System der Geldschöpfung zum Wohle ihrer Nationen zurück in die Hände des Souveräns, des Volkes, geben möchten, anstatt alles so zu belassen, wie es ist. Oder können sie das gar nicht, weil sie nichts zu sagen haben?

Dass diese Frage mit einem »Ja« beantwortet werden muss, wird viele, die dieses Kapitel lesen, nicht verwundern. Immerhin erklärte Bayerns Ministerpräsident Horst Seehofer am 20. Mai 2010 in der Sendung *Pelzig unterhält sich* wortwörtlich: »Diejenigen, die entscheiden, sind nicht gewählt. Und diejenigen, die gewählt werden, haben nichts zu entscheiden.« Womit er unterstrich, dass Wahlen angesichts der heute herrschenden Machtverhältnisse ein Problem für sich sind. Ich frage mich in diesem Zusammenhang nur, wann der Souverän endlich aufwacht und begreift, welch seltsames und vor allem auch kriminelles Spiel mit ihm getrieben wird.

Unabhängig davon bin ich mir natürlich der Tatsache bewusst, dass, selbst wenn unsere Damen und Herren Politiker etwas zu entscheiden hätten, sie nicht das umsetzen würden, was dereinst Präsident Lincoln formulierte. Es geht ihnen vielmehr darum, die Interessen einer kleinen Finanzelite zu sichern, die ohnehin nichts von Demokratie, Freiheit und Rechtsstaatlichkeit hält, sondern dem Prinzip der Plutokratie (Herrschaft durch Geld) anhängt, wie sie in den vergangenen beiden Jahrhunderten dutzendfach bewiesen hat. Freilich ging man dabei stets mit großer Raffinesse und enormem Geschick vor, indem man sich insbesondere nach dem Zweiten Weltkrieg ein Mäntelchen mit der Aufschrift »Demokratie« umhängte und so tat, als sei man ein Freund der Menschen.

Dass es sich bei den Vertretern der Finanzoligarchie keineswegs um Menschenfreunde handelt, wird spätestens dann deutlich, wenn man der eigentlich unübersehbaren Blutspur folgt, die sie in der Weltgeschichte hinterlassen haben. Das britische Finanz- wie auch das amerikanische Ostküsten-Establishment produzierten Leichenberge, ohne je dafür zur Verantwortung gezogen zu werden. Beide sorgten beispielsweise dafür, dass Gründe geliefert wurden, damit die USA in den Ersten Weltkrieg eintreten konnten (was das amerikanische Volk ursprünglich mehrheitlich ablehnte), und sie finanzierten – was leider nur wenige Zeitgenossen zur Kenntnis nehmen wollen – ebenso Hitlers Aufstieg. Natürlich nicht allein, aber die Summen, die aus Großbritannien und den »Staaten« kamen, waren alles andere als gering. Das Establishment sorgte nach dem Einmarsch deutscher Truppen in die Sowjetunion dafür, dass mit den Russen ein sogenanntes Leih- und Pacht-Abkommen abgeschlossen wurde, damit das Land die Abwehrschlacht gegen Deutschland führen konnte!

Ungeachtet der Tatsache, dass man an all den Maßnahmen Milliarden und Abermilliarden verdiente, hatten diese natürlich auch einen strategischen Hintergrund: Deutschland und die Sowjetunion sollten »aneinander verbluten«, damit anschließend Europa, richtiger: Eurasien dem amerikanischen Zugriff offenstand. Die Finanzclique wollte nicht mehr und nicht weniger als die weitestgehende Kontrolle über die Nationen der Welt sowie ihre Rohstoffe und Absatzmärkte, wobei das strategische Hauptziel Eurasien, die so bezeichnete »Welteninsel«, war. Deutschland stand diesen Plänen im Weg und musste, weil wirtschaftlich wie technisch-wissenschaftlich auf dem Vormarsch, unter allen Umständen eliminiert werden.

Hat man die Strategie der Finanz-Plutokraten und ihren Einfluss auf die (US-)Politik wie auch die Rüstungsindustrie einmal verstanden, kann man nur noch müde lächeln, wenn Historiker darüber schwadronieren, dass es den USA im Zweiten Weltkrieg beispielsweise darum gegangen sei, den deutschen Nationalsozialismus zu vernichten. Richtig ist vielmehr, dass Deutschland als Wirtschaftsmacht zerstört werden musste, weil es den Bestrebungen der Hochfinanz, Eurasien für sich zu gewinnen, im Wege stand. Gewiss: Dieses Ziel ließ sich am Ende des Zweiten Weltkrieges nicht verwirklichen, weil die Russen militärisch stark waren und auch den technologischen Vorsprung der Amerikaner in Bezug auf die Nuklearwaffen dank deutscher Hilfe schnell aufgeholt hatten. Somit musste »das Ziel« in die Zukunft verlegt werden. Kein Wunder also, dass noch Jahrzehnte später, selbst nach dem Zusammenbruch der damaligen Sowjetunion und des Warschauer Paktes, in Hinblick auf Russland durch den Westen eine Politik der Provokation und Einkreisung betrieben wurde. Das geschah nicht zufällig, sondern war Teil der Eurasien-Strategie. Ob diese allerdings jetzt noch umsetzbar sein wird, ist angesichts der Folgen der Finanzkatastrophe eher fraglich. Insbesondere die US-Hochfinanz hat (glücklicherweise) den Bogen überspannt und sich – bildlich gesprochen – ihr finanzielles Standbein amputiert. Die USA sind nun nicht mehr der unangreifbare Riese, der, gestützt auf seine Finanz- und Militärmacht, in der Welt das Sagen hat und den Knüppel schwingen kann. Sie sind vielmehr nur noch ein einbeiniger, ins Wanken geratener »Goliath«, der sich wahrscheinlich demnächst selbst zu Fall bringen wird – auch ohne einen Gegenspieler namens »David«.

Selbst wenn dieses Szenario nicht eintreten sollte, dann haben in der Zwischenzeit andere in der Welt agierende Kräfte, die in den vergangenen zwei, drei Jahren alles andere als untätig waren, dafür gesorgt, dass die Vereinigten Staaten nie mehr »Die einzige Weltmacht« sein werden. Das Finanzzentrum wird sich in Richtung Osten verlagern. Der Dollar wird seine Rolle als Leit- und Reservewährung verlieren. Eine neue, goldgestützte (Leit-)Währung wird kommen – das alles ist nur eine Frage der Zeit. Sicher: Viele der Wirtschafts- und Finanz-»Experten« sprechen derzeit bereits von einem Ende der Krise und einem bevorstehenden Aufschwung, sodass der unbedarfte Beobachter glaubt, es sei alles wieder in Ordnung. Ein Blick in die USA und auf den Goldpreis sollte sie aber lehren, dass die Tatsachen andere sind.

Die europäischen Nationen sind gut beraten, sich von ihren alten Fesseln zu lösen und eine strategische Neuausrichtung vorzunehmen. Die Zukunft liegt im Osten, nicht im Westen, denn die Vereinigten Staaten von Amerika leiden unter dem Endstadium des »Finanzkrebses«, mit dem man sich dortzulande im Jahre 1913 infizierte. Eine Rettung ist nicht in Sicht, denn dieses Mal kann man niemanden mehr angreifen oder besiegen, der über ein den US-»Eliten« nützliches Wissen für die Zukunft verfügen würde, von dem man jahrzehntelang profitieren könnte.

Gewiss, eine Auseinandersetzung mit China ist nicht nur möglich, sondern sogar wahrscheinlich. Ein militärischer Konflikt mit einem Volk, das mehr als eine Milliarde Menschen zählt, würde allerdings einen Weltenbrand entfachen, der letztlich nicht mehr unter Kontrolle zu bringen wäre und wohl auch das Ende der USA besiegeln würde. Eigentlich sollte dies auch den US-»Eliten« klar sein, doch Macht- und Profitgier trüben vielleicht deren Durchblick.

US-Globalstratege fordert: Tötet die Gegner der Globalisierung, wenn sie Widerstand leisten!

*»In Zeiten, da Täuschung und Lüge allgegenwärtig
sind, ist das Aussprechen der Wahrheit ein
revolutionärer Akt.«*
— George Orwell

Die Vertreter des US-amerikanischen Establishments haben nach dem Ende des Zweiten Weltkrieges die Wahrheit in vielen Fällen auf den Kopf gestellt und es verstanden, ihre imperialen Expansionsbestrebungen stets unter solchen mittlerweile ausgehöhlten Begriffen wie »Demokratie« und »Freiheit« zu verbergen. Seit dem 11. September 2001 führen die Vereinigten Staaten nun sogar einen »Krieg gegen den Terror«. Den Kreuzzüglern des Mittelalters gleich, glaubten und glauben die Verantwortlichen des US-Establishments und der mit ihnen verbündeten Nationen, die Clintons Sicherheitsberater Brzezinski »Vasallen« nannte, das »Böse«, wo immer es sich zeigt, besiegen zu müssen. Freie Nationen werden zu Schurkenstaaten erklärt, souveräne Staaten ohne Kriegserklärung überfallen und Hunderttausende aus Gründen der »Verteidigung der Demokratie« im Irak, am Hindukusch und andernorts massakriert, wenn es dem Weltpolizisten so gefällt.

Die uninformierte Öffentlichkeit, die den Meinungsmachern, Manipulateuren und Ideologen der Establishment-Medien nachweisbar auf den Leich gegangen ist, glaubt ebenso, in einem Zeitalter des Terrorismus zu leben, dessen Vertreter sie bedrohen. Man fühlt sich unbehaglich, lauern doch allerorten üble, schwer berechenbare Gefahren. Otto Normalverbraucher ist daher mittlerweile gern bereit, neue Sicherheitsgesetze zu akzeptieren, die seine Privatsphäre neutralisieren und die totale Kontrolle und Überwachung dem Moloch Staat überlassen, dem – so meine Meinung als Befürworter eines freiheitlichen Systems – prinzipiell stärkstes Misstrauen entgegengebracht werden sollte. Ludwig van Mises erklärte einst zum Thema Staat: »Der Staatsapparat ist ein Zwangs- und Unterdrückungsapparat. Das Wesen der Staatstätigkeit ist, Menschen durch Gewaltanwendung oder Gewaltandrohung zu zwingen, sich anders zu verhalten, als sie sich aus freiem Antriebe verhalten würden.«

Was aber, wenn das Gerede vom Terrorismus zumindest in großen Teilen nur ein Trick ist, um in Wirklichkeit die US-amerikanischen Weltdominanzbestrebungen voranzutreiben? Was, wenn sich die gesamte westliche Welt, die leider in großen Teilen dekadent und denkunwillig bzw. -resistent ist, hinsichtlich dieser »Bedrohung« auf einem Holzweg befindet, der sie in den Abgrund führen wird? Verschwörungstheorie? Nein.

Die Vereinigten Staaten von Amerika und ihr Establishment schienen, so die eigene, vor wenigen Jahren noch artikulierte Überzeugung, so fest im Sattel zu sitzen, dass man getrost auch einmal die Wahrheit über die eigenen Ziele offenbaren konnte, ohne diese hinter Begriffen wie »Demokratie«, »Rechtsstaat« und »Freiheit« verstecken zu müssen. Im Übrigen: Wenn von Globalisierung gesprochen wird, dann wird zumeist in der öffentlichen Diskussion vergessen, worum es sich dabei in Wirklichkeit handelt. Kein Geringerer als der ehemalige US-Außenminister Henry Kissinger stellte einmal klar, dass Globalisierung nichts anderes sei als US-Weltherrschaft. Es handle sich um die Dominanz von global agierenden Konzernen, Banken, Trusts und einer immer zur Verfügung stehenden Militärmaschinerie, die die Ziele der US-»Elite« durchzusetzen wisse, wenn es nötig sei.

Entlarvend war auch das Bekenntnis der deutschen Bundeskanzlerin Angela Merkel, als sie im Umfeld des 2007er-G-8-Gipfels in ihrer unnachahmlichen Art erklärte, man müsse der Globalisierung »ein menschliches Gesicht geben«. Ergo ließ sich daraus der nicht ganz unbegründete Schluss ziehen, dass die Globalisierung bis dahin wohl eher die Fratze eines Teufels hatte (und noch hat?), die es hinter einer Maske geschickt zu verstecken galt und gilt. Es wird Zeit, diese Maske herunterzuziehen ...

Zurück zu den Bekenntnissen des US-Establishments. Einer ihrer führenden Vertreter ist der Strategieberater Thomas P. M. Barnett, ein glühender Verfechter eines weltweit agierenden US-Kapitalismus, der sich selbst gern als Neue Weltordnung bezeichnet. Barnett arbeitete als Strategieberater im Büro von Ex-US-Verteidigungsminister Donald Rumsfeld, und ihm ist es wohl zu verdanken, dass die Globalisierung auch mit »Schwert und Feuer« durchgesetzt wurde. Barnett hat zwei Bücher verfasst, in denen er ganz freimütig aufzeigt, wie sich eine globalisierte Welt unter US-Dominanz darzustellen hat. Ihre Titel: *The Pentagon's New Map* und *Blueprint for Action*. In ihnen bezeichnet Barnett die Globalisierung als ein System gegenseitiger Abhängigkeiten, das dazu führe, dass Nationen und die in ihnen ablaufenden wirtschaftlichen Prozesse wie auch der einzelne Mensch nicht mehr selbstbestimmt agieren, sondern nur noch durch Einflüsse von außen gesteuert werden, ja sich – was die Nationen betrifft – letztlich auflösen. Um den Frieden in der Welt zu erhalten, so Barnett weiter, sei es notwendig, das reibungslose Funktionieren von vier sogenannten »Strömen« sicherzustellen, die da sind: 1) Einwanderer, 2) Kredite, Investitionen, 3) Energie (hauptsächlich in Form von fossilen Energieträgern wie Gas und Öl) sowie 4) Militärmacht und Sicherheitskräfte.

Wer bis jetzt nicht begriffen hatte, wie die Katze lief, wusste es nun, denn Thomas P. M. Barnett hatte sie aus dem Sack gelassen.

Liest man seine Bücher, wird erkennbar, warum sich die USA und ihr Establishment in der vergangenen Dekade einen feuchten Kehricht um jahrzehntelang mühsam erarbeitetes nationales wie internationales Recht kümmerten. Dortzulande glaubte man nämlich allen Ernstes, in der Welt die Nummer eins zu sein – und auch zu bleiben.

Barnett betont in seinen Büchern darüber hinaus und dazu passend, dass ihm nationale Grenzen, unabhängige Staaten, sich voneinander abschottende Religionen und alles, was mit Traditionen zu tun hat, ein Graus sind. Er will alles mit allem vermischen, den Zwang der Ökonomie (oder sollte man besser sagen: den *Terror* der Ökonomie?) über alles andere stellen, und hofft, mit einer bisher an Geschwindigkeit nie da gewesenen Durchmischung aller gewachsenen Strukturen langfristig Frieden und Wohlstand sichern zu können. Dass dabei die Gegner der Globalisierung »erzogen« werden müssen, ja gegebenenfalls sogar unter die Räder kommen, ist für Barnett eher von nebensächlicher Bedeutung. Schließlich heißt es ja, strategisch zu denken – und zwar ganz im Sinne des US-Imperialismus!

Barnett ist in seinen Büchern stellenweise entwaffnend offen; wenn ich das schreibe, so will ich damit nur ausdrücken, dass dem Leser bei so viel Frechheit und Arroganz, die dieser US-Establishment-Sprössling vorträgt, stellenweise der Atem stockt. So lässt er beispielsweise wissen – und das ist ein Eingeständnis ganz besonderer Art –, dass nach dem Zerfall des Ostblocks und der Auflösung des Warschauer Paktes als Militärmacht ein neues Feindbild her musste. Schließlich waren ja die Profite des amerikanischen Militärisch-Industriellen Komplexes in höchster Gefahr. Und dieses Feindbild wurde gefunden: in Form der arabischen Welt und des Islamismus. Barnett trägt das Ganze so vor, als habe man den neuen Feind geradezu »ausgewürfelt« – es hätte also auch andere treffen können. Und kaum war dieser »neue Feind« lokalisiert, musste ihm etwas in die Schuhe geschoben werden: nämlich die Ereignisse des 11. September 2001, wobei der Berliner jetzt sagen würde: Nachtigall, ick hör dir trapsen.

Indes: Die *gezielte Sprengung* insgesamt dreier Hochhäusern des World-Trade-Center-Komplexes in Manhattan, von denen zwei vorher noch durch Passagiermaschinen getroffen wurden, wird immer offensichtlicher. Alle (bau-)physikalischen Gegebenheiten sprechen dagegen, dass diese Gebäude in sich zusammenstürzen konnten – und das innerhalb von nur zehn Sekunden! Hunderte von Fachleuten haben gegen die offiziell von der US-Regierung propagierte Version protestiert. Mittlerweile wurden sogar Reste von Spezialsprengstoffen an den Stahlträgern der WTC-Ungetüme nachgewiesen, die diese in einem bestimmten Winkel durchtrennten, um das senkrechte In-sich-Zusammensacken der Wolkenkratzer zu ermöglichen. Letztlich stellt sich nur eine Frage: Wem nutzte diese Terrorattacke? Die Antwort ist eindeutig: den USA, denn innerhalb des danach beginnenden und nie endenden Krieges gegen den Terror konnte man alle bestehenden Schranken niederreißen, internationales Recht brechen und Staaten, die einem nicht in den Kram passten oder globalisierungsfeindliche Ziele verfolgten, überfallen.

In seinem Buch *Pentagon's New Map* schreibt Barnett auch etwas zur Methodologie der amerikanischen Wirtschaftspolitik, die eine andere Art der Kriegsführung darstellt, und wie man die US-Schulden dem Rest der Welt aufbürdet, die das Ganze noch freudig erträgt. Auf Seite 307 meint er in diesem Zusammenhang, dass die Amerikaner aufhören sollten zu jammern, denn es gehe ihnen doch gut, sei der Rest der Welt doch – sinngemäß – dumm genug, für kleine Fetzen Papier (mit denen er die Dollar-Scheine meint), die in der Herstellung fast nichts kosten würden, Videorecorder, Pkw und Computer zu liefern. Er schreibt wörtlich, dass, wenn die Welt darauf kommen sollte, dass die Amerikaner mit ihrer (nicht gedeckten) Währung ein Luftgeschäft betreiben, man sich erheblichen Ärger einhandeln würde.

Ausnahmsweise kann man Barnett hier zustimmen.

Angesichts solcher offenherziger Eingeständnisse, die von einem hoch offiziellen Vertreter des US-Establishments in schriftlicher Form verbreitet werden, muss man sich fragen, wann der Rest der Welt endlich aufwacht, reagiert und die Vereinigten Staaten in die Schranken weist. Doch auch daran hat Barnett gedacht, wenn er meint, dass die Globalisierung nicht nur eine »amerikanische Verschwörung« ist, sondern dass sie künftig auch von der EU betrieben werde. Die Europäische Zentralbank (EZB) und die *Federal Reserve* (FED) der USA würden die internationale Währungspolitik steuern, während China auf dem technologischen Sektor große Fortschritte erzielen werde, so Barnett.

Selbst für die Jugend hat der Strategieberater ein Patentrezept parat: Sie solle sich um eine bessere Zukunft und mehr Spaß bemühen. Wobei er unter Spaß all das versteht, was man heute schon der amerikanischen und – in großen Teilen auch der europäischen – Jugend an Sinnlosigkeiten und galoppierendem Schwachsinn zumutet: Massenveranstaltungen, Seifenopern, Fernsehshows (wie *Deutschland sucht den Superstar*), Hollywood, Disney-Welten etc. pp. Die kommenden Generationen sollen offenbar zu Arbeitsrobotern und Unterschichts-Medienkonsumenten erzogen werden, die weder aufbegehren noch nachdenken. Eine fantastische neue Weltordnung! Dass das Vorhaben aber nicht funktionieren wird, zeigt schon die Gegenwart: Eine unterforderte, wenig gebildete Jugendschicht beginnt langsam, aber sicher zu rebellieren – die Gewaltekzesse nehmen zu. Und die Psychologen verstehen die Welt nicht mehr. Derjenige aber, der analytisches Denken erlernt und sich mit Geschichte befasst hat, wundert sich indes nicht ob dieser Entwicklung.

Barnett ist damit aber noch nicht am Ende. Er behauptet, dass, wer sich gegen Rassendurchmischung und multikulturelle Systeme wendet, unmoralisch und nicht zeitgemäß handle.* Und all jenen, die Widerstand gegen die Globalisierung leisten, will er den Garaus machen. In *Blueprint for Action* schreibt er auf Seite 282 wörtlich: »... So yes, I do account for nonrational actors in my worldwiew. And when they threaten violence against global order, I say: Kill them.«

Ja, Sie haben richtig gelesen: Wer sich gegen die globale Ordnung zur Wehr setzt, soll Barnett zufolge getötet werden! (Dass das keine Einzelmeinung, sondern mittlerweile offizielle US-Staatspolitik ist, kann jeder erkennen, der sich mit den Ereignissen seit dem 11. September 2001 befasst. Globalisierungsgegner sind de facto »Terroristen«.)

Angesichts solch menschenunwürdiger, hasserfüllter und verhetzender »Argumente« eines US-Strategieberaters muss man sich einerseits fragen, ob diese nicht Ausdruck eines despotischen Sendungsbewusstseins, ja wahnhafter Vorstellungen sind. Andererseits bleibt festzuhalten – und das soll-

---

* Interessanterweise hört man die identischen Töne besonders oft von den Vertretern sozialdemokratischer, grüner oder linker Parteien Europas, weshalb sich die Frage stellt, ob diese Strukturen nicht in Wirklichkeit – mit oder ohne Vorsatz – als fünfte Kolonne der US-amerikanischen Imperialpolitik agieren.

ten sich alle Globalisierungsfetischisten ins Stammbuch schreiben –, dass die mit der Globalisierung in vielen Fällen parallel laufende Entwurzelung des Menschen ins Chaos führen wird. Wenn über Jahrhunderte und Jahrtausende gewachsene Strukturen, Verhaltensweisen und Traditionen innerhalb von geschichtlich kurzer Zeit aufgelöst werden sollen, um einem Einheitsbrei mit gleicher »Religion«, »Kultur«, »Rasse« und Wirtschaft unter US-Herrschaft Platz zu machen, dann wird das unweigerlich – bei Kenntnis der bisherigen Menschheitsgeschichte – auch in diesem Falle in die Katastrophe führen. Schon jetzt sind viele Menschen mit den Ergebnisse der Globalisierung höchst unzufrieden. Der Druck im Kessel wächst, und es ist nur noch eine Frage der Zeit, wann die ersten Rebellionen losbrechen werden. Zudem: Die Natur ist in weiten Teilen regional organisiert. Leben ist Vielfalt. Globalisierung hingegen ist Einfalt – und damit widernatürlich. Der Mensch, der gern glaubt, sich über die Natur erheben zu können (in Wirklichkeit aber nur ein absolut unbedeutender Teil von ihr ist), vertritt möglicherweise die Auffassung, dass widernatürliche Strukturen realisierbar sind. Gewiss sind sie das, aber sie sind nicht von Dauer. Und den ganzen Wahnsinn, der mit dem Korrigiertwerden dieser unnatürlichen Verhältnisse verbunden ist, werden zum Schluss erneut Millionen von Menschen mit ihrem Leben bezahlen müssen, wenn die aus einer falschen Weltsicht entstehenden Konflikte unlösbar geworden sind und in einem Krieg enden.

Wir brauchen keine US-Globalisierung mit wenigen Gewinnern und einer riesigen Armee von Armen, deren Vertreter nur damit beschäftigt sind, ihr Leben zu erhalten, und den global agierenden Monopolen und Konzernen als Manövriermasse dienen. Wir brauchen vielmehr starke Regionen, wir benötigen eine Annäherung der Nationen und einen Austausch an Informationen auf gleichberechtigter Basis. Und wir müssen begreifen, dass der Mensch sich in den zurückliegenden 6000 Jahren (soweit das geschichtlich überschaubar ist) vom Wesen her nicht geändert hat. Eine Politik, die Erfolg haben will, muss zuerst das Wesen Mensch in seiner Komplexität verstehen. Bisher war es immer anders herum: Rattenfänger, Ideologen und spinnerte Politiker, denen jegliche Bodenhaftung abhanden gekommen war, versuchten die Massen durch manipulative Tricks hinter sich zu bringen. Die Ergebnisse sind bekannt und dokumentiert. Brauchen wir also nochmals einen (allerletzten) Großversuch unter US-Dominanz?

Wie immer man diese Frage für sich selbst beantworten mag, eines ist Fakt: Barnetts Bücher sind eine wahre Offenbarung, klar formuliert und eindeutig in der Botschaft. Liest und analysiert man sie, weiß man, was die US-amerikanischen Beteuerungen von »Freiheit« und »Demokratie« wert sind: nichts! Es geht einzig und allein um die globale Herrschaft des US-Establishments. Hat man das erst einmal begriffen, weiß man auch, was die Sonntagsreden unserer hiesigen politisch Verantwortlichen wert sind, die ja im Übrigen Barnetts unmenschliche und widerwärtige Thesen zu den eigenen gemacht haben. Sie haben sich damit dem Diktat der USA unterworfen, was unter anderem ganz klar erkennbar wird, wenn man sich den Einsatz der deutschen Bundeswehr in Afghanistan anschaut. Deutsche Soldaten sterben für amerikanische Interessen! Und während in Deutschland überall gespart werden muss, wird in der afghanischen Ödnis Geld in gigantischen Größenordnungen versenkt, ohne auch nur den geringsten Nutzen zu erzielen. Angesichts solcher Umstände muss man sich abschließend fragen, ob John Lennons Zitat, das zu Beginn dieses Kapitels abgedruckt worden ist, nicht vollste Berechtigung hat.

Die EU – die neue »Super-Sowjetunion«

»Wer eine Regierung über sich hat, wird beaufsichtigt,
kontrolliert, bespitzelt, gelenkt, mit Gesetzen überzogen,
reglementiert, zum Gegenstand von Akten gemacht, mit
Ideologie geimpft, ständig ermahnt, besteuert, gewogen,
zensiert, herumkommandiert, und zwar von Männern,
die weder ein Recht noch das Wissen noch die
moralische Sauberkeit dazu haben.«
— Pierre Joseph Proudhon

Wie sagte Barnett so schön? Dass die amerikanische Verschwörung der Globalisierung künftig auch von der EU betrieben werde! Grund genug, sich auch einmal mit diesem
Moloch etwas näher zu befassen, der von immer mehr Menschen kritisch gesehen wird.

Die Iren hatten vor historisch kurzer Zeit das scheinbar
Unmögliche fertiggebracht: den EU-Reformvertrag abzu-
lehnen – bis sie noch einmal zur Wahlurne gehen mussten,
um das den Eurokraten passende Ergebnis zu liefern. Zuvor
tauchte Frankreichs Sarkozy, den manche Zeitgenossen
schon als zweiten (Möchtegern-)Napoleon bezeichnen, auf
der Bildfläche auf und wollte die Bewohner der Grünen
Insel unter allen Umständen davon überzeugen, nochmals
ein Referendum durchzuführen – was ihm leider auch gelang. Deutlicher konnte man sich nicht outen und demons-
trieren, dass man die Ergebnisse von Wahlen nur dann
schätzt, wenn sie einem in den eigenen europäischen Kram
passen.

Da hatte ein Volk, das dereinst für seine Unabhängigkeit
gekämpft hatte, dem Bürokratie-Monster Europäische Union gezeigt, dass man nicht widerspruchslos bereit war, sich
irgendein unausgegorenes Vertragswerk überstülpen zu las-

sen. Und dann kam Herr Sarkozy und meinte, man müsse so lange abstimmen, bis das Ergebnis EU-konform sei – also passte im Sinne der EU-Betonköpfe! Angesichts dieser Tatsachen kann man sich nur kopfschüttelnd fragen, wo wir eigentlich leben. In einer Demokratie? Oder in einer Diktatur? Oder in einem Gemisch aus beiden – einer Demokratur?

Nun, Herr Sarkozy und im Übrigen auch Frau Merkel hätten in einer wahren Demokratie den Willen des (irischen) Volkes zu akzeptieren und ihre Politik danach auszurichten gehabt – nicht umgekehrt. Wobei die Iren unverschämtes Glück hatten, durften sie doch abstimmen, wenn zum Schluss auch gleich zweimal. In anderen europäischen Nationen durfte der Souverän, das Volk, überhaupt nicht zur Wahlurne gehen, weil deren politisch Verantwortliche das Ergebnis fürchteten wie der Teufel das Weihwasser.

Vom Prinzip her ist die Auffassung, die Völker Europas in bestimmten Situationen mit einer Stimme sprechen zu lassen, richtig. Aber bitte nicht unter solchen diktatorischen Vorzeichen, wie sie die EU präsentiert. Apropos (Vor-)Zeichen: Ist denn noch niemandem aufgefallen, unter welchen Zeichen sich die Europäer vereinen sollen? Sehen Sie sich doch einmal die EU-Flagge an. Was die Symbolik *angeblich* bedeuten soll, hat man schon offiziellerseits erklärt. Wie heißt es aber schon seit alters her: Wer's glaubt, wird selig! Das Problem ist nämlich, dass »rein zufällig« alle benutzten Farben und Symbole freimaurerischer Tradition entstammen. Blau und Gelb sind Freimaurerfarben – und erst recht der Stern! Man kann zu den Freimaurern stehen, wie man will – es bleibt aber in jedem Falle die Frage, was ihre Symbolik auf der EU-Flagge zu suchen hat. Nun werden einige Zeitgenossen (und auch -genossinnen) meinen, das von mir Geäußerte sei eine lupenreine Verschwörungstheorie. Schön wär's. Schon Jesus wusste, dass man seine

Augen zum Sehen und nicht zum Wegsehen benutzen solle. Also machen Sie die Augen auf – und sehen Sie, was da auf uns zukommt: nämlich eine quasi-sozialistisch geprägte, gutmenschliche »Super-Sowjetunion«, in der die europäischen Völker zusammengepfercht werden sollen, ob es ihnen passt oder nicht. Seitens der EU-Verantwortlichen verbirgt man diese Tatsache auch gar nicht vor den Völkern, im Gegenteil: In den Gremien des Molochs wird von »Räten« und »Kommissaren« gesprochen – Begriffe, wie sie aus der untergegangenen Sowjetunion bestens bekannt sind. Jedem freiheitlich denkenden Menschen muss angesichts solcher Zustände übel werden.

Kommen wir noch einmal zurück zu Nicholas Sarkozy. Der kleine Mann, der beim G-8-Gipfel des Jahres 2007 in Heiligendamm (einer Show-Veranstaltung, die den deutschen Steuerzahler über 100 Millionen Euro kostete) leicht angeheitert vor die Medien-Mikrofone trat, ist ja als Hardliner bekannt. Nun, als Vertreter der französischen Pharma-, Atom- und Ölindustrie kann auch nichts anderes von ihm erwartet werden. Er muss seine Rolle spielen, sonst werden die Fäden, an denen er hängt, gekappt. So muss auch nicht verwundern, wenn Sarkozy für eine 60 000 Mann starke EU-Eingreiftruppe eintritt, die in Krisengebieten agieren soll – wo immer diese auch liegen mögen. Spätestens jetzt sollte jedem politisch Interessierten klar werden, dass am Horizont die Drohung einer neuen, kurios zusammengewürfelten – deshalb für viele schwer durchschaubaren – und mit feudalistischen, frühkapitalistischen und vor allem sozialistischen Elementen versehenen Ordnung – diesmal allerdings mit High-Tech-Charakter – heraufdämmert, versehen mit einem Expeditionsstreitheer nach dem Vorbild der einstigen kolonialen Weltmacht Großbritannien. Krisengebiete werden dann überall dort ausgemacht werden, wo europäische Wirtschafts- und Politikinteressen (besonders jene der Öl-, Atom- und Pharmalobby) gefährdet sind bzw. wo die Bevölkerung aufbegehrt – natürlich auch im EU-Inneren.

Herr Sarkozy, es gibt da nur ein Problem: Mit 60 000 Mann können Sie rein gar nichts ausrichten, wenn es hart auf hart kommt. Bedenken Sie bitte: Dauert der Einsatz länger, fallen die Deutschen – sollten sie dabei sein – ohnehin aus, sind die doch mit vorschriftsmäßiger Müllentsorgung und der Einhaltung der TÜV-Bestimmungen für ihre Fahrzeuge beschäftigt. Auch dem Rest der Truppe wird es nicht gelingen, »Ordnung zu schaffen«. Man schaue in den Irak, wo die Amerikaner (in heutiger Einschätzung kampferprobte und gut ausgerüstete Soldaten) die Lage nicht in den Griff bekommen. Ja, kann sein, dass Sie dann mit Frankreichs Atomwaffen drohen, wenn die Situation eskaliert. Ihr Vorgänger hat das auch schon getan. Eine Aktion zieht aber immer eine Reaktion nach sich, und man stelle sich einmal vor, was geschieht, wenn in Paris im Extremfall eine schmutzige Atombombe zur Explosion gebracht wird. Die Zentren der westlichen Welt sind extrem leicht verwundbar, und das Chaos, das danach ausbricht, wird *jede* europäische Regierung in die Knie zwingen. Und offenbar haben Sie die Russen vergessen, die es niemals zulassen werden, dass Sie nicht nur mit dem Säbel rasseln, sondern diesen auch benutzen. Wer im Glashaus sitzt, sollte also nicht mit Steinen werfen.

Im Moment sieht es danach aus – und viele Fakten sprechen dafür –, dass Europa zwangsgeeint werden soll, um mit den Vereinigten Staaten von Amerika ein neues Bündnis zu gestalten – gegen den Rest der Welt. Immerhin: Einigkeit macht stark, und dieser Stärke bedarf es angesichts der Bedrohungen in Gegenwart und Zukunft wohl auch, weil man keine Lösungen hat: knapp werdende Ressourcen, Überbevölkerung, ungelöstes Energieproblem usw. usf. Da die europäischen Bürger die am Horizont heraufziehenden Gefahren so aber meist noch nicht wahrnehmen wollen, muss man ihnen die Richtung vorgeben, das heißt, ihnen den Marsch blasen und viel, viel Angst erzeugen.

Gespannt sein darf man auf den »Rest der Welt«. Glaubt man in Europa wirklich, dass Asien und Afrika freiwillig die Rolle großer Quasi-Kolonien spielen werden? So etwas kann man nur annehmen, wenn man nichts von Kulturgeschichte und Philosophie versteht. Viele Philosophen sagten voraus, dass »die große Kraft« aus dem Osten kommen werde. Im Osten liegen große Teile Russlands, Indien und China. Wer will dieser Macht, sollte sie sich einigen, entgegentreten? Europa, das teilweise am Tropf der russischen Öl- und Gaslieferungen hängt? Lächerlich! Die Russen drehen im Winter die Hähne zu, und in Europa wird es dunkel und kalt! Die Vereinigten Staaten von Amerika? Vielleicht. Aber nur im Anfall vollkommener geistiger Umnachtung der politischen und militärischen Führung sowie des Wunsches, den endgültigen Vernichtungsschlag – den ja die zahlreichen Katastrophenfilme, die dortzulande produziert werden, geradezu herbeizuwünschen scheinen – zu erhalten.

Die europäischen Nationen und ihre Bürger müssen begreifen, dass das Diktat der EU Interessen dient, die nicht in ihrem ureigenen Sinne sind. Frau Merkel, Herr Sarkozy wie auch andere glauben offenbar, ihr Heil in einer starken Europäischen Union zu sehen, die sich den Vereinigten Staaten von Amerika anschließt. Gut, wir haben Glaubensfreiheit. Ich meine allerdings, dass »die große Kraft aus dem Osten« das ausschlaggebende Element sein wird und dass sich Europa als Teil des eurasischen Kontinents auf seine Wurzeln und seine Abhängigkeiten besinnen muss, um den richtigen künftigen Weg einzuschlagen. Die Zukunft liegt im Osten – ob es uns passt oder nicht.

Götterdämmerung: Wann hat sich das System so weit zersetzt, dass es stirbt?

»Wer Stroh im Kopf hat, fürchtet den Funken der Wahrheit.«
– Jupp Müller

»Demokratie ist die Verfallsform des Staates.«
– Friedrich Wilhelm Nietzsche

Vor Jahren wäre es noch undenkbar gewesen, dass das schwedische Nobelpreiskomitee Sprücheklopfer wie etwa den amerikanischen Präsidenten Barack Obama mit einem der höchst angesehenen Preise der Welt geehrt hätte. Doch die Erosion des kapitalistisch-imperialen Systems schreitet unaufhörlich voran. Zwischenzeitlich kann man den Friedensnobelpreis selbst dann zugesprochen bekommen, wenn man *Absichtserklärungen* verbreitet und anschließend genau das Gegenteil von dem tut, was man vorher sagte, gemäß dem Motto: »Was interessiert mich mein Geschwätz von gestern?« Das Ganze ist ein Symptom für das vom Krebs der Gier und des Wahnsinns zerfressene System, das sich auf seinen Kollaps mit anschließendem Dahinscheiden vorbereiten sollte. Der Tag ist nahe, wie die Bibel es formulieren würde – wenn auch noch nicht zeitlich exakt festzumachen. Und was den Nobelpreis angeht, so sagte einst der große George Bernard Shaw: »Ich kann Alfred Nobel noch verzeihen, dass er das Dynamit erfunden hat, aber nur ein Teufel in Menschengestalt konnte den Nobelpreis erfinden.«

Als ich geboren wurde, galten noch Werte. Meine Eltern erzogen mich zur Wahrheitsliebe, zu Ehrlichkeit und Respekt – Tugenden, von denen ich eines Tages feststellen musste, dass man mit ihnen nicht weit kommt – schon gar nicht in einem System, das sich entgegen den Tatsachen freiheitlich-demokratisch nennt und in dem eine unüberschaubare Masse von Lemmingen beheimatet ist, die von sich behaupten, die Welt zu verstehen, und dabei oft nur das Hinterteil ihres vor ihnen laufenden Artgenossen kennen bis zu dem Tag, wo sie alle über die Klippe springen und in einer letzten, hoffentlich noch einsetzenden Hirnreaktion bemerken, dass da offensichtlich noch etwas mehr war, während sie im Wasser ertrinken.

Spätestens die aktuelle Finanz- und Wirtschaftskrise hat zweifelsfrei bewiesen, wer in diesem Land und auf der Welt das Sagen hat: eine kleine Clique von Finanzoligarchen, die ganze Nationen bzw. Kontinentalmächte ins Wanken bringen kann, wenn sie ihre perversen Ziele umzusetzen versucht. Die Mitglieder dieser Clique wissen nicht, was Wahrheit, Respekt, Ehrlichkeit und Moral sind, ihnen geht es nur um zwei Dinge: Profit und Macht. Die Politiker, die wie Marionetten an ihren Fäden hängen, haben während der Krise für das erzürnte Volk etwas zappeln dürfen – das war aber auch schon alles. Zappeln durften sie, aber die Fäden, an denen sie hängen, konnten sie nicht durchtrennen. Keine Marionette kann das. Täterbestrafung gab es, bis auf einige wenige, der Kosmetik dienende Ausnahmen, demzufolge keine, wobei die Täter ein eigenes Tribunal oder ein eigenes Standgericht verdient hätten, ohne Zweifel. Schon allein deshalb, weil sie Hunderttausende, ja Millionen ins Elend stürzten und weil sie verantwortlich sind für eine enorme Zahl von Selbstmorden, die keine Statistikbehörde erfasste.

Zwischenzeitlich zeigt sich in aller Deutlichkeit, dass der Krebs nicht nur das Finanzsystem, das im Prinzip nur aus heißer Luft besteht, erfasst hat, nein, er hat auch Metastasen gebildet und erledigt jetzt wohl bald seinen Wirtskörper in dem Bestreben, immer größer und mächtiger zu werden. Seit Jahren werden die Menschen dieser Welt mit einer Phantomdiskussion nach der anderen belästigt. Ein Beispiel war vor Kurzem noch in aller Munde: die sogenannte Neue Schweinegrippe A/H1N1, mit der viele Menschen geängstigt wurden und die – laut Medienberichterstattung – Millionen Todesopfer hätte fordern *können*, nachdem uns schon vor einigen Jahren berichtet wurde, dass uns aller Wahrscheinlichkeit BSE oder die Vogelgrippe den Garaus machen würde. (Wegen dieses Wahns mussten Millionen Tiere sterben; wann werden die Verantwortlichen für diesen entsetzlichen Massenmord vor Gericht befördert und abgeurteilt?) Man darf gespannt sein, welche »Experten« uns demnächst mit ihren Virus-Untergangsvisionen beglücken werden. Insgeheim ahnen viele Menschen schon lange, dass das alles zum Großteil fauler Zauber ist; inszeniert, um die Pharmaindustrie mit riesigen Gewinnen zu beglücken.

In diesem Zusammenhang darf auch nicht vergessen werden, dass es mittlerweile interessante Hinweise darauf gibt, dass das Schweinegrippe-Virus auf natürliche Weise gar nicht entstehen konnte, vielmehr wohl das Produkt aus einem Labor gewesen ist. Stellt sich nur die Frage: Kommt es aus einem US-Labor, aus einem Laboratorium aus Israel (beide Nationen sind ja für ihre hirnrissigen Versuche in dieser Hinsicht bekannt) oder haben etwa die Russen, die Chinesen oder gar *Al-Qaida* ein paar Viren gemixt, geschüttelt und gerührt und zu einem neuen Supervirus zusammengeschraubt? Und was soll das Ganze? Geht es um Bevölkerungsreduktion, oder entwickelt eine militärische

Forschungseinrichtung Viren, die dann von der zivilen Pharmaforschung unter Vernichtung von viel Steuergeld »unschädlich« gemacht werden sollen?

Wie dem auch sei, auch die Wissenschaft ist schon lange kein Feld mehr, auf dem sich Experten tummeln, denen es a) um die Wahrheit oder den Fortschritt geht bzw. die b) das Leben der Menschen verbessern wollen. Ganz im Gegenteil: Es geht seit drei, vier Jahrzehnten nur noch um die Bereitstellung von Forschungsgeldern, um noch so abwegige Vorhaben zu verwirklichen, die auch einmal im zufälligen Tod von Zehntausenden enden können. Hauptsache, der Profit stimmt. Seit den Tagen – ich muss das so deutlich formulieren –, an denen Wissenschaftler Nervengase, Atombomben oder auch biologische Waffen schufen, haben sie gezeigt, welch seltsamer Geist in ihnen haust. (Sicherlich, sie entwickelten sie »nur«, den Einsatz überließ man den auch nicht besseren Militärs.) Rein philosophisch betrachtet ist die Welt offenbar voller Verrückter, von denen die meisten allerdings glauben, sie seien normal. Ich habe mich Zeit meines Lebens mit »der« Wissenschaft auseinandergesetzt. Meine Erkenntnis: Sie dient in allererster Linie dem Zweck, Methoden und Systeme zu entwickeln, mit denen man immer mehr Menschen in immer kürzerer Zeit ins Jenseits befördern kann. Alle anderen Innovationen sind Abfallprodukte, hergestellt, um das gemeine Volk zu beschäftigen und zu unterhalten. Und noch etwas ist interessant: In den vergangenen Jahrzehnten hat die Wissenschaft auf die wirklich existenziellen Probleme, wen wundert's, keinerlei Antworten mehr parat. Nicht zuletzt deshalb, weil die Zeit der großen Philosophen, die die Richtung vorgaben, längst vorbei ist. Technologisch gesehen drehen wir uns sogar im Kreis: Wir fliegen immer noch mit den im Prinzip gleichen Triebwerken, wir fahren immer noch mit den im Prinzip gleichen

Motoren, wir heizen immer noch mit den vom Prinzip her gleichen konventionellen Energieträgern. Der Fortschritt erschöpft sich in technologischer Nabelschau mittels sogenannter Informationstechnologie: Computer, Funktelefone und anderer elektronischer Kram, der das Leben einfacher machen soll, für viele aber eher komplizierter werden lässt.

Visionslose Wissenschaftler, unfähige Politiker, Falschmeldungen und Propaganda verbreitende Vertreter der Massenmedien, terroristisch agierende Bankster (Banker plus Gangster) – angesichts dieser Entwicklungen muss und darf die Frage erlaubt sein, wann das System sich (endlich) selbst erledigen wird. Diese Frage stellt sich nicht nur in philosophischer Hinsicht, sondern ganz real. Wie lange noch wollen wir, das Volk, den Betrug, der uns jeden Tag dutzendfach vorgesetzt wird, akzeptieren? Wie lange noch wollen wir uns von Blendern und Wichtigtuern sagen lassen, wie wir zu leben und was wir zu wissen sowie zu glauben haben? Wie lange noch wollen wir unseren Freunden, den US-Amerikanern, erlauben, Teile unserer neueren Geschichtsschreibung unter dem Deckel zu halten?

Der Krebs ist allerorten sichtbar und ein Augiasstall ist gegen das, was man jeden Tag erleben darf, eine vergleichsweise aufgeräumte, saubere Einrichtung. Meines Erachtens hat es daher keinen Sinn mehr, an irgendwelchen Symptomen, die der Verfall mit sich bringt – und der finanziell-materielle und wissenschaftliche ist nicht der einzige Problempunkt, es gibt ja auch noch die moralisch-ethische Verflachung und die totale Verblödung durch die Massenmedien –, herumzudoktern. Man sollte den Krebs einfach wuchern lassen, damit er sich letztendlich selbst frisst und damit nach seinem Dahinscheiden eine Chance auf etwas Neues entsteht. Wie erklärte ein Bekannter kürzlich? Das Problem sei nicht, dass das System Fehler aufweise – das

Problem bestehe vielmehr darin, dass das System der Fehler
sei!

Das Knarren im Gebälk des kapitalistischen Systems: die Schlacht um die letzten Ressourcen des Planeten

*»Jeder, der glaubt, exponenzielles Wachstum geht in
einer begrenzten Welt immer weiter, ist entweder
ein Verrückter oder ein Ökonom.«*
— Kenneth Boulding

Grau ist alle Theorie – wie die Praktiker wissen. Und mancher Umschwung kommt schneller als gedacht – das ist nicht nur Revolutionären bekannt. In den vergangenen zehn Jahren begann eine Entwicklung, die das bisher gewohnte sorglose Leben der Bewohner der westlichen Welt noch gehörig durcheinanderbringen wird. Es knarrt bereits hörbar im Gebälk des kapitalistischen Systems, nicht nur, weil Anspruch und Wahrheit immer weiter auseinanderklaffen, sondern weil nunmehr eine Bedrohung heraufzieht, die zwar nicht neu, in dieser Größenordnung aber zu spät erkannt wurde. Nein, gemeint ist nicht die Finanzkrise, die nur die Ouvertüre ganz anderer Erscheinungen ist.

Ich habe nie nachvollziehen können, dass in einer Welt, deren Ressourcen endlich sind, die wirtschaftlich und politisch Verantwortlichen einer völlig irren Idee anhängen – der des ständigen Wachstums. Die Protagonisten der Auffassung, dass fortgesetztes Wachstum nötig sei, um den Wohlstand der jeweiligen Bevölkerung zu erhalten oder auszubauen, sind die besten Beispiele dafür, wenn es aufzuzeigen gilt, wie weit sich der Mensch von der Natur entfernt hat. Doch keine Sorge: Die Herren und Damen werden auf den Boden der Tatsachen zurückgeführt werden, vielleicht schneller und härter, als sie das je für möglich gehalten haben.

Eine der Hauptgrundlagen des Wachstums der westlichen Welt besteht im Verbrauch von billiger Energie. Kraftwerke produzieren Strom, Erdöl wird zu Grundstoffen der chemischen Industrie und zu Treibstoff verarbeitet. Egal ob diejenigen recht haben, die behaupten, dass der Ölfördergipfel bereits erreicht oder überschritten sei und wir uns alle darauf einstellen müssen, das sich verknappende Öl immer teurer zu bezahlen, oder ob jene richtig liegen, die meinen, es gäbe noch genügend Öl, das jedoch nicht mehr so leicht zu erschließen sei – Fakt ist, dass der schwarze Saft des kapitalistischen Lebens zum Problem wird, weil er seine Fließgeschwindigkeit herabzusetzen droht. Man hat das Problem zwar allerorten erkannt, aber alle infrage kommenden Alternativen – Windkraft, Biokraft, Solarkraft, Kernkraft – sind prozentual betrachtet nicht groß und umfassend genug, um das Öl *in kurzer Zeit und vollständig* als Energielieferant zu ersetzen. Das wissen auch die in der Ölindustrie verantwortlich Agierenden genau. Vertreter der europäischen Energiebehörde meinten vor Kurzem gar, die Ölkonzerne hätten sie bewusst ausmanövriert – das heißt, nicht wissen lassen, wie schlimm es um die Probleme mit dem Erdöl tatsächlich stünde.

Sicherlich hat es keinen Sinn, nun in Panik zu verfallen. Aber der Energiehunger der Weltbevölkerung lässt Schlimmes erahnen. Westeuropäer und Amerikaner wollen ihren Lebensstandard halten, niemand ist bereit, freiwillig auf etwas zu verzichten. Im Gegenteil: Die Invasion der USA im Irak zeigte ganz deutlich, dass sich die sogenannte führende Weltmacht dieses Planeten ohne Rücksicht auf Verluste den

Zugriff auf die überlebenswichtige Ressource Öl sichert. Nicht genug damit: Als nächstes Ziel ist der Iran anvisiert, der – glücklicherweise für die westliche politische Propaganda (von ausgewogener Information kann ja keine Rede sein) – bestimmt, möglicherweise oder auch gar nicht an einer Atomwaffe arbeitet, was Herrn Obama und Frau Merkel sowie all den anderen, die zu ihnen gehören, ein Dorn im Auge ist. Genau genommen geht es aber gar nicht um die »Bombe«, sondern um das Erdöl im Iran. Hätten die USA direkten Zugriff auf dieses Schwarze Gold, wäre der schwerkranke Patient (die auf Erdöl aufbauende westliche Wirtschaft) per Eilfusion noch etwas länger am Leben zu erhalten. Eine arabische Nation aber, die aufgrund ihrer Souveränität das Recht für sich in Anspruch nimmt, militärisch-technologisch mit dem Westen gleichzuziehen, ist für die Vereinigten Staaten und ihre Verbündeten ein Problem: Ein quasi zweitklassiger Staat, der bisher in gewissen neokolonialen Abhängigkeiten gehalten werden konnte, lässt sich mit dem Erreichen der Nuklearschwelle nicht mehr alles gefallen. Logisch, dass solcherlei Bestrebungen unterbunden werden müssen.

Ein weiteres Problem: Alle Wissenschaft und Technik nutzen wenig bis nichts, wenn man nicht in der Lage ist, die anstehenden Probleme zu analysieren und nach Auswegen zu suchen. Dies jetzt zu tun ist wahrscheinlich zu spät. Bereits vor Jahrzehnten hätte man damit beginnen müssen, die Energiesicherheit auf mehrere tragfeste Säulen zu stellen. Gewiss: Erdöl ist ein Geschenk, weil so »einfach« zu fördern und zu verarbeiten. Aber es trägt einen Fluch in sich, der nunmehr zum Tragen kommt, da die Fördermengen möglicherweise stagnieren, vielleicht sogar zurückgehen und mit dem Erdöl Schindluder – das heißt Spekulation in enormen Größenordnungen – betrieben wird.

Man darf gespannt sein, was Europa und die USA auszuhalten imstande sind, wenn sie sich in Zukunft dem immer größer werdenden Energiehunger der Chinesen und Inder werden stellen müssen. Das System dürfte erschüttert werden. Schon jetzt geschieht Unerhörtes: Man betrachte nur einmal die Preissteigerungen für Strom, Gas, Benzin, Diesel, Heizöl und dergleichen mehr. Das Geld, das Otto Normalverbraucher für die Aufrechterhaltung seiner Existenz ausgeben muss, fehlt für den Konsum. Wann schlägt dieser Effekt auf die Wirtschaft durch? Freilich, noch tut man so, als sei das alles nicht so schlimm, solange zum Beispiel hierzulande (wieder einmal) der Export boomt. Aber auch das geht irgendwann schief: Deutschland liefert Ausrüstungen, Technologien, Maschinen und Fahrzeuge für jene Nationen und Wirtschaftsräume, die jetzt auch endlich ein Stück vom (Welt-)Kuchen abhaben wollen. Das freut die Unternehmer hierzulande. Vergessen wird dabei, dass diejenigen, die mit den Segnungen der modernen Zivilisation beglückt werden, auch bald den Strom aus der Steckdose brauchen und Benzin bzw. Diesel für ihr Auto haben wollen. Der Wahnsinn hat nicht nur Methode, sondern er nimmt nunmehr erst richtig Anlauf und geht – einer Exponentialfunktionskurve gleich – zum steilen Anstieg über. Es beginnt eine »Himmelfahrt ins Nichts«, die aber mit Pauken und Trompeten.

Stellt sich letztlich die Frage, ob der Blaue Planet eine Acht-, Neun- oder Zehn-Milliarden-Menschen-Bevölkerung tragen kann, deren Individuen allesamt wie der durchschnittliche Bundesdeutsche leben wollen? Ich denke nicht. Schon jetzt hat man die Lage nicht im Griff. Täglich verhungern Tausende Kinder, und die in den vergangenen Jahren des Öfteren zu verzeichnenden Hungerrevolten – entstanden durch die verbrecherische Nutzung von Getreide für die

Kraftstoffproduktion! – signalisieren, dass da etwas in Bewegung gekommen ist, das böse enden könnte. Zyniker meinen mittlerweile, die einzige Lösung für die Probleme dieser »Zivilisation« sei der rote Knopf ...

Und tatsächlich: Wachsender Energiebedarf, steigende Bevölkerungszahlen, sich verknappende Energie- und Rohstoffe, aufstrebende große östliche Nationen, ein besseres Leben für die Bewohner dieses Planeten – wie soll das alles zusammengehen? Freilich, bisher haben Menschen immer irgendeine Lösung gefunden. Doch wird vergessen, dass die Probleme früher meist regionaler Natur waren. Jetzt braut sich aber ein *globales* Desaster zusammen, das in einem großen Knall (oder in vielen kleinen) enden wird.

Dass man bei der Lösung des Energieproblems geschlafen hat, ist kein Geheimnis. Da nützt auch das ganze Gerede von alternativen bzw. erneuerbaren Energien nichts, das hierzulande oft zu vernehmen ist. Deutschland ist schließlich nicht die Welt. Und 80 Millionen Menschen sind nichts im Vergleich zu Milliarden, die denselben Wohlstand erwerben möchten, den wir schon haben. Seit Jahren beobachte ich genau, was in allgemeiner Verzweiflung getan wird, um die Energiekrise als solche zu verniedlichen. Einige Zeit hat das funktioniert, mittelfristig wird der Widerspruch offenbar werden. Die Preisspirale – ein guter Indikator für die tatsächliche Situation – dreht sich schon seit Jahren so schnell, dass einem schwindelig werden kann. Interessanterweise gibt es Zeitgenossen, die dieser Entwicklung sogar noch etwas Positives abgewinnen können, frei nach dem Motto: Die steigenden Öl- und Gaspreise retten das Weltklima! Das stimmt natürlich nur dann, wenn man bereit ist, an das aktuelle Klimakatastrophen-Szenario zu glauben.

Und während niemand weiß, wo und wann der ganze Irrsinn mit den Energiepreisen ein Ende finden wird, soll sich Otto Normalverbraucher laut Auskunft unserer Volksvertreter mit dem bescheiden, was er verdient. Nun ja, die lächerlichen Erhöhungen bei Löhnen und/oder Gehältern von zwei, drei oder auch mal fünf Prozent sind ohnehin nicht der Rede wert, weil sie nicht einmal die galoppierende Inflation zu deckeln vermögen. Ganz zu schweigen von dem Umstand, dass fünf Prozent brutto mehr manchmal sieben Prozent netto weniger bedeuten. Das deutsche Steuerrecht macht's möglich – Stichwort: kalte Progression! Wann kümmern sich mal unsere Damen und Herren Politiker um das, was das Volk bedrückt, ängstigt und aufregt?!

Die Letztgenannten sind aber nur die Probleme im Kleinen. Die im Großen darf man nicht übersehen: Wie sich zeigt, wird momentan aufgerüstet, was das Zeug hält. Möglicherweise auch deshalb, weil alle merken, dass »irgendetwas« nicht mehr stimmt. Glaubt man den veröffentlichten Zahlen, so wurden beispielsweise im Jahre 2007 über eine Billion Dollar für die Rüstung ausgegeben! Jeder hat vor jedem Angst, jeder droht jedem mit Gewalt. Der Iran will Israel von der Landkarte beseitigen, Israel den Iran nuklear angreifen, Hillary Clinton gar den Iran komplett »auslöschen«. Auf welch ein niedriges moralisches Niveau muss man gesunken sein, um nach den Erfahrungen von Hiroshima und Nagasaki und der glücklich überwundenen Phase des Kalten Krieges zwischen Ost und West einem Gegner mit der »Auslöschung« zu drohen? Ich meine, dass diejenigen, die solcherlei Drohungen öffentlich aussprechen, ohne Ansehen der Person vor ein Tribunal gestellt und abgeurteilt werden sollten. Wehret den Anfängen! Stattdessen lässt man den geistigen Brandstiftern freien Lauf. Das Ende ist absehbar. Damit es aber noch etwas schneller kommt, rüstet man nun auch im erdnahen Raum auf. Von einem »Krieg der Sterne« kann glücklicherweise noch nicht die Rede sein, denn die fliegenden luftdichten Blechbüchsen, mit denen man sich in die Erdumlaufbahn wagt, sind noch keine Gefahr für fremde Sternen- und Planetensysteme, sondern stellen in erster Linie ein Risiko für jene dar, die in ihnen sitzen (man erinnere sich nur an die US-Raumfähren, die regelmäßig ihre Hitzeschutzkacheln verloren haben!). Dennoch wird man auch diese Probleme überwinden, denn wenn es darum geht, sich immer neue, perversere Methoden der gegenseitigen Vernichtung auszudenken, sind der menschlichen Fantasie und dem Forschergeist keine Grenzen gesetzt. Hätte man nur zehn Prozent der technisch-wissenschaftlichen Kapazitäten, die in die Rüstung fließen, in die Lösung des anstehenden Energieproblems gesteckt, könnte die Menschheit heute wahrscheinlich in einem energetischen Paradies leben. Doch das ist nicht gewollt. Diese Welt wird mit Angst und immer größer werdenden Abhängigkeiten regiert. Und das Ganze nennt man dann auch noch Fortschritt!

Der Fortschrittsglaube, der innerhalb des bestehenden politischen, wirtschaftlichen und wissenschaftlichen Systems wohl eher ein Wahn ist, wird – neben anderen Gründen – dazu führen, dass der Knock-out unaufhaltsam näherrückt. Oscar Kiss Maerth, ein Autor, der heute nur noch wenigen Menschen bekannt ist, schrieb 1971 in seinem Buch *Der Anfang war das Ende* (in Deutsch erschienen bei ECON) auf Seite 240: »Der Urheber dieses auf die Dauer unhaltbaren Systems ist eine weltfremde und geistig verwirrte Macht: die Vereinigten Staaten von Amerika. Die 200 Millionen Bewohner dieses Landes machen weniger als sechs Prozent der Erdbevölkerung aus, und doch besitzen sie etwa 50 Prozent aller lebenswichtigen materiellen Güter der Erde auf allen Kontinenten, die sie durch List, Erpressung und Gewalt an sich gerissen haben. ... Der größte Kontinent der

Erde ist Asien, wo zwei Drittel der Erdbevölkerung leben.
Die westliche Halbinsel dieses Kontinents, die sich Europa
nennt und sich einbildet, ein Kontinent zu sein, hatte den
Mut, der zehnmal größeren Bevölkerung im Osten des Kontinents den Rücken zu kehren, sich in die Dienste der größten Plündermacht aller Zeiten zu stellen und deren men-
schenfeindliches Wirtschaftssystem zu übernehmen. Diese
Allianz ist ein Verrat an der Menschheit ...«

Wahre Worte. Oscar Kiss Maerth musste sich den Vor-
wurf, er sei ein Pseudo-Wissenschaftler, gefallen lassen, weil
er es wagte, den Menschen und seine westlich dominierte
Gesellschaft als das zu analysieren, was beide sind: Irrläufer
der Entwicklungsgeschichte. So etwas tut man nicht.

Oscar Kiss Maerth schrieb weiter: »Jeder einzelne
Mensch, zu welcher Rasse oder Gesellschaft er auch gehört,
muss sich radikal umstellen, indem er nur seine echten
materiellen Bedürfnisse befriedigt, nur für diese arbeitet
und auf eine einfache, gesunde und soweit wie noch möglich
naturverbundene Lebensweise übergeht; das gilt in erster
Linie für den Menschen des Westens.

Der Mensch wird erkennen, dass er damit kein Opfer
bringt, sondern im Gegenteil: Er befreit sich von allen ihm
aufgezwungenen unechten Bedürfnissen, für die er bisher
sinnlos gearbeitet und sein Leben unnötig erschwert hat.«

Diese Sätze verhallten ungehört – und das genaue Gegenteil geschah. Mittlerweile sind sogar die Bewohner der
sogenannten Schwellenländer wie China und Indien auf
dem fatalen und falschen Weg, es dem Westen gleichzutun.
Der Irrsinn hat Methode! Das Ende wird also noch schneller
kommen, als es Oscar Kiss Maerth (und andere) vorausse-
hen konnten. Die Rohstoffausbeutung nimmt zu, der Energiehunger wächst. Kriege werden um all das geführt (werden), was noch übrig ist. Und niemand wird es mehr durch-

setzen können, dass Menschen, die in einer Zwölf-Millionen Stadt wie beispielsweise London leben, zu einem naturkonformen Lebensstil zurückfinden. Das ist reine Illusion! Es gab vor einigen Jahrzehnten eigentlich nur eine Lösung, die uns vor dem totalen Untergang hätte bewahren können, nunmehr aber für die meisten Menschen der Gegenwart nicht mehr gangbar ist, weil alle Chancen für eine Umkehr vertan wurden. Maerth dazu auf Seite 239 seines Buches:»Die neue Welt, die der Menschheit die einzige Chance für das Überleben bietet, kann nur auf den Trümmern der gegenwärtigen philosophielosen, materialistischen und verbrecherischen Plünderzivilisation des Westens aufgebaut werden, die nur durch weitere Selbstversklavung und intensivierte Zerstörung des Planeten weitergeführt werden kann. Sie muss daher bis zu den Grundmauern abgerissen werden.«

Wir alle wissen, dass dies nicht geschehen ist. Es gab keinerlei Besinnung und schon gar keine Umkehr. Im Gegenteil: Der Wahn vom Wachstum wurde weiter propagiert, wobei die Verantwortlichen meist vergaßen zu erwähnen, wie sie die dafür notwendige billige Energie bereitstellen wollten. Fakt ist: In all den Jahrzehnten der Entwicklung des Kapitalismus hatte man sich stets nur auf die Nutzung von Energieträgern, die gleichzeitig Bodenschätze waren, orientiert – und das, obwohl der die Erde umgebende Raum ein wahres Meer an Energie darstellt.

Über diese sogenannte»Freie Energie« wird bereits seit Jahrzehnten diskutiert und spekuliert. Augenscheinlich haben aber jene Mächte, die das Ölkartell schufen und das Schwarze Gold als das Nonplusultra erst des westlichen und nun des globalen Wirtschaftssystems propagierten, auf diesem Sektor nichts getan bzw. erste, positiv anmutende Ergebnisse diverser Erfinder, Forscher und Tüftler aufgekauft und weggeschlossen. (Die Geschichte ist bekannt: Als das Technologie-Genie Nikola Tesla seinem damaligen Geldgeber die Vision einer weltweiten, freien Energieversorgung für jedermann vorstellte, war Letzterer so entsetzt, dass er Tesla wie eine heiße Kartoffel fallen ließ.) Sie taten das einerseits, um ihr hoch profitables Monopolsystem am Leben zu erhalten, und andererseits, um damit Macht und Kontrolle über einen immer größer werdenden Teil der Weltbevölkerung ausüben zu können. Menschen, die an externe Energielieferungen gebunden sind, hängen an einem unsichtbaren Faden, der sich – wenn nötig – auch als Strick eines Galgens erweisen kann.

Im Zusammenhang mit den seit mehr als zehn Jahren andauernden Recherchen zur deutschen Atomwaffe haben sowohl einige Partner als auch meine Wenigkeit einige deutliche Hinweise zur Energieproblematik erhalten, die weitaus brisanter erscheinen als diejenigen Vorgänge, die zur Entwicklung der deutschen Atomwaffen unter den Nationalsozialisten führten. Im Zusammenhang mit den Bemühungen, nukleare Waffen zu konstruieren, war auch die Frage zu klären, wie man zuerst das deutsche und dann auch das weltweite Energieproblem lösen könnte. Bekanntermaßen – und ich verweise hier auf entsprechende Darstellungen aus den 1930er- und 1940er-Jahren, die keiner Geheimhaltung unterliegen, sondern in den deutschen Archiven zugänglich sind – war eines der Hauptziele der deutschen Führung, das Land von ausländischen Energielieferungen unabhängig zu machen. Was kaum einer weiß: Es handelte sich dabei um kein langfristiges, sondern um ein kurz- bis mittelfristiges Ziel, bei dem auch die kernphysikalischen Forschungen eine Rolle spielten. Zum Zwecke der Realisierung dieser Aufgabe wurde seitens der wissenschaftlich-technischen Experten aber auch über den berühmten

272

Tellerrand geschaut, also nach für die damalige Zeit ganz unkonventionellen Lösungen gesucht. Und diese wurden, allem Anschein nach, auch gefunden.

Wenn ich mich im Moment vorsichtig zu bestimmten Dingen äußere, so hat das seinen Grund: Manche der vorliegenden Informationen unterminieren das derzeit bestehende Weltbild vollkommen, weil sie darauf hindeuten, dass bis Kriegsende eine neue Physik realisiert und betrieben wurde, die beim Zusammenbruch des Deutschen Reiches verschwand. Interessanterweise gelangte nicht nur ich zu diesem Schluss, sondern auch andere Rechercheure, wie beispielsweise der Pole Igor Wittkowski, vertreten diese Auffassung – wobei zu betonen ist, dass wir völlig unabhängig voneinander arbeiten und auch nicht miteinander in Kontakt stehen. So viel aber sei gesagt: Das Energieproblem wurde Ende 1944 deutscherseits als gelöst betrachtet! In einem Dokument, von dem mir ein früherer Partner berichtete, heißt es denn auch sinngemäß, dass nach dem Ende des Krieges (der Verfasser ging – illusorischerweise? – von einem deutschen »Endsieg« aus) »kein deutsches Flugzeug, keine deutsche Lokomotive, kein deutsches Schiff und mittelfristig auch sonst kein anderes deutsches Transportmittel« mehr mit konventioneller Energie angetrieben werde. Stattdessen käme eine beliebig verfügbare Energieform zum Einsatz, die nicht nur das Transportwesen, sondern auch die Energieversorgung revolutionieren würde. Besonders interessant: Der Verfasser des Papiers, das er an eine hohe deutsche Dienststelle richtete, ließ wissen, dass die Prototypen, mit denen die Experimente realisiert wurden, ohne Probleme funktionieren würden und nach dem Ende des Krieges daher mit einer Großserienfertigung begonnen werden könne. Mittlerweile wurde sogar der Name eines dieser als Prototypen vorhandenen Systeme bekannt.

Nun wird natürlich jeder, der einigermaßen an Wissenschaft und Technik interessiert ist, die Frage stellen, in welcher Richtung diese Technologie zu suchen ist – insofern man das Geschriebene überhaupt zur Kenntnis nehmen möchte, ist der ge*BILD*ete Deutsche von heute doch in der Regel davon überzeugt, dass nur das gut und technisch überlegen ist, was heute erfunden und produziert wird. Diese Auffassung ist aber schon im Ansatz falsch. Vieles von dem, was heutzutage als »moderne Technologie« bezeichnet wird, hatte seine Grundlagen im Deutschland der Kriegszeit. Danach gab es Weiterentwicklungen der Basiserfindungen und jede Menge Detailverbesserungen. Wo aber, bitteschön, blieben die entscheidenden technologischen Durchbrüche? Was nutzt das beste Automobil, dessen Innenraum einer luxuriösen Wohnzimmereinrichtung gleicht, wenn unter der Motorhaube immer noch ein umweltverschmutzendes Antriebsaggregat vor sich hinwerkelt? Warum sind bis heute keine Nurflügel-Passagierflugzeuge oder gar solche in Scheibenform entwickelt worden, die eindeutig über bessere aerodynamische Eigenschaften verfügen? Kann man nicht? Oder will man nicht? Oder: Will man, kann aber nicht?! Oder befassen sich unsere Wissenschaftler und Ingenieure nur mit dem, was sie verstehen? Wo bleiben die Visionäre? Sind diese ausgestorben?

Was nun die angewendeten Technologien zur Lösung des Energieproblems betrifft, so sei dazu gesagt, dass bisher nur ein Bruchteil dessen offengelegt wurde, was zum Verständnis der damaligen (energietechnischen) Gesamtsituation und daraus resultierenden Forschungsanstrengungen notwendig ist. Ich kann und will hier also im Moment auch nur bruchstückhafte Hinweise geben.

Zum einen – das ist aber offensichtlich nur eine Art Zwischenschritt gewesen – wurde an einem Katalyseverfahren

gearbeitet, das es ermöglichen sollte, energie- und kosten-
günstig Wasser in seine elementaren Bestandteile Wasser-
stoff und Sauerstoff zu zerlegen, die dann wiederum in Motoren verbrannt werden sollten, wobei es zur Bildung von
Wasser kam, das wiederum in den Katalyseprozess einging.
Kein Perpetuum mobile, aber ein geschlossener Kreislauf.
Ich darf an dieser Stelle darauf verweisen, dass auch hierzulande und heute intensiv nach Katalysatoren gesucht wird,
die es erlauben, Wasser in seine atomaren Bestandteile zu
zerlegen – und zwar mit Methoden, die nicht mit denen
vergleichbar sind, die bisher benutzt wurden und werden.
Wer das nicht glauben will, schaue sich eine zweiseitige
Anzeige an, die im *Spiegel*, Ausgabe 18/2008, unter der
Überschrift »Die Spaltung von Wasser könnte unser Energieproblem lösen« erschien. Darin äußerte sich der Leibnitz-
Preisträger Prof. Dr. Matthias Beller zu den Chancen der
Katalyse. Als ich diese Anzeige entdeckte, konnte ich mir ein
Schmunzeln nicht verkneifen, wusste ich doch, dass die betreffenden Katalysatoren längst schon gefunden worden
waren – wovon unsere heutige Forschung allerdings nichts
weiß. Wie gesagt: Die erfolgreiche Katalyseforschung war in
den 1940er-Jahren nicht mehr als eine unterstützende oder
Übergangsvariante, was die Lösung der Energiefrage anbe-
traf ...

Als Ergänzung zum Thema »Katalyse« nur noch so viel:
Etwa im Herbst 1944 wurde auf Basis eines solchen Verfah-
rens auch ein Herstellungsmodus (kein Anreicherungs-
verfahren!) für die »Bombenstoffe« entwickelt, mit dem es
letztlich beinahe ein »Kinderspiel« war, die deutschen Atomwaffen, von denen es mehrere Typen gab, herzustellen (im
Vergleich zu den bisher bekannten Verfahren: Ultrazen-
trifuge, Diffusion, Erbrütung im Reaktor usw.). Heutige Physiker, mit denen ich über diesen Sachverhalt sprach, be-

haupteten, dass dieses Verfahren theoretisch machbar sei, eine praktische Umsetzung sei in Ermangelung geeigneter (chemischer) Katalysatoren aber noch nicht geglückt und liege wohl auch noch in weiter Ferne. Um etwas mehr Licht in die Angelegenheit zu bringen, gebe ich folgenden Tipp: Man befasse sich mit der deutschen Silikatforschung während der 1930er- und 1940er-Jahre, dann wird das Licht am Ende des Tunnels vielleicht etwas schneller auftauchen! (Oder – angesichts des eingeschränkten Blickwinkels der heutigen Wissenschaft und ihrer Vertreter – auch nicht.)

Nach weiteren vorliegenden Informationen gelang es – und das ist das eigentlich Erstaunliche –, die heute so bezeichnete Gravitationsfeldenergie (auch Nullpunktenergie, Raumenergie) nutzbar zu machen, wobei es sich, und das soll nicht verschwiegen werden, um eine Art Abfallprodukt aus einer militärischen Nutzanwendung handelte. Innerhalb beider Sektoren waren die Ergebnisse im wahrsten Sinne des Wortes durchschlagender Natur. Was aus der zivilen Anwendung wurde, ist bisher nicht bekannt geworden, nicht, weil es dazu keine weiteren Informationen gegeben hätte, sondern weil die Personen, die schon vor Jahren dazu befragt wurden und die diese Informationen hätten bereitstellen können, sie um keinen Preis der Welt offenbaren wollten. Nach den Gründen für dieses Verhalten befragt, erhielten meine Kollegen und ich keine Antwort. Was muss es für ein Gefühl für einen »Wissenden« (gewesen) sein, die Lösung für das »Weltproblem Energie« zu kennen, diese aber der »modernen ›Zivilisation‹« vorzuenthalten? Hatte das Ganze etwas mit später Rache zu tun?

Wie immer die Antwort auf diese Frage auch lauten mag, es existieren nunmehr Hinweise, dass eine Lösung für das Energieproblem, die unsere heutigen Wissenschaftler und Ingenieure noch zu finden hoffen, in der Vergangenheit schon längst geliefert wurde. Eine groteskere Situation ist kaum vorstellbar: Während die einen nach dem Schlüssel suchen, haben ihn die anderen, bildlich gesprochen, längst gefunden, ins Schloss gesteckt und die Tür geöffnet, die den Blick in eine Welt freigibt, die unseren Experten nicht zugänglich ist.

Dass dieser Zustand so grotesk erscheinen muss, hat vor allem etwas mit der Einspurigkeit des derzeitigen Wissenschaftssystems zu tun. Statt das unmöglich Erscheinende anzupacken, um daraus das Maximum an Möglichkeiten zu extrahieren, befasst man sich in weiten Teilen mit der Verbesserung von Verfahren, Geräten und Methoden, die man schon lange kennt. Das ist nichts weiter als Erbsenzählerei. Hätten Wissenschaftler und Techniker im 18., 19. und beginnenden 20. Jahrhundert ebenso agiert, wir würden heute noch in Pferdegespannen durch die Gegend fahren.

Zum Schluss noch eine mögliche erklärende Überlegung meinerseits, weshalb das Wissen zu bestimmten Entwicklungen zurückgehalten wurde und noch wird: In schon vor Jahren geführten Gesprächen wurde mitgeteilt, dass einige der »Wunderwaffen«-Teams im Chaos des Kriegsendes entschieden, bestimmte Dinge niemals offenzulegen bis zu dem Tag, an dem die Menschheit geistig-moralisch so weit gereift sei, dass sie die richtigen Lehren aus dem Vorhandensein alles zerstörender Waffensysteme ziehen könne. Das klingt wie ein Widerspruch in sich angesichts der Ankündigungen einiger NS-Protagonisten, Deutschland nur vollkommen zerstört den Feinden zu überlassen. Offenbar blieben aber bestimmte Entwicklungen der nationalsozialistischen Führung unbekannt, beispielsweise solche, die im Raum Prag angesiedelt waren. Möglicherweise ist der moralische Abstieg der Menschheit seit den 1940er-Jahren, der besonders in den Rüstungsausgaben nach 1945 bis heute gut zu erkennen ist, ein Grund, warum die »Wissenden« auch weiterhin schwiegen und schweigen. Genau genommen würde nämlich die Offenlegung neuartiger Energiegewinnungstechnologien auch sofort dazu führen, dass in den militärischen Forschungslaboratorien der Welt dort herumlaufende »Dr. Seltsams« waffentechnische Nutzanwendungen entwickeln würden, die unvorstellbar sind. Schließlich ist die Angst vor tatsächlichen oder eingebildeten Feinden mittlerweile so groß, dass überall Gespenster und Bedrohungen gesehen werden – auch dort, wo gar keine sind. Die Stufe der Zerstörung, die über den Kernspaltungs- und Fusionswaffen – die ja bereits Großstädte bis hin zu ganzen Nationen vernichten können – rangiert, wäre die der kompletten Auslöschung des gesamten Planeten Erde. Sind wir Menschen des beginnenden 21. Jahrhunderts reif genug, das seit den 1940er-Jahren existierende Wissen friedlich anzuwenden? Nein, wir sind es nicht – im Gegenteil, wir sind weiter denn je vom Idealbild eines wirklich bewusst agierenden Menschens als Vertreter einer moralisch-ethisch hochstehenden Zivilisation, die diese Bezeichnung auch wirklich verdient, entfernt. Diese nach 1945 einsetzende Entwicklung führte so weit, dass die Lüge heute breitbandig als »Wahrheit« bezeichnet wird, während diejenigen, die die Wahrheit darzustellen versuchen, als »Spinner«, »Sonderlinge«, »Verschwörungstheoretiker« oder dergleichen mehr bezeichnet werden. Der moralische und wertemäßige Verfall dieser Gesellschaft schritt in den vergangenen Jahrzehnten so enorm voran, dass man sich ernsthaft Sorgen machen muss um den Fortbestand dessen, was manche ganz zu Unrecht als Zivilisation bezeichnen.

Man werfe, des besseren Verständnisses wegen, nur einen Blick in Richtung der Vereinigten Staaten, um zu begreifen, was ich sagen will. Die USA beglücken seit dem

Ende des Zweiten Weltkrieges den Rest der Welt mit ihren
»Werten« und »Leistungen«, sei es in Form der Political
Correctness, der Rauschgiftkriminalität oder anderen, meist
banalen Dingen, auf die jeder halbwegs klar denkende
Mensch getrost verzichten kann. Wären die Amerikaner, die
im Zweiten Weltkrieg zwei Atomwaffen gegen japanische
Städte einsetzten, im Besitz des von den Zeitzeugen nur
bruchstückhaft angedeuteten Wissens – wir würden wohl
längst als Staubpartikel in unserem, um den Planeten Erde
reduzierten Sonnensystem kreisen.

Dank

Wir bedanken uns hiermit bei allen, die zur Entstehung dieses Buches in der einen oder anderen Form beigetragen haben. Besonders zu Dank verpflichtet sind wir unseren ausländischen Partnern, die in selbstloser Weise handelten und manch interessantes Detail zur Vervollständigung der Geschichte um die deutsche Atombombe und anderer Wunderwaffen der zweiten Generation beigesteuert haben.

Besonders bedanken möchten wir uns auch bei unserem Verleger Jochen Kopp, der seit Jahren unsere Arbeit unterstützt und uns stets mit Rat und Tat zur Seite gestanden hat.

Index

Geheimnis AWO: die Wunderwaffen der zweiten Generation

Seit Jahren ist das Interesse der Öffentlichkeit am in Thüringen gelegenen Jonastal bzw. dem AWO-Gebiet und seinem »Geheimnis« ungebrochen. Ursprünglich wurde davon ausgegangen, dass hier bei Kriegsende ein Führerhauptquartier errichtet werden sollte. Doch die stets wachsende Zahl der Fakten, Indizien und Beweise dokumentiert, dass hinter dem als »S III« bezeichneten Projekt, das Tausende von Häftlinge mit ihrem Leben bezahlen mussten, mehr steckte als eine letzte Unterkunft für Hitler und seine Getreuen. In diesem Areal wurde in streng geheimen Untergrundanlagen an den »Wunderwaffen der zweiten Generation« gearbeitet, mit denen die Vereinigten Staaten von Amerika angegriffen werden sollten und mit denen Hitler den Endsieg zu erringen gedachte.

Wir bieten Interessierten die Gelegenheit, in Gruppenführungen während einer eintägigen Tour Geschichte hautnah zu erleben. Besuchen Sie unter fachkundiger Leitung das AWO-Gebiet, erfahren Sie mehr über die Vorgänge während des Zweiten Weltkrieges in dieser Region und lassen Sie sich über aktuellste Erkenntnisse informieren.

Informationen über Termine und Konditionen erhalten Sie kostenlos und unverbindlich bei: